Das ABC des Kochens

Elizabeth Wolf-Cohen

Das ABC des Kochens

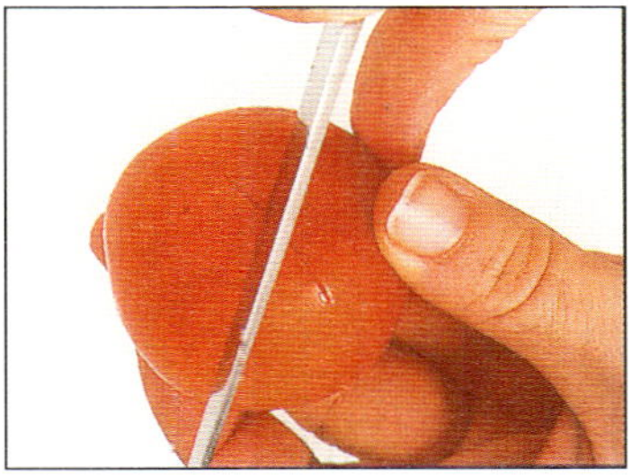 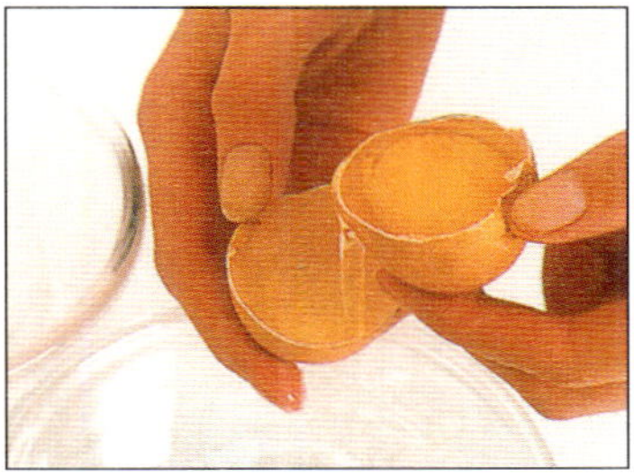

Über 250 Kochtechniken und Grundrezepte
Schritt für Schritt

GONDROM

This book is produced by Oceana Books, 6 Blundell Street, London N7 9BH

Titel der englischen Originalausgabe: The Cook's Companion

Übersetzung: Tanja Wegberg, Neuruppin
Covergestaltung: Hilden Design, München
Umschlagfotos: Gemüse © Isabelle Rozenbaum/Photo Alto,
Ei auf Mehl © Edition A. Zabert/Stockfood
Satz der deutschen Ausgabe: DTP, Johanna Boy, Brennberg

ISBN 3-8112-2691-6

5 4 3 2 1

www.gondrom-verlag.de

Inhaltsverzeichnis

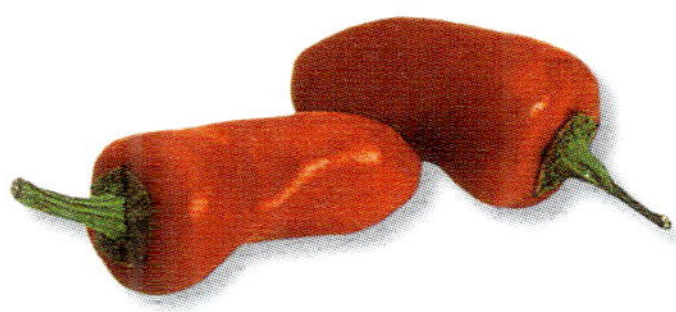

KRÄUTER, GEWÜRZE UND AROMASTOFFE

Kräuter, Gewürze und Aromastoffe verbessern den Geschmack unserer Speisen. Sie verleihen fast allen Gerichten einen herrlichen Duft, Geschmack und eine hübsche Farbe. Auch mit Vanille, Safran, alkoholischen Getränken und Wein erhalten Speisen einen besonderen Charakter.

Kräuter

Die Verwendung frischer und getrockneter Kräuter peppt auf gesunde Art den Geschmack Ihrer Mahlzeiten auf. Sie können unterschiedlich verwendet werden. In Supermärkten finden Sie eine große Auswahl an frischen Kräutern.

Blättrige Kräuter können in zwei Kategorien unterteilt werden: zarte und robuste Kräuter. Die zarten Kräuter wie Petersilie, Estragon, Basilikum, Kerbel und Minze sind empfindlich und können leicht zerdrückt werden. Sie sollten grob gehackt und roh als Garnitur verzehrt oder ganz leicht angedünstet werden. Zum längeren Mitgaren eignen sich ihre Stängel, die den Geschmack verbessern und vor dem Servieren entfernt werden.

Die robusteren Kräuter wie Thymian, Lorbeer, Rosmarin, Salbei, Bohnenkraut, Oregano und Majoran haben dickere, zähere Blätter, die im Allgemeinen einen intensiven Geschmack und Duft besitzen. Aufgrund ihrer Widerstandsfähigkeit werden diese Kräuter für gewöhnlich länger mitgegart und in Fonds und Eintöpfen verwendet.

Von einigen Pflanzen wie Dill, Sellerie, Angelika, Liebstöckel, Bockshornklee und Koriander können sowohl die Blätter als auch die Samen zum Würzen verwendet werden. Im Allgemeinen sind ihre Blätter zart und empfindlich und werden wie zarte Kräuter verwendet. Die Samen dagegen werden meist gemahlen und längere Zeit mitgegart.

Oregano

Petersilie

Zitronenthymian

Basilikum

Karbel

Rosmarin

Sauerampfer

EINKAUF UND LAGERUNG VON KRÄUTERN

Beim Einkauf sollten Sie möglichst frisch aussehende Pflanzen mit intensivem Duft wählen. Meiden Sie moderig riechende Kräuter mit braun-gelben Blättern. Wenn Sie getrocknete Kräuter kaufen, nehmen Sie kleine Packungen, die innerhalb eines Jahres aufgebraucht werden können. Sie sollten kühl, trocken und dunkel aufbewahrt werden.

GROSSE KRÄUTERBÜNDEL MIT LÄNGEREN STÄNGELN: Kürzen Sie die Stängel, stellen Sie sie in ein Gefäß mit Wasser und umhüllen Sie die Blätter mit einer großen Plastiktüte, die Sie um das Gefäß herum befestigen. Kühl aufbewahrt, halten sich die Kräuter einige Tage.

FRISCHE KRÄUTER MIT KURZEN STÄNGELN: Wickeln Sie die Stängel in ein feuchtes Papiertuch und ziehen Sie locker eine Plastiktüte darüber. Im Gemüsefach des Kühlschranks bleiben sie einige Tage frisch.

KRÄUTER TROCKNEN UND EINFRIEREN

Wenn es nicht unbedingt nötig ist, sollten Sie frische Kräuter nicht waschen. Schütteln Sie sie einfach aus und reiben Sie Sand oder Schmutz mit einem weichen Papiertuch oder mit den Fingern ab. In speziellen Geschäften für Küchenbedarf sind stapelbare Trockenbehälter mit Netzbespannung erhältlich.

KRÄUTER BÜNDELWEISE TROCKNEN: Die Kräuter mit einer Schnur zusammenbinden und mit den Stängeln nach oben an einem trockenen, warmen, luftigen Ort ohne direkte Sonneneinstrahlung aufhängen. Falls Sie sie draußen aufhängen, müssen Sie sie nachts hereinholen, um Tau und damit Schimmelbildung zu vermeiden. Sie können auch einzelne Stängel flach auf ein Backblech legen und unter denselben Bedingungen trocknen. Gelegentlich umdrehen. Wenn sie trocken sind, die Blätter abzupfen und in Schraubgläser füllen. Wie getrocknete Kräuter aufbewahren.

TROCKNEN IN DER MIKROWELLE ODER IM OFEN: Um Kräuter in der Mikrowelle zu trocknen, legen Sie etwa sechs Kräuterzweige auf eine doppelte Lage Küchenpapier. Mit einem weiteren Papiertuch bedecken und die Mikrowelle für 2 bis 3 Minuten auf volle Kraft drehen. Kleinere Mengen können auch im Ofen getrocknet werden. Auf kleinster Stufe vorheizen, die Kräuter auf einem mit einem Passiertuch ausgelegten Backblech verteilen und in den Ofen schieben. Die Ofentür angelehnt lassen.

KRÄUTER AM STÜCK EINFRIEREN: Binden Sie einige Stängel zusammen und tauchen Sie die Köpfe kurz in kochendes Wasser. Danach in Eiswasser geben, um die Farbe zu erhalten. Behutsam trocknen, die Blätter vom Stängel lösen und in kleine Gefrierbeutel einfüllen. Fügen Sie die eingefrorenen Kräuter den zubereiteten Speisen hinzu. Am besten eignen sich Petersilie und Estragon. Basilikum, Schnittlauch und Dill brauchen nicht blanchiert zu werden.

GEHACKTE KRÄUTER EINFRIEREN: Geben Sie einen Esslöffel gehackte Kräuter – zum Beispiel Petersilie, Schnittlauch, Dill, Estragon oder Koriander – in einen Eiswürfelbereiter. Mit Wasser auffüllen und einfrieren. Sie können dann einfach einen Kräutereiswürfel in Fonds, Suppen oder Eintöpfe einrühren.

FRISCHE KRÄUTER HACKEN

Die aromatischen ätherischen Öle in den Kräutern sind verantwortlich für ihren Geschmack und Duft. Zum Hacken zupfen Sie die Blätter von den Stängeln ab; die Stängel können Sie für Fonds und Suppen verwenden. Die Blätter auf einem Schneidbrett zerkleinern, indem Sie mit einem großen Küchenmesser so lange darüber hin und her schaukeln, bis sie den gewünschten Feinheitsgrad erreicht haben.

Dill

Basilikum

Majoran

EIN BOUQUET GARNI ZUSAMMENSTELLEN

Das Bouquet garni ist einer der wichtigsten Aromaträger beim Kochen. Es wird verwendet, um den Geschmack von Fonds oder Schmorgerichten mit langen Garzeiten zu verfeinern. Ein klassisches Bouquet garni besteht aus frischen Petersilienstängeln, Thymianzweigen und Lorbeerblättern; gelegentlich werden auch eine Stange Sellerie oder Lauch hinzugefügt. Kleine Bouquet garnis können fertig gekauft werden, aber der Geschmack eines selbst gemachten ist unübertroffen. Binden Sie die Kräuter mit einem Bändchen zusammen, an dem Sie das Bouquet vor dem Servieren herausnehmen können.

ZWIEBELGEWÄCHSE

Obwohl sie streng genommen zum Gemüse zu zählen ist, wird die Familie der Zwiebelgewächse sehr häufig zum Würzen verwendet: Zwiebeln, Knoblauch, Schalotten, Lauch und Schnittlauch, das einzige wirkliche Kraut dieser Familie. Der Geschmack von Knoblauch ist eigen – manche lieben ihn, andere vermeiden ihn um jeden Preis. Er ist bekannt für seine Schärfe, seinen Geruch und seine Blut verdünnenden Eigenschaften und wird in der mediterranen und der asiatischen Küche sehr viel verwendet. Obwohl er auch wie ein Gemüse geröstet werden kann, verwendet man ihn meist in kleinen Mengen, um andere Geschmacksnoten zu verbessern. Es gibt drei Arten von Knoblauch: weißen – die häufigste Variante –, violetten und roten. Ihre Geschmacksrichtungen reichen von mild bis kräftig; je frischer, desto milder. Der Ackerlauch, eine große und milde Knoblauchsorte, ist mittlerweile fast überall erhältlich und eignet sich besonders gut als Gemüsebeilage.

KOCHEN MIT KNOBLAUCH

Knoblauch kann roh in Salatdressings, Marinaden und Dipsaucen verwendet, aber auch in vielen Gerichten mit gekocht werden. Häufig wird er leicht sautierten Zwiebeln hinzugefügt als Grundlage für viele andere Zubereitungen. Nach längerer Garzeit wird er milder und süßer. Lassen Sie ihn beim Garen nicht bräunen, sonst entwickelt er einen bitteren Geschmack.

KNOBLAUCH BRATEN: Wenn Sie Knoblauch mit Zwiebeln anbraten, erwärmen Sie die Zwiebeln zunächst langsam bei mittlerer Hitze in 1 bis 2 Esslöffeln Butter oder Öl. Rühren Sie dann den gehackten Knoblauch ein und garen Sie ihn 1 Minute oder bis er gerade weich wird und zu duften beginnt. Fahren Sie dann fort wie im Rezept angegeben. *Lassen Sie den Knoblauch nicht braun werden.*

FÜR DAS AROMA: Wenn Sie Ihren Speisen lediglich etwas Knoblaucharoma geben wollen, erhitzen Sie 2 Esslöffel (oder mehr) Öl in einer Pfanne bei mittlerer Hitze. Ein paar Knoblauchzehen hineingeben und langsam unter häufigem Rühren braten, bis sie weich sind und ein wenig Farbe angenommen haben. Nehmen Sie den Knoblauch heraus und geben Sie die übrigen Zutaten nach Anweisung hinein.

KNOBLAUCH SCHÄLEN UND HACKEN

Wenn der Knoblauch schon älter ist und zu keimen begonnen hat, entfernen Sie das grüne Herz, denn es schmeckt bitter.

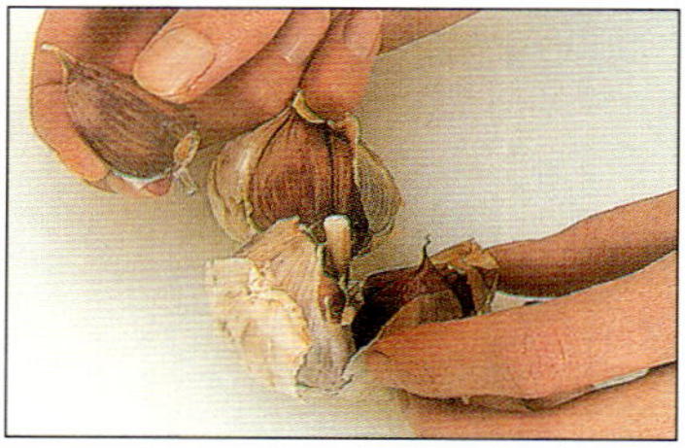

ZEHEN TRENNEN: Um die einzelnen Zehen zu trennen, zerdrücken Sie die Hülle mit den Handflächen oder ziehen Sie die Zehen mit den Fingern ab.

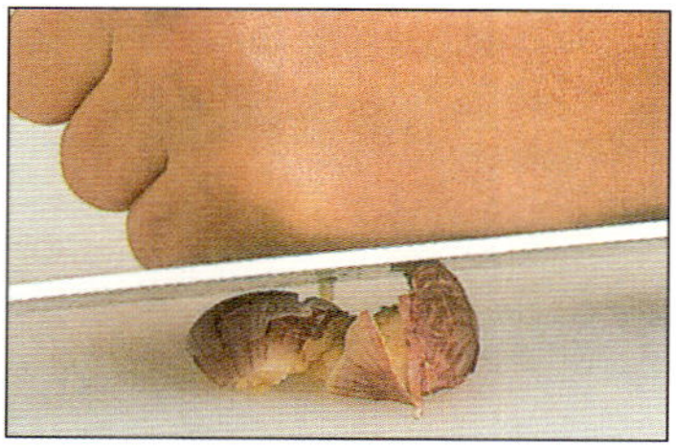

KNOBLAUCH PRESSEN: Um eine Knoblauchzehe mit einem Messer zu pressen, legen Sie die Klinge eines großen Küchenmessers oben auf die Zehe und klopfen Sie mit der Faust darauf. Die Hülle entfernen.

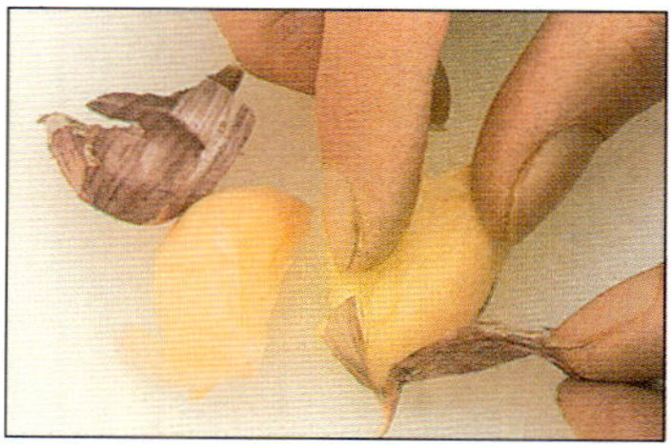

KNOBLAUCH HACKEN: Um Knoblauch von Hand zu hacken, schälen Sie die papierartige Haut ab, schneiden Spitze und Wurzelende ab und hacken die Zehe grob oder fein mit einer Messerklinge wie beim Hacken von Kräutern. Sie können sie auch wie Schalotten hacken.

FÜR EILIGE KÖCHE

Geben Sie geschälte Zehen in eine Knoblauchpresse. Die Griffe zusammendrücken, dadurch wird das Innere herausgequetscht. Nur verwenden, wenn ein sehr intensiver Geschmack erwünscht ist.

SCHALOTTEN

Die Schalotte, ein violett-grünes Gemüse, ist die feinste Vertreterin der Zwiebelfamilie. Sie wird häufig in der französischen Küche verwendet. Lassen Sie die Schalotte niemals bräunen, denn dann wird sie bitter. Fein gehackt, kann sie sich in Salatdressings oder Marinaden verwendet werden oder als Grundlage für feine Saucen dienen.

SCHALOTTEN VORBEREITEN:

1 Mit einem kleinen, scharfen Messer schälen Sie die Schalotte, indem Sie die Stängel- und Wurzelenden abschneiden und die braune Haut abziehen. Legen Sie jeden Teil mit der flachen Seite nach unten auf ein Schneidbrett.

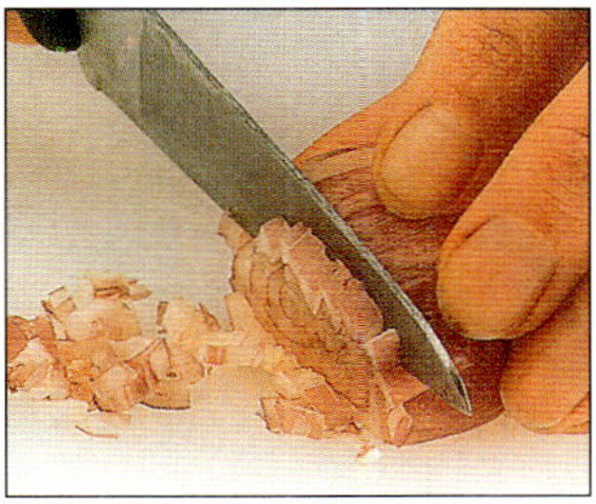

2 Schneiden Sie die Schalotte der Länge nach bis zum Wurzelende ein, aber schneiden Sie sie nicht ganz durch. Mit den Fingern auf die gewölbte Seite drücken und die Schalotte horizontal bis zum Wurzelende einschneiden, wobei die Stücke verbunden bleiben.

3 Schneiden Sie jetzt quer und lassen Sie die Schalotte in kleine Würfel auseinander fallen.

SCHNITTLAUCH

Schnittlauch hat einen milden Zwiebelgeschmack und macht sich sehr hübsch als Garnitur, egal ob geschnitten oder am Stück. Er sollte frisch verwendet werden. Er kann eingefroren werden und direkt aus dem Gefrierschrank zum Einsatz kommen.

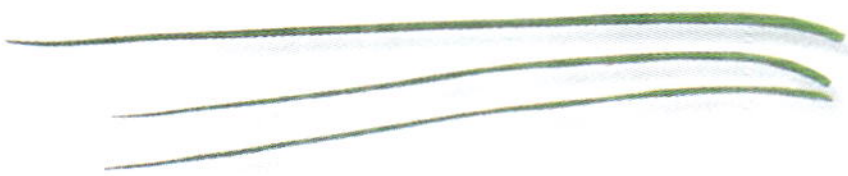

SCHNITTLAUCH VORBEREITEN:

1 Mit einer Küchenschere ein kleines Bündel Schnittlauch über einer Schüssel in kleine Stücke schneiden.

2 Sie können den Schnittlauch auch hacken oder quer in kleine Stücke schneiden.

EINKAUF/VERWENDUNG VON GEWÜRZEN

Die meisten Gewürze erhält man heutzutage in jedem Supermarkt, egal ob ganz oder gemahlen. Kaufen Sie kleinere Mengen, denn Gewürze verlieren schnell ihre Intensität. Ganze Gewürze halten sich länger als gemahlene. Lagern Sie sie in fest verschlossenen Gefäßen kühl, trocken und dunkel. Rote Gewürze – wie Paprika oder Cayennepfeffer– sollten im Kühlschrank aufbewahrt werden, weil sie dort länger Geschmack und Farbe behalten.

In den heißen Ländern wie Indien, Nordafrika, Afrika, Lateinamerika und Indonesien werden Gewürze sehr großzügig verwendet, vielleicht weil einige Gewürze dort heimisch sind. In Nord- und Mitteleuropa werden „duftende" und einige „scharfe" Gewürze eingesetzt, zum Beispiel Zimt, Muskatnuss und Nelken, Samen wie Dill und Wacholder sowie Paprika. Die Franzosen und Italiener verwenden lieber frische Kräuter als Gewürze, und die Chinesen und Japaner bevorzugen Knoblauch, Soja und Ingwer.

Einige traditionelle Würzmischungen kann man kaufen oder selbst herstellen. Currypulver, Garam masala (eine traditionelle indische Gewürzmischung), amerikanisches Chilipulver, chinesisches Fünf-Gewürze-Pulver, französisches Quatre-éspices (vier Gewürze) und das nordafrikanische Ras-el-hanout lassen sich alle mit frisch gemahlenen Zutaten besser selbst machen. Scharfe Gewürze wie Pfeffer, Senf, Chili und Ingwer verleihen vielen Gerichten intensive Schärfe und einen individuellen Geschmack. Diese Gewürze müssen behutsam verwendet werden, sonst sind sie zu dominant.

GEWÜRZSÄCKCHEN HERSTELLEN

Um ein Gewürzsäckchen für Beizen oder Gerichte mit langen Garzeiten herzustellen, wickeln Sie die ganzen Gewürze in ein Baumwollpassiertuch. Nehmen Sie die Ecken zusammen und umwickeln Sie diese mit einer Schnur, die lang genug ist, um sie an den Griff des Kochtopfs zu binden. Sie können das Säckchen dann nach dem Kochen leichter entfernen.

GEWÜRZE RÖSTEN

Um ganze Gewürze vor dem Mahlen zu rösten, geben Sie sie in eine Pfanne mit dickem Boden und rösten sie bei geringer Hitze unter sanftem Wenden und Rühren, bis sie duften. Achten Sie darauf, sie nicht zu stark zu erhitzen, da sie leicht anbrennen. Vor dem Mahlen zum Abkühlen auf einen Teller legen.

GEWÜRZE MAHLEN

Verwenden Sie einen Mörser und einen Stößel, um Gewürze zu zerkleinern, oder eine kleine elektrische Kaffeemühle, die Sie ausschließlich zum Gewürzmahlen bereit halten. Um Gewürze grob zu zerkleinern, geben Sie sie in einen stabilen Gefrierbeutel und drehen Sie diesen zu. Zerdrücken Sie die Gewürze mit einem Nudelholz.

PFEFFER

Pfefferkörner gibt es in Schwarz, Weiß und Grün. Schwarzer Pfeffer ist die getrocknete unreife Beere. Weißer Pfeffer ist die getrocknete reife Beere ohne die äußere Hülle. Er wird oft in Sahnesaucen verwendet. Grüne Pfefferkörner sind unreife, unfermentierte Pfefferbeeren mit einem leicht sauren Geschmack. Es gibt sie eingelegt oder gefriergetrocknet. Sie sollten vor dem Gebrauch abgespült werden und in Sahnesaucen zu Steaks, Ente oder Wild verwendet werden. Gefriergetrocknete müssen zerkleinert werden.

Rosa Pfeffer wird aus einer südamerikanischen Pflanze gewonnen, die mit dem Giftigen Efeu verwandt ist. Er hat einen leicht scharfen, säuerlichen Geschmack und wird oft zu dekorativen Zwecken verwendet. Szechuan-Pfeffer besteht aus den getrockneten Früchten des Gelbholzes. Sein einzigartiges Aroma ist in der chinesischen Küche sehr beliebt.

SENF

Senf kann aus schwarzen, weißen oder braunen Körnern gewonnen werden. Schwarze Senfkörner haben den feinsten Geschmack, sind jedoch schwer zu ernten und wurden weitgehend ersetzt durch braune Körner, die sich besser für die automatisierte Produktion eignen. Gelbe Körner, die in den meisten amerikanischen Senfsorten verwendet werden, sind am mildesten. Ganze Körner werden in Beizen, Würzsaucen und Chutneys sowie in der indischen Küche eingesetzt. Geriebene Senfkörner werden mit Flüssigkeit vermischt, um eine Senfzubereitung zu erhalten. Alle werden sowohl zum Würzen als auch zum Kochen verwendet.

Lagern Sie Senf immer kühl und trocken bis zu einem Jahr. Angebrochene Senfzubereitungen müssen gekühlt werden.

Eine der berühmtesten Senfzubereitungen ist der Dijon-Senf. Er muss einem bestimmten Standard entsprechen und besteht aus genau festgelegten Teilen von geriebenen schwarzen Senfsamen, Salz, Gewürzen und Wein oder Weinessig.

Amerikanischer Senf besteht aus gelben Senfkörnern, Salz, Essig und Gewürzen. Die Zugabe von Kurkuma verleiht ihm jene hellgelbe Farbe, die man sofort mit Hotdogs verbindet.

Die meisten deutschen Senfsorten sind dunkel, dickflüssig und leicht süß aufgrund der Zugabe von Karamell.

Dijon-Senf

Amerikanischer Senf

Deutscher Senf

Gorbkörniger Senf

Englischer Senf besteht aus einer Kombination von geriebenen dunklen und hellen Körnern. Er ist geschmeidig, hellgelb und sehr scharf. In pulverisierter Form kann man getrockneten Senf für Mayonnaise, Käsesaucen und andere Saucen und Dressings verwenden.

Chinesischer Senf ist ebenfalls sehr scharf. Er wird als Pulver zum Mischen mit Wasser oder anderen Flüssigkeiten verkauft und dient als Gewürz oder Dipsauce.

Grobkörniger Senf wird in vielen Ländern hergestellt. Hierfür werden grob gemahlene getrocknete Körner in die Mischung gegeben.

KOCHEN MIT SENF

Englischer Senf

SENFZUBEREITUNGEN HERSTELLEN: Um aus Senfpulver eine Senfzubereitung herzustellen, mischen Sie eine bestimmte Menge Wasser, Wein, Milch oder Bier mit einer abgemessenen Menge Senfpulver. 10 bis 15 Minuten stehen lassen, damit sich der Geschmack voll entwickeln kann.

SENFZUBEREITUNGEN ANWENDEN: Schlagen Sie Senfzubereitungen mit dem Schneebesen kurz vor dem Ende der Garzeit in Sahnesaucen oder Fleischsaft. Längeres Erhitzen beeinträchtigt Geschmack und Intensität des Senfs.

PAPRIKA

Es gibt Dutzende verschiedene Paprikasorten, sowohl scharfe als auch süße. Während süßer Paprika gewöhnlich als Gemüse verwendet wird, dienen Peperoni häufiger als Gewürz. Es gibt die unterschiedlichsten Geschmacksnoten, Farben und Schärfen. Am schärfsten sind die Samen und die Adern. Die starken Öle können in den Augen und anderen empfindlichen Bereichen brennen, also tragen Sie Gummihandschuhe, wenn Sie Peperoni schneiden, und waschen Sie anschließend alle Utensilien gründlich ab.

Chiliflocken und zerstoßener roter Paprika werden aus getrockneten, zerkleinerten Chilischoten hergestellt. Sie sind etwas milder als frische Schoten.

Cayennepfeffer ist ein sehr feines Chilipulver mit intensiver Schärfe. Er wird in ganz geringen Mengen verwendet.

Paprika stammt von den europäischen Züchtungen der süßen Paprikaschote. Ungarn produziert den Paprika mit dem kräftigsten Geschmack von mild und süß bis scharf und würzig, wie er in dem berühmten ungarischen Gulasch verwendet wird. Bei diesem auch in Spanien beliebten Paprika werden vor dem Mahlen die Samenkörner und Adern entfernt. Chilisauce ist die Flüssigkeit von gesalzenen, gemahlenen Chilischoten, die mindestens 3 Jahre gereift sind. Sie wird für kreolische und mexikanische Gerichte verwendet.

Rote Paprikaschoten

Caribe

Grüne Jalapeño

Habanero

Scotch bonnet

CHILIS UND PEPERONI ZUBEREITEN

Für einen milden, aber würzigen Geschmack entkernen Sie die Schoten und entfernen Sie die Samen vor dem Schneiden. Tragen Sie Gummi- oder Einweghandschuhe und waschen Sie anschließend Ihre Hände und alle Geräte.

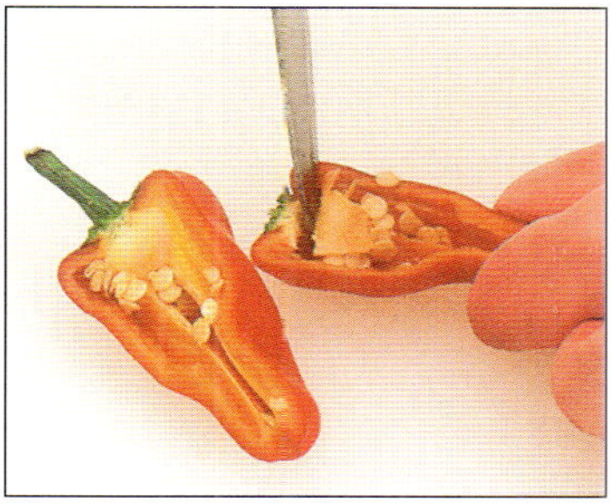

Rote Jalapeño

1 Schneiden Sie die Schote der Länge nach in zwei Hälften. Schaben Sie die Samen heraus und entfernen Sie die weißen Adern an den Seiten.

Rote Chilischoten

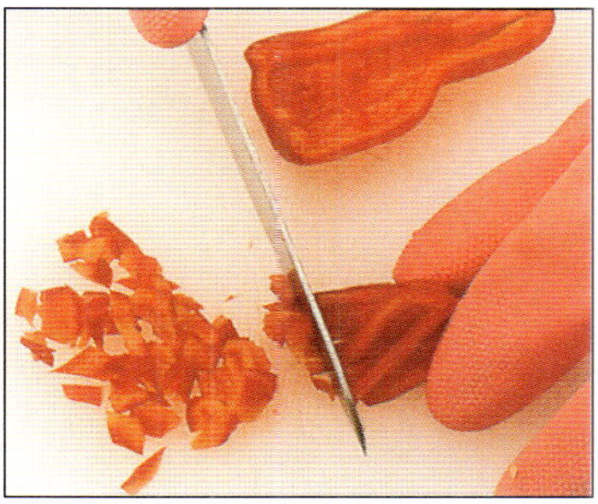

2 Der Länge nach in Streifen schneiden, dann würfeln oder in kleine Stücke hacken.

ALTERNATIVEN

Fertig gekaufte getrocknete Paprikaschoten können durch frische ersetzt werden. Wenn Sie mögen, schneiden Sie den Stängel ab, schütteln die Samen heraus und legen die Schoten in eine kleine Schüssel. Mit warmem Wasser bedecken, 30 Minuten voll saugen lassen, dann trocknen.

INGWER

Frischer Ingwer

Diese Wurzel (eigentlich: Rhizom) können Sie frisch, getrocknet, gemahlen, eingelegt, gezuckert und kandiert kaufen. Ihr scharfer, aber süßer Geschmack ist unerlässlich in chinesischen und indischen Gerichten. Frischer Ingwer sollte rundlich aussehen, einen cremigen Beigeton besitzen und eine dünne Schale aufweisen. Nach dem Schälen kann er gerieben, gehackt oder klein geschnitten und in süßen wie herzhaften Gerichten verwendet werden. Die Wurzel kann auch getrocknet und gerieben und zum Backen verwendet werden. Sie hält sich bis zu 3 Wochen frisch, wenn Sie sie erst in ein Papiertuch, dann in eine Plastiktüte verpacken und im Kühlschrank aufbewahren.

In Essig eingelegter Ingwer ist eine rosarote, würzige Zutat für japanisches Sushi mit scharfem Nachgeschmack.

In Sirup eingelegter oder kandierter Ingwer kann wie Bonbons gegessen oder in Backwaren, Vanillesauce, Eis und Obstsalat verarbeitet werden. Beide Sorten finden sich in den meisten Supermärkten.

Gemahlener Ingwer

Eingelegter Ingwer

Kandierter Ingwer

Mit Sirup glasierter Ingwer

FRISCHEN INGWER ZUBEREITEN

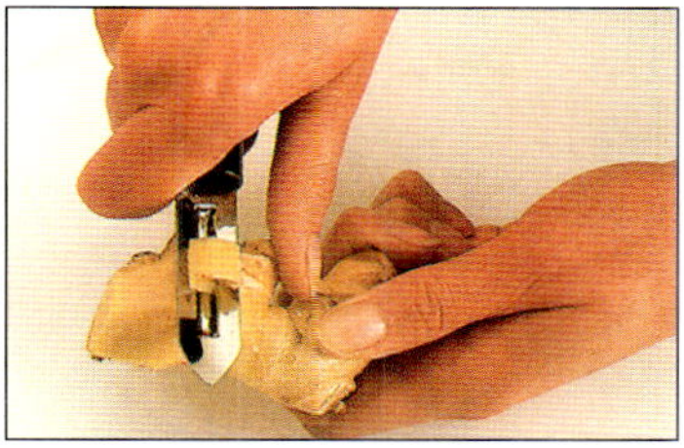

SCHÄLEN UND HACKEN: Mit einem Gemüseschälmesser schälen Sie die äußere Haut ab, bis die weiche Wurzel zum Vorschein kommt. Der Länge nach in dünne Scheiben schneiden, dann quer schneiden und schließlich in kleine Stücke hacken.

IN FEINE STREIFEN (JULIENNE) SCHNEIDEN: Der Länge nach in dünne Scheiben schneiden, dann wieder längs in schmale Streifen schneiden

REIBEN: Reiben Sie den geschälten Ingwer über die feine Seite einer Käsereibe. Sie können sowohl den Saft als auch das Fruchtfleisch verwenden.

MEERRETTICH

Meerrettich ist eine sehr nahrhafte Wurzel und mit dem Kohl verwandt. Sie stammt aus Osteuropa und wird roh verwendet, entweder gerieben als Würze oder als Bestandteil anderer Würzmittel, zum Beispiel in Fischsaucen.

Zubereiteter Meerrettich kann in Essig konserviert werden und ist der traditionelle Begleiter von Gefilte fish, einem jüdischen Festgericht. Gelegentlich wird er mit Roter Bete gemischt und dann als Chrein bezeichnet. Mit Schlagsahne oder Sauerrahm ist er eine klassische Zutat zu Roastbeef, gekochtem Fleisch und Räucherfisch. Hitze zerstört seinen Geschmack, deshalb wird er in kalten Saucen serviert.

FRISCHEN MEERRETTICH REIBEN

Meerrettich ist so scharf, dass es schwierig ist, ihn von Hand zu reiben, denn die aufsteigenden Dämpfe können zu schmerzhaft tränenden Augen führen. Verwenden Sie eine Küchenmaschine mit Reibeeinsatz, um die geschälte Wurzel zu reiben. Öffnen Sie nicht die Abdeckung. Lassen Sie den geriebenen Meerrettich 3 bis 5 Minuten stehen, dann nehmen Sie den Deckel ab und halten ihn von sich weg; die Dämpfe können sehr stark sein.

SALZ UND SALZIGE WÜRZMITTEL

Salz ist eine unverzichtbare Würze für Nahrungsmittel, doch es muss mit Vorsicht verwendet werden. Stark versalzene Speisen können nicht gerettet werden, auch wenn ein wenig Sahne, Milch, Kartoffeln oder Reis den Geschmack einigermaßen ausgleichen können. Die meisten Gerichte oder Saucen sollten zu Beginn des Kochvorgangs gesalzen werden, damit der Geschmack sich mit den anderen Zutaten verbinden kann. Fonds und Saucen, die eingekocht werden, um den Geschmack zu konzentrieren, sollten allerdings – wenn überhaupt – erst zum Schluss gesalzen werden. Salzige Zutaten wie Schinken und Käse können das Salzen überflüssig machen. Bei der Herstellung von Brot und Pasteten wird Salz verwendet, um den Geschmack hervorzuheben und um die Gärung zu verhindern. Außerdem bindet Salz Feuchtigkeit, daher wird es verwendet, um Auberginen und Gurken zu entwässern. Salzige Würzmittel sind auch Sojasauce sowie Fleisch- und Hefeextrakte.

SALZLEXIKON

Tafelsalz Weiches, feines Meer- oder Salinensalz, das am häufigsten verwendete Würzmittel, löst sich sofort auf. Die meisten Tafelsalze sind jodiert.
Meer- oder Seesalz Wird gewonnen aus verdampften, seichten Salzwassertümpeln und gilt als qualitativ höherwertig als Tafelsalz. Das gräuliche französische Gros sel gilt als das beste.
Steinsalz Grob zerkleinerte Klumpen von Salinensalz, die für Eismaschinen sowie für die Präsentation von Meeresfrüchten verwendet werden.
Gewürz- und Kräutersalz Mit Sellerie, Zwiebeln, Knoblauch oder Sesam angereichertes Salz; dient zum Würzen bestimmter Gerichte.
Saures Salz Dies ist kein echtes Salz, sondern kristallisierte Zitronensäure aus Zitronen oder Limetten und wird in der Küche des Nahen Ostens verwendet.
Diätsalz/Salzersatz Für den Einsatz bei salzarmer Ernährung. Es enthält Kalium und/oder Natriumchlorid.

Meersalz

Seesalz

Steinsalz

Zwiebelsalz

Knoblauchsalz

Selleriesalz

SOJASAUCE

Sojasauce wird aus natürlich fermentierten Sojabohnen und Weizen hergestellt, die gesalzen werden, reifen, und dann ihren typischen Geschmack entwickeln.

Helle Sojasauce ist von blasserer Farbe, aber salziger als dunkle Sojasauce. Sie eignet sich am besten zum Kochen.

Dunkle Sojasauce ist länger gereift und erhält dadurch einen kräftigeren Farbton sowie eine dickflüssigere Konsistenz. Sie wird in herzhafteren Speisen und als Dipsauce verwendet.

Japanische Sojasauce, auch Shoyu genannt, wird als höherwertig betrachtet, da sie grundsätzlich natürlich fermentiert ist.

Helle Sojasauce

Dunkle Sojasauce

FISCHSAUCEN

Viele asiatische Köche verwenden eine fermentierte Fischsauce, um ihre Speisen zu salzen. Die thailändische Nam Pla und die vietnamesische Nuoc Nam sind gut erhältlich. Sie werden für herzhafte Gerichte und als Dips für Gebratenes verwendet.

Austernsauce ist eine chinesische Fischsauce aus Austern und Weizen, Mais oder Reis.

Anchovispaste, die aus zerstampften, gesalzenen Anchovis hergestellt wird, verleiht vielen Fleisch-, Gemüse- und Fischgerichten einen salzigen, aber erstaunlich „unfischigen“ Geschmack.

Nam Pla

Oliven und Kapern, Essenzen und Extrakte

Oliven sind nicht nur ein ausgezeichnetes „Finger Food", sondern verleihen außerdem auch vielen Salaten, Pizzas, Pastasaucen, Fleisch- und Entengerichten eine besondere Note. Darüber hinaus sind sie die Grundlage köstlicher, gesunder Öle. Oliven können schwarz (reif) oder grün (unreif) sein, groß oder klein, es gibt sie eingelegt, eingesalzen oder beides. Kapern haben einen kräftigen, salzigen Geschmack, der vielen Gerichten Pfiff verleiht.

ESSENZEN UND EXTRAKTE

Essenzen und Extrakte zum Würzen von Speisen werden aus ätherischen Pflanzenölen gewonnen. Viele werden heutzutage auch synthetisch hergestellt. Solche Würzmittel sind äußerst flüchtig und verfliegen rasch an der Luft oder wenn sie der Hitze ausgesetzt werden. Deshalb sollten sie kalten oder abgekühlten Speisen hinzugefügt werden. Bei der Verwendung in Kuchen und Gebäck mischen Sie sie mit Butter oder Fett, damit sie langsamer verfliegen. Im Allgemeinen wird 1 Teelöffel Essenz benötigt, um 2 Tassen (450 g) trockene Zutaten zu aromatisieren, aber das hängt vom Rezept und vom persönlichen Geschmack ab. Vanille und Mandel sind wohl die am häufigsten verwendeten Extrakte, doch auch Zitrone, Minze, Pfefferminze, Zimt und Nelke sind sehr beliebt. Blütenextrakte wie Rosenwasser und Orangenblütenwasser werden in der nahöstlichen, indischen und mediterranen Küche verwendet. Sie haben einen intensiven Duft. Blütenwässer sowie alle Essenzen und Extrakte sollten kühl und dunkel aufbewahrt werden, am besten in dunklen Flaschen.

OLIVEN

Oliven zählen zu den ältesten Früchten der Welt, und es gibt Hunderte verschiedener Arten. Der einzige Unterschied zwischen grünen und schwarzen Oliven ist ihr Reifegrad. Unreife Oliven sind grün, reife schwarz. Grüne Oliven sind meist entsteint und oft gefüllt mit den verschiedensten Zutaten, zum Beispiel mit Paprika, Mandeln, Anchovis, Jalapeños, Zwiebeln oder Kapern.

KAPERN

VERWENDUNG VON KAPERN: Kapern sind die eingelegten Knospen der mediterranen Kapernpflanze. Sie werden in Salz oder Essig konserviert und müssen vorsichtig verwendet werden, denn Hitze unterstreicht ihren salzigen Geschmack. Bevor Sie Kapern gegen Ende der Garzeit Ihren Gerichten hinzufügen, sollten Sie sie abspülen und trocknen.

VANILLE

Vanille wird häufig beim Backen verwendet. Die Vanilleschote ist die Frucht einer tropischen Orchideenart. Sie wird unreif gepflückt und dann sonnengetrocknet. So entwickelt sie ihren intensiven Geschmack. Die langen, schwarzen Schoten sind unerlässlich für die Aromatisierung von Eiscreme, Saucen und Sirups. Nach dem Aromatisieren eines Sirups kann die Schote abgespült, getrocknet und wieder verwendet werden.

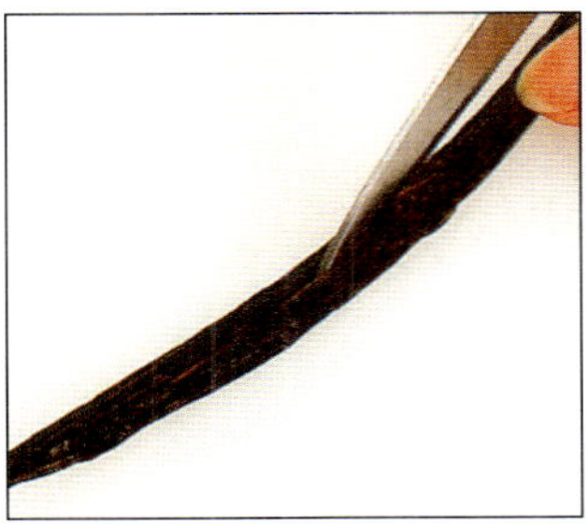

VANILLE ZUBEREITEN:

1 Mit einem kleinen, scharfen Messer schlitzen Sie die Vanilleschote der Länge nach auf. Sie können sie verwenden, um heiße Flüssigkeiten wie Milch oder Sirup 20 bis 30 Minuten zu aromatisieren.

2 Für einen intensiveren Geschmack öffnen Sie die Schote und kratzen Sie mit der Messerspitze das Mark heraus. Fügen Sie es Eiscreme, Pudding oder Vanillesaucen hinzu.

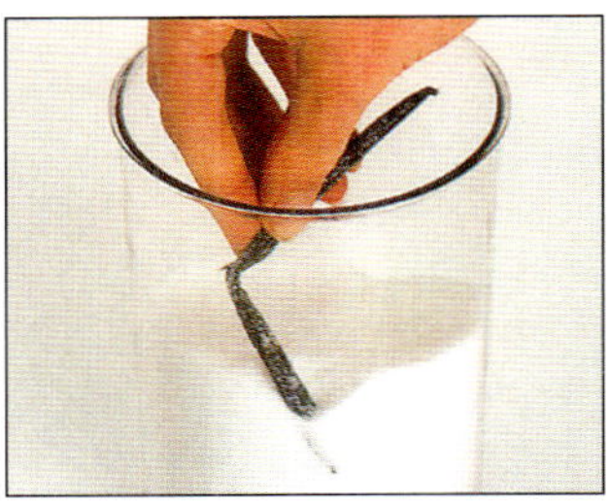

VANILLEZUCKER:

Legen Sie eine aufgeschnittene Vanilleschote in 2 Tassen (450 g) Zucker und lassen Sie sie abgedeckt 2 bis 3 Tage oder länger stehen. Für jedes Rezept, bei dem ein Hauch Vanille gefragt ist.

Würzen mit Wein und Branntwein

WEIN

Wein kann vielen Gerichten Substanz verleihen, aber wenn er beim Kochen nicht reduziert wird, hinterlässt er womöglich einen strengen, unangenehmen oder sauren Geschmack. Ein Teil des Alkohols muss durch lange Garzeiten verflüchtigt werden, wie bei Eintöpfen oder Schmorgerichten, oder Sie reduzieren den Wein in einem Topf, um seinen Geschmack für Saucen zu konzentrieren. Die Merkmale des Weins werden durch das Kochen verstärkt, also gilt die Regel: Wenn der Wein gut genug zum Trinken ist, können Sie damit auch kochen. Verwenden Sie kräftige rote Weine zu rotem Fleisch und Wild, Braten, fetten braunen Saucen und Bratensaucen. Leichtere rote oder weiße Weine eignen sich für Kalbfleisch, Huhn und Fisch. Nehmen Sie keinen weißen Wein zu salzigen oder geräucherten Speisen oder solchen mit starkem Zitrusaroma.

BRANNTWEIN UND LIKÖR

Branntwein kann zu Beginn des Kochens verwendet werden, um einem Gericht Aroma zu verleihen, oder unmittelbar vor dem Servieren, um einen kräftigen Geschmack zu betonen. Häufig wird er für Fleischpasteten und Terrinen verwendet, aber auch zu Früchtekuchen, und er dient als Konservierungsmittel. Dessertweine wie Sherry, Portwein, Madeira und Marsala werden oft zum Schluss Saucen hinzugefügt oder zum Ablöschen verwendet. Liköre werden für Desserts benötigt. In Verbindung mit alkoholischen Getränken können sie flambiert werden.

BRATENSATZ ABLÖSCHEN

Um Bratensatz abzulöschen, nehmen Sie alles gebratene Fleisch heraus und schütten Sie überflüssiges Fett ab. Geben Sie Wein oder anderen Alkohol hinein und schaben Sie alle Rückstände vom Pfannenboden.

WEIN REDUZIEREN

1 Um Wein zu reduzieren und zu konzentrieren, verwenden Sie ihn ausschließlich oder als Teil der Kochflüssigkeit zu Fleisch- oder Wildgerichten. Langes Kochen bei geringer Hitze lässt den Alkohol verdunsten und hinterlässt einen konzentrierten Weingeschmack.

2 Um Wein für die Verwendung in Saucen oder zum Ablöschen zu reduzieren, geben Sie ihn in einen Stieltopf und lassen ihn bei mittlerer Hitze auf die Hälfte einkochen.

FLAMBIEREN

1 Erhitzen Sie den Branntwein oder Likör in einer kleinen Stielkasserolle oder einer Suppenkelle bei mittlerer Hitze, bis sich am Rand Blasen bilden – nicht kochen.

2 Entzünden Sie die Flüssigkeit mit einer langen Kerze oder einem extralangen Streichholz.

3 Über die erwärmten Speisen (Crêpes, Plumpudding, Steaks und dergleichen) gießen und verteilen, bis die Flamme erlischt. Dies ist der Fall, wenn der Alkohol verdunstet ist.

Essig

Essig kann ein sehr vielseitiges Würzmittel sein. Er entsteht, indem ein natürlich fermentierter Alkohol wie Wein, Sherry oder Cidre durch Zugabe eines Bakteriums in Essigsäure umgewandelt wird. Dies wird heutzutage unter kontrollierten Bedingungen vorgenommen.

Häufig findet er Verwendung in Salatdressings, Beizen, beim Einmachen und bei Chutneys, doch er ist auch von Bedeutung, wenn Saucen mehr Würze erhalten oder Marinaden zarter werden sollen. Aromatisierter Essig ist ideal zum Ablöschen des Bratensafts von fetthaltigem Fleisch wie Ente. Bewahren Sie Essig kühl und dunkel auf, denn mit dem Alter verliert er an Geschmack. Essigsorten unterscheiden sich durch ihre Stärke (Säuregrad) und ihren Geschmack. Eine grobe Richtlinie besagt, dass der Gehalt von Essigsäure in einem Essig gleich hoch ist wie der Weinanteil bei seiner Produktion. Die meisten Essigsorten enthalten 5 bis 6 Prozent Essigsäure.

HERSTELLUNG VON KRÄUTERESSIG

Verwenden Sie einen hochwertigen weißen oder roten Weinessig oder Apfelessig. Zerdrücken Sie die Kräuter ein wenig, damit sie ihr Aroma freisetzen.

1 Geben Sie etwa 2 Esslöffel frische, leicht zerdrückte Kräuter in eine sterilisierte, hitzebeständige Flasche oder in ein Einmachglas. Circa 2 Tassen (470 ml) Essig erhitzen, bis sich am Rand Blasen bilden; sofort über die Kräuter gießen.

2 Verschließen Sie das Gefäß und lagern Sie es mindestens 2 Wochen lang kühl und dunkel. Drehen Sie es gelegentlich um.

3 Wenn Sie mögen, geben Sie einen Zweig desselben frischen Krauts als Dekoration in eine hübsche Flasche. Filtern Sie den aromatisierten Essig durch einen Kaffeefilter oder ein Passiertuch in die Flasche. Die Flasche fest verschließen und etikettieren. Bei kühler Lagerung hält sich der Essig bis zu einem Jahr.

ESSIGLEXIKON

Weinessig Die meisten Weinessige haben 6 Prozent Essigsäure und ein angenehmes Weinaroma. Sie lassen sich in Dressings, Marinaden, Beizen und Saucen verwenden.
Sherryessig Ein hochwertiger Essig aus spanischem Sherry mit einem intensiven, nussigen Geschmack. Für Dressings, zum Beträufeln von Gemüse oder zum Ablöschen von kurz gebratenem Kalbfleisch oder Hühnerleber.
Himbeer- und andere Obstessige Sie werden hergestellt, indem man Himbeeren oder andere Früchte in Weinessig mariniert. Obstessig verleiht Dressings, Huhn, Ente, Lebergerichten und sogar Obstsalat eine besondere Note.
Apfelessig Ein milderer Essig, der aus Apfelmost hergestellt wird. Er eignet sich besonders für Krautsalat-Dressings und anderes Gemüse, aber auch für Beizen und milde Chutneys.
Weißer (destillierter) Essig Ein starker Essig aus hochprozentigem Schnaps. Wird häufig für Beizen und Chutneys verwendet.
Reisessig Dieser Essig wird aus Reis hergestellt und ist blass bis klar mit einem milden, süßlichen Geschmack. Er wird in der chinesischen und japanischen Küche verwendet und macht sich hervorragend in Dressings, Dips, Nudelgerichten und Beizen.
Balsamico-Essig Dieser hochwertige Essig wird aus dem Saft weißer Trauben gewonnen, der jahrelang im Holzfass gereift ist. Er ist dunkelbraun und schmeckt süßsäuerlich. Balsamico-Essig eignet sich sehr gut zum Beträufeln von gegrilltem Gemüse und Salaten.

Himbeeressig

Sherry-Essig

Weinessig

Balsamico-Essig

Apfelessig

Reisessig

Fonds und Saucen

Fonds und Saucen sind die Grundlage guten Kochens. Die dünnflüssigen, aromatischen Fonds stellen die Basis vieler hervorragender Suppen, Saucen, Eintöpfe und Schmorgerichte dar – der französische Begriff „fond" bedeutet ja nichts anderes als „Grundlage". Saucen sind angedickte Flüssigkeiten, die sowohl süßen als auch herzhaften Gerichten Geschmack, Gehalt und ein appetitliches Aussehen verleihen.

Verschiedene Arten von Fonds

Es gibt vier verschiedene Arten von Fonds, die zwar ähnliche Zutaten enthalten, aber dennoch unterschiedliche Ausprägungen besitzen.

Weiße Fonds sind nicht wirklich weiß, sondern hell. Sie entstehen beim Auskochen von Rinder-, Kalbs- oder Hühnerknochen in Wasser mit Gemüse und Gewürzen. Der Fond ist von heller Farbe und hat einen milden, aber köstlichen Geschmack. Schälen Sie die Zwiebeln, wenn er sehr hell sein soll.

Brauner Fond entsteht beim Auskochen von Rinder-, Kalbs-, Hühner- oder Wildknochen in Wasser mit Gemüse und Gewürzen. Sie werden vor dem Auskochen angebräunt und karamellisiert. Der Fond hat eine kräftige, dunkle Farbe und einen intensiven Geschmack.

Fischfond oder Fumet unterscheidet sich dadurch, dass er nur relativ kurze Zeit kocht, etwa 25 Minuten. Die Gräten werden nicht gebräunt, und gewöhnlich werden Wein oder Zitronensaft hinzugefügt, wodurch ein heller, aber intensiv schmeckender Fond entsteht.

Meeresfrüchtefond kann wie Fischfond hergestellt werden. Die Schalen der Krustentiere können aber auch vor dem Auskochen in Öl gebräunt werden; das hängt von der späteren Verwendung ab.

Court-Bouillon ist ein heller Gemüsefond, der Wein enthält. Er wird im Allgemeinen abgekühlt, bevor man Fisch oder zarte Fleischsorten wie Kalbsbries darin pochiert.

Die Zutaten eines Fonds

Um einen Fond zuzubereiten, brauchen Sie Knochen, Gemüse, Gewürze und Wasser. Knochen sind der wichtigste Bestandteil, denn sie verleihen ihm Geschmack, Gehalt und Farbe. Es wird immer schwieriger, Rinder- und Kalbsknochen zu bekommen, also greifen Sie zu, wenn sie erhältlich sind. Sie können die Knochen bis zur Verwendung in der Kühltruhe aufbewahren. Fonds auf Rinder- oder Kalbsbasis benötigen 6 bis 8 Stunden, Hühnchenfond braucht 5 bis 6 Stunden.

Die besten Gräten für einen Fischfond sind jene von magerem hellen Fisch wie Seezunge, Flunder, Steinbutt oder Merlan. Verwenden Sie keinen fettigen oder intensiv schmeckenden Fisch wie Lachs, Schwertfisch, Thunfisch oder Makrele. Vermeiden Sie große Stücke Haut, denn sie können dem Fond einen bitteren Geschmack verleihen. Fonds aus Truthahn-, Lamm- und Schweineknochen sollten Sie nur in Rezepten verarbeiten, die diese Zutaten verwenden.

Zwiebeln, Mohrrüben, Sellerie, Lauch, Pilze und Tomaten sind die am häufigsten verwendeten Gemüsesorten für Fonds. Sie brauchen nicht geschält zu werden; Zwiebelschalen werden sogar oft verwendet, um braunem Fond zusätzlich Farbe zu geben. Gemüsesorten wie Kohl, Brokkoli, Peperoni, Rüben und andere mit sehr ausgeprägtem Eigengeschmack sind ungeeignet.

WEISSER FOND: WEISSER KALBSFOND

Verwenden Sie Kalbs-, Rinder- oder Hühnerknochen oder eine Kombination von allen dreien. Schneiden oder hacken Sie sie klein. Ein Kalbsknochen sollte immer dabei sein. Die Knochen für den weißen Fond können auch blanchiert werden: Die Knochen mit kaltem Wasser bedecken und zum Kochen bringen. Wenn der Schaum an die Oberfläche steigt, schöpfen Sie ihn ab. Die Knochen danach abspülen, abtrocknen verarbeiten.

ZUTATEN

2 bis 2,5 kg Kalbsknochen, zerkleinert oder in Stücke geschnitten
2 große Zwiebeln, geputzt, aber ungeschält, geviertelt
3 Mohrrüben, in 7,5 bis 10 cm große Stücke geschnitten
1 bis 2 Stangen Sellerie, in Stücke geschnitten
2 Stangen Lauch, gewaschen und in 7,5 bis 10 cm große Stücke geschnitten
1 bis 2 Knoblauchzehen, zerdrückt
großes Bouquet garni (siehe Seite 10)
1 Esslöffel schwarze Pfefferkörner

1 Blanchieren Sie die Kalbsknochen, indem Sie den obigen Anweisungen folgen. Geben Sie die Knochen und alle übrigen Zutaten in einen großen Kochtopf. Fügen Sie ausreichend kaltes Wasser hinzu, damit alle Zutaten wenigstens 2,5 cm bedeckt sind.

2 Schalten Sie den Herd auf mittlere Hitze und bringen Sie das Wasser zum Kochen. Sobald Schaum an die Oberfläche steigt, schöpfen Sie ihn ab. Bei sehr geringer Hitze rund 6 Stunden köcheln lassen, gelegentlich abschöpfen. Die Flüssigkeit sollte kaum sieden.

3 Füllen Sie den Fond durch ein mit einem Passiertuch bedecktes Sieb in eine große Schüssel. Abkühlen lassen, dann in den Kühlschrank stellen.

4 Wenn der Fond gekühlt ist, heben Sie mit einem Löffel das fest gewordene Fett von der Oberfläche ab. Sie können den Fond bis zu 5 Tagen im Kühlschrank oder bis zu einem Jahr in der Kühltruhe aufbewahren. Bevor Sie ihn verwenden, kochen Sie ihn auf.

5 Für eine einfachere Lagerung reduzieren Sie den Fond auf sein halbes Volumen, indem Sie ihn bei großer Hitze kochen. Abkühlen lassen. In kleinen Mengen in Eiswürfelbeutel oder -tabletts füllen. Für die Verwendung mischen Sie ihn mit der benötigten Menge Wasser.

FONDVARIATIONEN

Hühnerfond Ersetzen Sie die Hälfte der Kalbsknochen durch 1,3 kg Hühnerhälse und -rücken. Gehen Sie dann vor wie beim weißen Kalbsfond. 4 bis 5 Stunden köcheln lassen.

Rinderfond Ersetzen Sie die Hälfte der Kalbsknochen durch 1,3 kg Rinderknochen oder nehmen Sie nur Rinderknochen.

Brauner Hühnerfond Ersetzen Sie die Hälfte der Kalbsknochen durch 1,3 kg Hühnerklein und gehen Sie vor wie beim weißen Kalbsfond. Bräunen Sie Fleisch an, das verleiht dem Fond eine kräftige Farbe.

Gemüsefond Einen guten Gemüsefond können Sie aus einer Vielzahl von Gemüsesorten in jeweils gleichen Anteilen herstellen. Sie können sie bräunen, bevor Sie Wasser hinzufügen; dadurch erhält der Fond einen kräftigeren Geschmack.

BRAUNER FOND: BRAUNER KALBS- ODER RINDERFOND

Verwenden Sie dieselben Zutaten wie für den weißen Fond, aber fügen Sie zwei halbierte Tomaten hinzu und gehen Sie wie folgt vor: Eine dritte Zwiebel in Hälften schneiden und rösten (siehe Schritt 1).

Wärmen Sie den Backofen auf 230 °C vor. Die Knochen auf ein Backblech mit hohem Rand legen und anrösten, bis sie gut gebräunt sind. Gelegentlich wenden.

1 Fügen Sie das klein geschnittene Gemüse bis auf die Tomaten hinzu und braten Sie es 20 Minuten oder länger mit, bis es braun ist. Zusätzliche Farbe erzielen Sie, wenn Sie eine halbe Zwiebel über einen Elektro- oder Gasbrenner halten, bis sie komplett geröstet ist.

2 Geben Sie die angebräunten Knochen und das Gemüse in einen großen Kochtopf. Zwiebel, Tomaten, das Bouquet garni und die Gewürze zufügen. Stellen Sie das Backblech auf den Herd, schöpfen Sie das Fett ab, gießen Sie 2 Tassen (470 ml) Wasser an und bringen Sie es unter Rühren zum Kochen, um den Satz abzulöschen.

3 Geben Sie die Flüssigkeit in den Kochtopf und fügen Sie genügend kaltes Wasser hinzu, so dass die Knochen bedeckt sind. Zum Kochen bringen. Wenn Schaum an die Oberfläche steigt, schöpfen Sie ihn ab. Gehen Sie weiter vor wie beim weißen Kalbsfond.

FISCHFOND

Reinigen Sie Gräten gründlich, bevor Sie sie für einen Fond verwenden. Sie sollten sie nicht blanchieren, denn das nimmt ihnen Aroma. Sautieren Sie sie lieber zuvor in Öl oder Butter, um ihren Geschmack zu verstärken. Wenn ein fettfreier Fond erwünscht ist, geben Sie alle Zutaten mit Ausnahme von Öl oder Butter in den Kochtopf. Bedecken Sie alles mit ausreichend kaltem Wasser und beginnen Sie bei Schritt 3 des braunen Fonds.

1 Erhitzen Sie 1 Esslöffel Öl oder Butter in einem großen Kochtopf bei mittlerer Hitze. Geben Sie eine fein gehackte Zwiebel hinzu (oder 3 bis 4 fein gehackte Schalotten). 3 bis 4 Minuten garen, bis sie weich, aber nicht braun ist. Fügen Sie einen Lauch, eine Mohrrübe, eine Selleriestange – jeweils gehackt – sowie 1/2 Tasse (120 g) klein geschnittene Pilze hinzu. 3 bis 4 weitere Minuten garen.

2 725 g klein geschnittene Gräten dazugeben. 2 bis 3 Minuten garen, danach 240 ml trockenen Weißwein oder den Saft einer halben Zitrone und ausreichend kaltes Wasser zum Bedecken hinzufügen. Geben Sie ein Bouquet garni und einen Teelöffel leicht zerdrückter Pfefferkörner in den Topf.

3 Zum Kochen bringen und eventuell an die Oberfläche steigenden Schaum abschöpfen. Dann die Hitze verringern und 20 bis 25 Minuten knapp sieden lassen. Wie den Kalbsfond durchseihen. Abkühlen lassen, dann kalt stellen.

SAUCEN

Saucen sind gewürzte, angedickte Flüssigkeiten, die eine gute Konsistenz und einen intensiven Geschmack haben sollten, doch sie dürfen die Speisen, die sie begleiten, nicht überdecken. Es gibt viele Arten von Saucen, von denen die meisten in zwei Kategorien gehören: gebundene (legierte) und emulgierte Saucen. Andere reichen von einer einfachen geschmolzenen oder geklärten Butter bis zu raffinierten Pürees und reduzierten Saucen.

GEBUNDENE SAUCEN

Die Mehlschwitze, eine Paste aus gleichen Teilen Fett und Mehl, wird am häufigsten zum Andicken weißer Saucen (Béchamel und helle Grundsauce) und brauner Saucen verwendet. Erwärmen Sie die Mehlschwitze bei mittlerer Hitze, bevor Sie Flüssigkeit hinzufügen, um einen unangenehmen, mehligen Geschmack und Klümpchenbildung zu vermeiden. Eine weiße Mehlschwitze sollte rund 1 Minute erhitzt werden, eine blonde oder strohfarbene Mehlschwitze 2 bis 3 Minuten und eine braune Mehlschwitze – wie sie oft in der kreolischen oder in der Cajun-Küche der französischsprachigen amerikanischen Südstaaten vorkommt – 10 Minuten oder länger, damit sie ordentlich bräunt.

EMULGIERTE SAUCEN

Emulgierte Saucen enthalten Zutaten – meist Eier, Eigelb und eine Fettart wie Butter oder Öl –, die sich normalerweise nicht miteinander verbinden. Durch intensives Rühren oder Schlagen erhalten diese Zutaten eine geschmeidige, stabile Konsistenz. Die wichtigsten emulgierten Saucen sind die Hollandaise, eine warme Sauce, sowie die Mayonnaise, eine kalte Sauce. Die Béarnaise wird auf die gleiche Art wie die Hollandaise hergestellt, erhält jedoch zusätzliches Aroma durch die Zugabe von reduziertem Essig, Schalotten und Estragon, was ihr ihren typischen süßlich-scharfen Geschmack verleiht. Weiße Buttersaucen, die durch die Nouvelle Cuisine beliebt wurden, werden ohne Eigelb hergestellt und neigen daher eher zum Trennen. Die Qualität all dieser Saucen hängt entscheidend von der Verwendung hochwertiger Eier, Butter oder Öl ab. Emulgierte Saucen sind dafür bekannt, dass sie schwierig herzustellen sind, weil sie sich leicht trennen oder gerinnen.

VERSCHIEDENE METHODEN ZUM BINDEN

Einige Saucen werden am besten erst ganz zum Schluss gebunden. Bindemittel sind Maisstärke, Pfeilwurzelmehl und Beurre manié (Mehlbutter). Eine Mischung aus Ei und Sahne kann ebenfalls zum Andicken und Anreichern einer Sauce verwendet werden.

HERSTELLEN EINER MEHLSCHWITZE: Schmelzen Sie Butter oder Öl in einem Topf mit dickem Boden bei mittlerer Hitze. Geben Sie das ganze Mehl auf einmal hinzu und rühren Sie, bis Sie eine geschmeidige Paste erhalten, die Blasen wirft und schäumt. Je nach der gewünschten Färbung, und rühren Sie dabei kontinuierlich um.

SAUCEN MIT MAISSTÄRKE, PFEILWURZELMEHL ODER KARTOFFELSTÄRKE BINDEN: Lösen Sie 2 bis 3 Teelöffel Stärke in 2 bis 3 Teelöffeln kaltem Wasser oder Fond auf und rühren Sie, bis eine Paste entsteht. Langsam in die kochende Flüssigkeit einrühren. Sie wird schnell andicken. Chinesische Pfannengerichte und Fruchtsaucen werden oft so gebunden.

SAUCEN MIT BEURRE MANIÉ BINDEN: Mit einer Gabel gleiche Anteile weicher Butter und Mehl zusammenkneten. Mit dem Schneebesen nach und nach kleine Stücke der verkneteten Butter in die kochende Sauce rühren, bis sie die gewünschte Konsistenz hat. 2 Esslöffel Beurre manié genügen, um etwa 1 Tasse (240 ml) Flüssigkeit zu binden. Sie verbessert zudem den Geschmack und die Beschaffenheit.

SAUCEN MIT EI-SAHNE-MISCHUNG BINDEN: Schlagen Sie 1 Eigelb in 2 Esslöffel Schlagsahne. Bringen Sie 2 Tassen (480 ml) dünne Sauce zum Kochen. Ein wenig Sauce in die Eimischung rühren, dann bei gewünschter Färbung vom Herd nehmen und die Eimischung mit dem Schneebesen in die Sauce rühren. Stellen Sie den Topf wieder auf den Herd und schlagen Sie kontinuierlich weiter, bis die Sauce andickt. Nicht kochen, ehe die Sauce Mehl zum Stabilisieren enthält. Diese Sauce ist schwer noch einmal zu erwärmen.

WEISSE SAUCE: BÉCHAMELSAUCE

Wegen ihrer neutralen Grundlage sind weiße Saucen äußerst vielseitig. Man kann sie zu Soufflés, Kroketten, Suppen, Eierspeisen oder Gratins reichen und zahlreiche Gerichte mit ihnen krönen. Die Konsistenz sollte geschmeidig und dicht sein und der von Schlagsahne ähneln. Der Geschmack sollte milchig und keinesfalls mehlig sein. Eine einfache weiße Sauce oder eine Béchamel wird mit Butter, Mehl und Milch zubereitet. Manchmal wird die Milch zuvor mit einer nelkengespickten Zwiebel aromatisiert, oder eine kleine Menge gehackte Zwiebel wird in der Butter oder dem Öl angedünstet, bevor das Mehl hinzugefügt wird.

ZUTATEN

1 Tasse (240 ml) Milch
1 Zwiebel, in Hälften geschnitten und mit 4 ganzen Nelken gespickt (optional)
1 Lorbeerblatt (optional)
1 1/2 Esslöffel Butter
1 1/2 Esslöffel Mehl
eine Messerspitze gemahlene Muskatnuss
Salz und weißer Pfeffer

Für dünne weiße Saucen oder Béchamel (um Suppen oder Saucen anzudicken): 1 Esslöffel Mehl, um 1 Tasse (240 ml) Milch anzudicken.

Für dicke weiße Saucen oder Béchamel (zu Soufflés usw.): 2 Esslöffel Butter und 2 Esslöffel Mehl, um 1 Tasse (240 ml) Milch anzudicken.

1 (Bei einfachen weißen Saucen lassen Sie diesen Schritt ganz weg.) Geben Sie die Milch mit den nelkengespickten Zwiebelhälften, den Pfefferkörnern und dem Lorbeerblatt in einen Topf. Bei mittlerer Hitze zum Kochen bringen, gelegentlich umrühren, um das Anbrennen zu vermeiden. Vom Herd nehmen. Zum Ziehen 15 Minuten abgedeckt stehen lassen.

2 Schmelzen Sie die Butter in einem kleinen Topf bei mittlerer Hitze. Geben Sie das Mehl hinzu und schlagen Sie die Masse kontinuierlich mit dem Schneebesen, bis sie sich vermischt hat und schäumt. Dies dauert ungefähr 1 Minute.

3 Allmählich die Milch in die Mehlschwitze laufen lassen und erneut zum Kochen bringen. 1 Minute kochen lassen, dabei ständig mit dem Schneebesen schlagen, bis die Sauce eindickt. Mit Muskatnuss, Salz und Pfeffer würzen, 5 bis 10 Minuten knapp sieden lassen. Die Sauce kann sofort serviert werden.

4 Wenn Sie die Sauce nicht gleich verwenden wollen, seihen oder gießen Sie sie in eine Schüssel. Geben Sie Butterflöckchen darüber; indem die Butter auf der Oberfläche schmilzt, kann sich keine Haut bilden. Zum gleichen Zweck können Sie auch einen Plastikdeckel auf die Oberfläche legen.

BUTTER KLÄREN

Bei geklärter Butter wird die Molke vom reinen Butterfett getrennt. Geklärte Butter kann wie eine einfache Sauce serviert oder zum Braten benutzt werden und zum Stabilisieren von Saucen wie Hollandaise und Béarnaise dienen.

1 Geben Sie die Butter in einen kleinen Topf und lassen Sie sie bei geringer Hitze schmelzen. Nicht kochen lassen.

2 Vom Herd nehmen und den Topf leicht kippen. Mit einem flachen Löffel den Schaum von der Oberfläche entfernen. Dann in eine kleine Schüssel gießen, wobei die Molke zurückbleibt. Kalt stellen, sofern das Rezept es verlangt.

HELLE GRUNDSAUCE

Eine helle Grundsauce oder Velouté wird oft aus der Kochflüssigkeit der Hauptzutat (Fisch, Hühnchen, Kalb) hergestellt. Zu Beginn wird der Mehlschwitze Flüssigkeit hinzugefügt, sodass eine sehr dünne Sauce entsteht. Nachdem sie 15 Minuten bis 1 Stunde lang geköchelt hat, dickt sie ein und ihr Aroma intensiviert sich. Durch das lange Kochen wird sie sämig – daher der Name „Velouté", der im Französischen „samtartig" bedeutet. Rühren Sie immer wieder um, damit sie nicht ankocht, und schöpfen Sie sie von Zeit zu Zeit ab.

ZUTATEN

1 1/2 Tassen (360 ml) weißer Kalbsfond, Hühner- oder Fischfond
1 1/2 Esslöffel Butter
1 1/2 Esslöffel Mehl
2 bis 3 Esslöffel Schlagsahne oder Crème fraîche (optional)
1/2 Teelöffel Zitronensaft
Salz und weißer Pfeffer

1

2

1 Schmelzen Sie die Butter bei mittlerer Hitze in einem Topf mit dickem Boden. Geben Sie das Mehl hinein und schlagen Sie die Masse mit dem Schneebesen, bis sie glatt ist und schäumt. Erhitzen bis sie goldgelb wird (2 bis 3 Minuten), dabei ständig umrühren. Den Topf vom Herd nehmen und etwas abkühlen lassen.

2 Rühren Sie mit dem Schneebesen den Fond ein. Bringen sie ihn zum Kochen und schlagen Sie, bis er eindickt. Lassen Sie die Sauce mindestens 1/2 Stunde köcheln, rühren Sie häufig um und schöpfen Sie von Zeit zu Zeit ab. Die Sahne hinzufügen. Mit Zitronensaft, Salz und Pfeffer würzen und noch einmal aufkochen.

BRAUNE SAUCEN

Die bekannteste braune Sauce, die Sauce Espagnole oder spanische Sauce, wird aus einem reichhaltigen braunen Fond und einer sanft erhitzten braunen Mehlschwitze hergestellt. Diese Sauce hat einen kräftigen und doch feinen Geschmack und erfordert viel Geduld. Die Zugabe von feinem (spanischen) Schinken und Tomatenmark macht die Sauce geschmacklich intensiver. Diese Sauce kann allein serviert werden, ist aber auch die Grundlage für viele reichhaltige, dunkle französische Saucen wie die Demiglace (Kraftsauce), die Sauce Robert (eine braune Zwiebelsauce) und die Madeirasauce. Heutzutage verwenden viele Köche ein Last-minute-Andickungsmittel wie Pfeilwurzelmehl oder Kartoffelstärke, weil es die Sauce leichter macht.

1 Für eine einfache braune Sauce bringen Sie 1 1/2 Tassen (360 ml) kräftigen braunen Fond bei mittlerer Hitze zum Kochen und lassen ihn auf etwa zwei Drittel seines Volumens einkochen. Lösen Sie in einer kleinen Tasse 1 bis 2 Teelöffel Pfeilwurzelmehl oder Kartoffelstärke in 2 Esslöffeln Madeira oder kaltem Wasser auf. (Lösen Sie zuerst die Minimalmenge auf, fügen Sie dann die Hälfte hinzu und geben Sie schließlich mehr zu, wenn erforderlich.)

2 Vermengen Sie die Paste und rühren Sie sie dann in den kochenden Fond ein; die Sauce dickt sofort ein. Nach Wunsch können Sie 1/2 Teelöffel Tomatenmark einrühren, um die Farbe zu intensivieren. Noch 2 Minuten knapp sieden lassen. Falls erforderlich, mit Salz und Pfeffer würzen.

KLASSISCHE HOLLANDAISE

ZUTATEN

3 Eigelb
3 Esslöffel Wasser
Salz und Cayenne- oder weißer Pfeffer
3/4 Tasse (170 g) geklärte, ungesalzene Butter
1 bis 2 Teelöffel Zitronensaft

1 Nehmen Sie eine kleine Stielkasserolle mit schwerem Boden (kein Aluminium). Schlagen Sie die Eigelbe, Wasser, Salz und Pfeffer mit dem Schneebesen, bis sich alles gut vermischt hat.

2 Bei geringer Hitze die Masse mit dem Schneebesen kräftig und ohne Unterbrechung schlagen, bis sie dick und cremig ist und eine deutliche Spur am Boden des Topfes hinterlässt. (Nehmen Sie den Topf gelegentlich von der Kochstelle, um Überhitzung und ein Gerinnen des Eigelbs zu vermeiden.)

3 Nehmen Sie den Topf vom Herd und heben Sie langsam und Tropfen für Tropfen die geklärte Butter unter. Wenn die Sauce eindickt, können Sie die Butter in einem sehr dünnen Strahl eingießen, bis sie vollständig aufgebraucht ist (lassen Sie die Molkeanteile im Topf zurück). Mit Zitronensaft und gegebenenfalls mehr Salz und Pfeffer würzen.

FÜR EILIGE KÖCHE

Sowohl Hollandaise als auch Béarnaise können im Mixer oder in der Küchenmaschine hergestellt werden, wobei die Eigelbe nicht erhitzt werden müssen; die geklärte Butter allerdings sollte etwa Kochtemperatur haben.

1 Geben Sie Eier, Wasser, Salz und Pfeffer in den Mixer oder in die Küchenmaschine. 10 Sekunden mixen, bis die Masse leicht und schaumig ist.

2 Bei eingeschalteter Maschine langsam und Tropfen für Tropfen die kochende Butter durch die Einfüllöffnung einlaufen lassen, bis die Sauce eindickt. Danach in einem sehr dünnen Strahl weiter gießen, bis die Zutaten völlig verbunden sind (lassen Sie die Molkeanteile im Topf zurück). Würzen Sie wie in Schritt 3 bei der klassischen Hollandaise.

MEDITERRANE MARINADE

ZUTATEN

2 Tassen (480 ml) Olivenöl
1 Tasse (240 ml) frisch gepresster Zitronensaft
2/3 Tasse (160 ml) roter Weinessig
3 Esslöffel gehackter Oregano
2 Esslöffel zerdrückter Knoblauch
1 Teelöffel Salz
1 Teelöffel gemahlener schwarzer Pfeffer

Vermischen Sie alle Zutaten außer dem Öl. In der Küchenmaschine mixen, bis die Masse eine geschmeidige Konsistenz bekommt. Fügen Sie während des Mixens langsam das Öl hinzu. Abdecken und bis zur Verwendung kalt stellen.

Zum Marinieren von Geflügel, Fleisch oder Meeresfrüchten. Es ist sinnvoll, eine Portion zum Begießen des Kochguts während des Garens beiseite zu stellen.

SAUCE BÉARNAISE

Die Béarnaise wird weitgehend wie die Hollandaise hergestellt, doch vor der Zugabe von Eigelb und Butter wird sie stark reduziert, und zwar bis auf einen Esslöffel Flüssigkeit. Während des Schlagens sollte der Topf gelegentlich von der Herdstelle genommen werden (Schritt 2), um ein Überhitzen und Gerinnen des Eigelbs zu vermeiden.

ZUTATEN

3 Esslöffel weißer Weinessig
3 Esslöffel trockener Weißwein
10 leicht zerdrückte Pfefferkörner
2 bis 3 Schalotten, fein gehackt
2 Esslöffel frisch gehackter Estragon
1 Esslöffel Wasser
3 Eigelbe
3/4 Tasse (170 g) geklärte Süßrahmbutter
Salz und weißer Pfeffer

1 Geben Sie Essig, Wein, Pfefferkörner, Schalotten und 1 Esslöffel gehackten Estragon in eine kleine Stielkasserolle mit schwerem Boden. Bei mittlerer Hitze zum Kochen bringen und sieden lassen, bis die Flüssigkeit auf einen Esslöffel reduziert ist. Vom Herd nehmen und einen Esslöffel kaltes Wasser einrühren.

2 Eigelb hinzufügen und mit Salz und Pfeffer würzen. Kräftig schlagen, damit sich die Zutaten verbinden. Bei geringer Hitze erwärmen und mit dem Schneebesen schlagen, bis sie cremig ist und eine sichtbare Spur auf dem Boden des Topfes hinterlässt.

3 Vom Herd nehmen. Heben Sie langsam die geklärte Butter unter. Wenn die Sauce eindickt und die Butter vollständig aufgenommen hat, gießen Sie die restliche Butter in einem dünnen Strahl hinein, bis alles verbraucht ist (lassen Sie Molkeanteile im Topf zurück).

4 Falls das Eigelb geronnen sein sollte, können Sie die Sauce retten, indem Sie sie in eine Schüssel sieben. Den restlichen Estragon einrühren und abschmecken.

WEISSE BUTTERSAUCE (BEURRE BLANC): WEISSWEIN-BUTTER-SAUCE

Diese Saucen sind trendy, äußerst gehaltvoll, lecker und instabiler als die klassischen emulgierten Saucen, weil kein Eigelb verwendet wird. Die Grundlage ist in der Regel eine Reduktion aus Wein, Essig, Fond oder Bratflüssigkeit. Um ein Trennen zu vermeiden, muss die Butter sehr kalt sein, wenn sie eingerührt wird, damit sie nicht schmilzt, bevor sie sich verbunden hat. Das ist zwar machbar, aber Sie können auch „schummeln". Wenn Sie der Reduktion einen Esslöffel Schlagsahne oder einen Teelöffel Maisstärke hinzufügen, wird die Sauce stabiler.

ZUTATEN

3 Esslöffel trockener Weißwein
3 Esslöffel weißer Weinessig
2 Schalotten, fein gehackt
1 Esslöffel Schlagsahne oder Crème fraîche (optional)
1 Tasse (230 g) sehr kalte ungesalzene Butter, in kleine Stücke geschnitten
Salz und weißer Pfeffer

1 Bringen Sie Wein, Essig und Schalotten in einer kleinen Stielkasserolle mit schwerem Boden (kein Aluminium) zum Kochen. Bis auf rund 1 Esslöffel reduzieren lassen. Wenn Sie Sahne verwenden, rühren Sie sie jetzt ein und lassen Sie die Flüssigkeit kochen, bis sie erneut reduziert ist.

2 Heben Sie die Butter bei mittlerer Hitze Stück für Stück unter, bis sich eine geschmeidige, cremige Sauce zu bilden beginnt.

3 Wenn die Sauce andickt, geben Sie 2 bis 3 Butterstücke gleichzeitig hinein. Schlagen Sie kontinuierlich mit dem Schneebesen bei hoher Temperatur, bis die Sauce gerade zu kochen beginnt und eine homogene Mischung entstanden ist. Nach Belieben würzen und durchseihen.

MAYONNAISE

Diese delikate Sauce wird in Salaten, auf belegten Broten und als Bestandteil anderer Saucen verwendet. Durch verschiedene Öle, Kräuter und andere Würzmittel kann sie geschmacklich variiert werden. Sorgen Sie dafür, dass alle Zutaten Zimmertemperatur haben, und wenn Sie sie von Hand anrühren, stellen Sie die Schüssel auf ein Handtuch, damit sie Ihnen nicht wegrutscht. Mayonnaise kann auch in einem Mixer oder einer Küchenmaschine zubereitet werden.

ZUTATEN

2 Eigelb
2 Esslöffel Zitronensaft oder weißer Weinessig
1 bis 2 Esslöffel Dijon-Senf (optional)
Salz und Cayenne- oder weißer Pfeffer
1 1/2 Tassen (360 ml) Oliven- oder Pflanzenöl oder von jedem die Hälfte

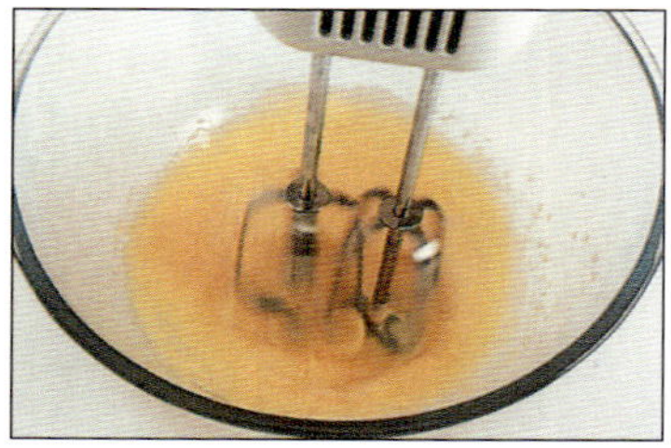

1 Geben Sie die Eigelbe, die Hälfte des Zitronensafts oder Essigs, den Senf sowie Salz und Pfeffer in eine Schüssel. Die Masse mit einem Handmixer etwa 1 Minute lang rühren, bis sie cremig und gut vermischt ist. Geben Sie dann langsam und Tropfen für Tropfen das Öl hinzu und rühren Sie dabei kontinuierlich weiter.

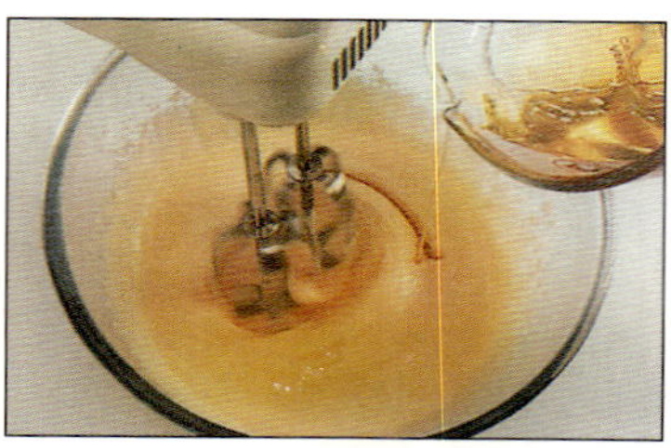

2 Wenn die Sauce einzudicken beginnt, das Öl in einem sehr dünnen, stetigen Strahl hineingießen, bis sich eine homogene Masse gebildet; dabei ständig weiterrühren. Rühren Sie den restlichen Zitronensaft oder Essig und die Gewürze ein, falls erforderlich. (Wenn sich die Sauce trennt, rühren Sie sie langsam in ein Eigelb oder 1 Esslöffel Dijon-Senf ein.)

VINAIGRETTE

Die Vinaigrette ist eine instabile Mischung von Essig und Öl, Dijon-Senf und Gewürzen. Durch intensives Rühren oder Schlagen hilft der Senf, Öl und Essig zu verbinden, aber sobald sie ruhig steht oder mit Salat und Gemüse vermischt wird, trennt sie sich wieder. Das klassische Mischungsverhältnis von Öl und Essig ist 3:1, doch es hängt auch von der Stärke des Senfs und des Essigs ab, also variieren Sie ganz nach Ihrem Geschmack. Fügen Sie Kräuter, Knoblauch und eine kleine gehackte Schalotte hinzu, wenn Sie mögen.

1 Geben Sie 2 Esslöffel weißen oder roten Weinessig oder Zitronensaft in eine kleine Schüssel und rühren Sie mit dem Schneebesen einen Esslöffel Dijon-Senf sowie Salz und Pfeffer ein.

2 Rühren Sie allmählich 6 bis 8 Esslöffel Öl Ihrer Wahl ein. Olivenöl allein kann zu intensiv sein; vermischen Sie es nach Geschmack mit einem hochwertigen Pflanzenöl.

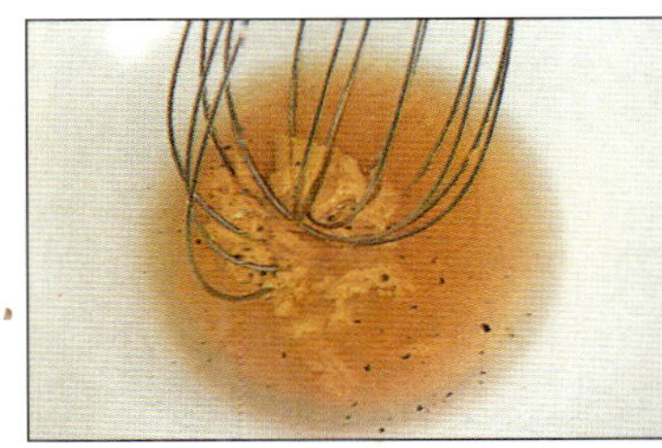

ZU BEACHTEN

Mayonnaise – genau wie im Mixer hergestellte Béarnaise und Hollandaise – wird aus rohem Eigelb zubereitet, das Salmonellen enthalten kann. Schwangere, Kinder und ältere Menschen sollten auf den Verzehr weicher oder roher Eier verzichten.

MILCHPRODUKTE UND EIER

Milchspeisen und Eier gehören zu den Grundlagen der westlichen Küche. Sie gelten für sich allein schon als Nahrungsmittel, stellen aber auch die Basis von Suppen, Saucen, Puddings, Vanillesaucen, Pfannkuchen, Kuchen, Eiscreme, Garnituren, Mousse und vielen Nachspeisen dar. Sie sind sehr nahrhaft und erfreuen sich anhaltender Beliebtheit.

Milchprodukte

MILCH

Der überwiegende Anteil von Milch und Milchprodukten besteht aus Kuhmilch, doch auch Ziegen-, Schaf- oder Büffelmilch wird in vielen Teilen der Welt sehr geschätzt. Milch ist ein Grundnahrungsmittel und meist das erste, das der Mensch verzehrt. Die Muttermilch stellt eine vollkommen ausgewogene Ernährung dar, und in Kuhmilch sind viele Nährstoffe, Vitamine und Kalzium enthalten. Milch – egal ob pur oder aromatisiert – ist nicht nur ein beliebtes Getränk, sondern verleiht vielen Gerichten auch Geschmack, Farbe und Nährwert.

Meist wird Milch pasteurisiert, um Bakterien abzutöten und die Haltbarkeit zu erhöhen. Sie wird dabei auf 71 °C erhitzt und 15 Sekunden auf dieser Temperatur gehalten. Ultrapasteurisierte Milch wird für 2 bis 4 Sekunden auf 135 °C erhitzt. Dieser Prozess tötet sämtliche Bakterien ab und erhöht die Haltbarkeit enorm. Ultrahoch erhitzte Milch wird sogar für 2 bis 6 Sekunden auf eine Temperatur von 138 bis 149 °C erhitzt, wodurch sie ohne Kühlung bis zu 3 Monate lang haltbar wird. Ist die Packung jedoch einmal geöffnet, sollte jede behandelte Milch wie frische Milch im Kühlschrank aufbewahrt werden. (Sowohl Milch als auch Sahne gerinnen beim Erhitzen leicht. Sie können das vermeiden, indem Sie den Topf zunächst mit Wasser ausspülen. Dann langsam erhitzen und gelegentlich umrühren.)

RAHM

Rahm ist der Fettanteil frischer Milch, der in einer dicken Schicht an die Oberfläche steigt, wenn die Milch ruhig stehen gelassen wird. Heutzutage wird Rahm durch Zentrifugieren in so genannten Separatoren hergestellt. Der hohe Fettgehalt verleiht Rahm einen kräftigen, buttrigen Geschmack und eine samtene Struktur. Er wird verwendet, um Suppen und Saucen anzureichern und um Puddings, Vanillesaucen und Mousse zuzubereiten. Backwaren und Pasteten werden durch Rahm besonders zart und nahrhaft. Rahm wird auch als Sauce verwendet und dient als Grundlage für viele Eiscremes und andere gefrorene Nachspeisen.

Schlagsahne Wegen seines hohen Fettgehalts behält Rahm seine Form, wenn er geschlagen wird. Schlagsahne kann als Garnitur verwendet oder Mousses und Parfaits hinzugefügt werden, sie macht sich auch gut in Puddings oder Füllungen. Schlagsahne kann eingefroren und unmittelbar vor dem Gebrauch aufgetaut werden.

MILCHLEXIKON

Vollmilch enthält mindestens 3,5 Prozent Milchfett.

Magermilch enthält 0,5 bis 2 Prozent Milchfett. Manchmal trägt sie die Bezeichnung „99 Prozent fettfrei" oder „nur 1 Prozent Fett". Ihre Beliebtheit wächst aufgrund der zunehmenden Bedeutung von Kalorien und Fettgehalt.

Entrahmte Milch Der Fettgehalt muss unter 0,5 Prozent liegen. Meist wird entrahmte Milch mit den Vitaminen A und D angereichert.

Acidophilusmilch wird aus entrahmter oder Magermilch hergestellt und mit dem Laktobazillus Acidophilus angereichert. Dieses erhält das Gleichgewicht nützlicher Organismen im Verdauungssystem.

Kondensmilch ist Vollmilch, der teilweise Wasser entzogen wurde. Sie wird zur Keimabtötung erhitzt und ist in Dosen oder Tuben abgefüllt zu kaufen. Ihr Fettgehalt beträgt 7,5 bis 10 Prozent, doch wird auch fettreduzierte Kondensmilch angeboten.

Gesüßte Kondensmilch enthält 40 bis 45 Prozent Zucker und wird für Bonbon- und Dessertrezepte gebraucht.

Trockenmilch (Milchpulver) ist ein vollständig dehydriertes Milchprodukt, das man leicht mit warmem Wasser wieder verflüssigen kann. Instant-Trockenmilch kann man auch mit kaltem Wasser anrühren und sehr lange aufbewahren. (Es gibt sie auch als Vollmilchpulver.) In den meisten Rezepten kann man frische durch Trockenmilch ersetzen; oft wird sie beim Brotbacken verwendet.

Das Homogenisieren ist ein Vorgang, bei dem die Fettkügelchen gleichmäßig in der Milch verteilt werden. Obwohl die meisten Milchsorten homogenisiert werden, gibt es auch Molkereien, die nicht homogenisierte Milch verkaufen.

SAHNELEXIKON

Rahm wird für gewöhnlich pasteurisiert, aber nur zur Hälfte homogenisiert, damit Milch und Rahm sich nicht trennen. Kaufen Sie am besten Rahm, der nicht ultrahocherhitzt wurde.
Kaffeesahne enthält zwischen 10 und 15 Prozent Fett. Sie kann nicht geschlagen werden, aber es ist ein weniger fettiger Ersatz für Sahne in Suppen und Saucen sowie im Kaffee und auf Zerealien.
Schlagsahne hat mindestens 30 bis 35 Prozent Fettanteil. Sie lässt sich rasch schlagen und behält länger die Form.
Schlagsahne extra enthält über 35 Prozent Fett. Sie lässt sich leichter schlagen als Schlagsahne.
Doppelrahm (Crème double) mit mindestens 43 Prozent Fett hat eine feste Konsistenz. Man kann Saucen damit eindicken und anreichern.
Mascarpone, ein Frischkäse aus Sahne, enthält mit mindestens 70 Prozent den höchsten Fettanteil aller Sahneprodukte. Er eignet sich zur Zubereitung und zum Verfeinern von Cremes und Desserts, aber auch pikanten Speisen.
Alle Sahnesorten mit Ausnahme des ultrahocherhitzten Rahms (kurz auf 149 °C erhitzt und dann abgekühlt) sind schnell verderblich und sollten im kühlsten Bereich des Kühlschranks aufbewahrt werden.

1 Geben Sie Schlagsahne in eine gekühlte Schüssel. Mit einem Handmixer schlagen, bis die Sahne ihre Form behält. Wenn der Mixer aus der Schüssel genommen wird, bilden sich weiche Hügel.

2 Wenn die Sahne steifer werden soll, schlagen Sie sie noch etwas länger, bis sich härtere Hügel bilden und in der Sahne eine deutliche Spur entsteht. Nicht zu lange schlagen, sonst flockt die Sahne aus, wird körnig, und am Ende entsteht Butter.

Milchprodukte mit lebenden Kulturen

Milchprodukte mit lebenden Kulturen werden in vielen Ländern verwendet, um Milch haltbarer zu machen. Setzt man Milch oder Sahne Bakterienkulturen zu, verleiht ihnen dies Volumen und einen einzigartigen würzigen Geschmack.

ARTEN VON MILCHPRODUKTEN MIT LEBENDEN KULTUREN

Buttermilch Hierbei handelt es sich ursprünglich um jene Flüssigkeit, die bei der Umwandlung von Rahm in Butter übrig bleibt. Heutzutage wird Buttermilch allerdings hergestellt, indem man frischer, pasteurisierter entrahmter Milch oder Magermilch Bakterienkulturen zusetzt. Dadurch entsteht ein saures, aber dennoch sahnig-mildes Produkt, das nicht nur als Getränk schmeckt, sondern auch Suppen, Pfannkuchen, Kekse und Kuchen verfeinert.

Sauerrahm entsteht durch die Zugabe von Bakterienkulturen zu pasteurisierter, homogenisierter Sahne und hat einen würzigen Geschmack, der besonders in der osteuropäischen Küche sehr geschätzt wird. Es gibt auch eine fettarme Variante. Sauerrahm flockt beim Kochen leicht aus, deshalb sollte er zum Ende der Garzeit in heiße Saucen eingerührt werden und unmittelbar vor dem Servieren vorsichtig erwärmt werden.

Joghurt Dieses Produkt ist ein Grundnahrungsmittel. Er hat eine dickflüssige, puddingartige Konsistenz.

Griechischer Joghurt, der gewöhnlich aus Schafsmilch hergestellt wird, ist im Nahen Osten sehr beliebt. Wie Sauerrahm flockt Joghurt beim Kochen aus, deshalb gelten für ihn dieselben Regeln.

Quark Dieser Frischkäse wird aus entrahmter, pasteurisierter Milch unter Zugabe von Bakterien und Lab hergestellt. Im Handel wird er in unterschiedlichen Fettgehaltsstufen angeboten. Quark eignet sich zur Zubereitung von Desserts und Süßspeisen, schmeckt aber auch als Brotaufstrich.

Hüttenkäse Der Frischkäse wurde jahrhundertelang von englischen Bauern in ihren Hütten hergestellt. Sie verwendeten dafür die Restmilch aus der Butterproduktion. Hüttenkäse wird aus pasteurisierter Magermilch hergestellt und erhält durch doppelte Erwärmung seine körnige Konsistenz.

KOCHEN MIT JOGHURT UND SAUERRAHM

Joghurt und Sauerrahm können zum Abschmecken von Suppen, Saucen und Schmorgerichten am Ende der Garzeit verwendet werden.

1 Nehmen Sie die siedende Flüssigkeit von der Herdplatte und rühren Sie Sauerrahm oder Joghurt in kleinen Portionen mit dem Schneebesen ein. Wenn die Sauce zu stark abkühlt, wärmen Sie sie behutsam auf, ohne sie zum Sieden oder Kochen zu bringen.

2 Sie können den Joghurt oder Sauerrahm auch mit 2 Teelöffeln Maisstärke pro Tasse (230 g) stabilisieren, ehe sie ihn in die Sauce geben.

KOCHEN MIT CRÈME FRAÎCHE

Crème fraîche war ursprünglich unpasteurisierter Rahm, den man sauer werden ließ, wobei er eine milde, leicht nussige Würze entwickelte. Industriell wird Crème fraîche aus frischer Sahne hergestellt, die mit Milchsäurebakterien angereichert wird. Sie kann bis zu 60 Prozent Fett enthalten, es gibt aber auch fettärmere Varianten. Wenn Sie Lust und Zeit haben, können Sie sie auch selbst machen (siehe unten).

1 Rühren Sie 2 Tassen (480 ml) Schlagsahne (möglichst nicht ultrahocherhitzt) und 1 Tasse (240 ml) Buttermilch oder Sauerrahm zusammen. Auf 29 °C erwärmen.

2 In ein Gefäß geben und lose abdecken. 6 bis 8 Stunden an einen warmen Ort stellen, bis die Masse angedickt ist und einen nussigen Geschmack entwickelt hat. Umrühren, dann abdecken und kalt stellen.

Butter und Margarine

Butter ist ein kompaktes Fett, das aus Rahm hergestellt wird; es enthält rund 80 Prozent Butterfett sowie 20 Prozent Wasser und Molke (feste Milchbestandteile oder Proteine), die beim Trennungsvorgang übrig bleiben. Früher wurde Salz als Konservierungsmittel der Butter hinzugefügt, heute wird es als Geschmacksverbesserer verwendet. Der Geschmack und die Reichhaltigkeit von Butter sind unverzichtbare Bestandteile von Kuchen, Pasteten, Plätzchen und Saucen. Sie dient auch zum Andicken und Anreichern von Suppen, Schmorgerichten, Eintöpfen und Saucen. Butter ist die Grundlage zahlreicher klassischer Saucen: Hollandaise, Béarnaise und Weiße Buttersauce. Butterzubereitungen, die mit geschmackgebenden Zutaten angereichert sind, lassen sich leicht auf Vorrat herstellen und zum Garnieren von gebratenem oder gegrilltem Fleisch, Geflügel, Fisch und Gemüse verwenden. Butter sorgt auch beim Braten und Sautieren für Geschmack und eine appetitlich braune Oberfläche.
Margarine wurde im Jahr 1869 von einem französischen Chemiker erfunden. Sie wird aus verschiedenen Pflanzenölen, Aroma- und Farbstoffen, Emulgatoren, Konservierungsstoffen und Vitaminen hergestellt. Da sie aus 80 Prozent Fett und 20 Prozent Wasser besteht, kann sie in den meisten Rezepten anstelle von Butter verwendet werden; allerdings erfordern bestimmte Pasteten- und Süßigkeitenrezepte die „gute" Butter, um wirklich zu gelingen. Verwenden Sie als Butterersatz keine „Light"-Margarine, denn diese kann bis zu 50 Prozent Wasser oder Luft enthalten.

Kochen mit Butter

Wenn Butter zum Braten in der Pfanne geschmolzen wird, trennt sich das Butterfett vom Wasser und von der Molke. Bei hoher Hitze oder über einen längeren Zeitraum verbrennen die Molkeanteile. Wenn man Butter klärt, kann man das reine Butterfett entnehmen und zum Sautieren oder Braten bei höheren Temperaturen verwenden, ohne dass es anbrennt. Geklärte Butter wird auch für Sauce Hollandaise und als Dip für gebratenene oder gegrillte Muscheln, Spargel oder Artischocken verwendet. Noch stärker geklärt als Butterfett ist das indische Ghee, das auch höher erhitzt werden kann.
Um braune Butter zu Fisch oder Gemüse herzustellen, erhitzen Sie langsam 1/2 Tasse (120 g) Butter in einem kleinen, schweren Stieltopf, bis sie goldbraun wird, schäumt und einen starken, nussigen Duft entwickelt. Vom Herd nehmen, nach Geschmack 1 bis 2 Esslöffel Zitronensaft und 1 Esslöffel frisch gehackte Petersilie hinzufügen.

HERSTELLUNG UND VERWENDUNG VON MEHLBUTTER

Die Mehlbutter (Beurre manié) ist eine Paste aus gleichen Anteilen Butter und Mehl, die zum Ende der Garzeit verwendet wird, um Saucen anzudicken und ihnen mehr Konsistenz und Geschmack zu verleihen.

BUTTERMISCHUNGEN

Buttermischungen können im Voraus hergestellt und eingefroren werden. Sie können sie dann direkt aus dem Tiefkühlfach verwenden. Lösen Sie 1/2 Tasse (120 g) Butter auf und rühren Sie dann folgende Zutaten unter:

Petersilienbutter 1 Esslöffel Zitronen- oder Limonensaft und 2 Esslöffel gehackte Petersilie hinzufügen. Mit Salz und Pfeffer würzen und zu Fleisch, Fisch, Geflügel oder Gemüse servieren.

Kräuterbutter Wie oben herstellen, aber anstelle von Petersilie Estragon, Schnittlauch oder Koriander verwenden. Passt zu Fleisch, Fisch, Geflügel, Gemüse oder zu Suppen, Eintöpfen und Saucen.

Senfbutter Geben Sie 1 Esslöffel Dijon-Senf oder scharfen braunen Senf hinzu. Zu gebratenem oder gegrilltem Schwein oder Lamm sowie zu Sandwiches.

Knoblauchbutter 1 bis 2 gehackte oder zerdrückte Knoblauchzehen hinzufügen. Zum Kochen oder zur Herstellung von Knoblauchbrot verwenden.

Anchovisbutter Geben Sie 2 Teelöffel zerdrückte Anchovisfilets, 1 Esslöffel Zitronensaft und frisch gemahlenen schwarzen Pfeffer hinzu. Zu gebratenem oder gegrilltem Rind, Lamm, Fisch sowie als Grundlage von Kanapees und Sandwiches.

Süße Orangenbutter 1 Esslöffel Puderzucker, 1 Esslöffel geriebene Orangenschale und Saft hinzugeben. Nach Belieben 1 Esslöffel Orangenlikör einrühren. Passt zu warmen Desserts oder Muffins, Pfannkuchen und Rührkuchen.

Honigbutter 2 bis 3 Esslöffel Honig zugeben und auf Brot, Pfannkuchen, Waffeln und Muffins streichen.

Geben Sie die erwärmte Butter in eine Schüssel und schlagen Sie sie mit einem Holzlöffel oder einem Handrührgerät, bis sie weich und cremig ist. Aromen und Gewürze hinzugeben und gut vermischen.

Käse

Käse ist eins der ältesten und verbreitetsten Nahrungsmittel. Er gilt als Grundnahrungsmittel, wird aber auch als Zutat verwendet. Bei der Herstellung von Käse wird Vollmilch, Magermilch oder entrahmte Milch durch Zugabe eines Enzyms zum Gerinnen gebracht und in Quark und Molke getrennt. Der Quark wird gepresst und zu verschiedenen Arten von Käse verarbeitet, auch die Molke kann zur Herstellung einiger Käsesorten wie Ricotta oder Hüttenkäse verwendet werden. Obwohl viele natürliche Käsesorten einen hohen Anteil an Fett, Eiweiß, Kalzium und vielen anderen Mineralstoffen und Vitaminen enthalten, verfügen sie auch über einen hohen Fettgehalt.

Kochen mit Käse

Käse wird grundsätzlich auf vier verschiedene Arten verwendet: als Geschmacksverstärker, als Garnierung, als Füllung oder als Nachspeise. Wegen seines hohen Fettgehalts schmilzt Käse bei hohen Temperaturen, dann zieht er Fäden und wird ölig. Wenn Sie Käse in einer Sauce verwenden, nehmen Sie diese vom Herd und rühren Sie den Käse ein, bis er geschmolzen ist.

Als Geschmacksverstärker Verwenden Sie harten, gereiften Käse mit hohem Fettgehalt und intensivem Geschmack. Reifer Parmesankäse verleiht Pasta, Risotto und Suppen Geschmack, Gruyère wird in Soufflés, Gratins, Pasteten und Saucen verarbeitet. Statt Gruyère oder Blauschimmelkäse können Sie auch reifen englischen Cheddar in Salate, Suppen und Saucen geben.

Als Füllung Viele Käsesorten werden für Füllungen verwendet. Ricotta wird für Lasagne benutzt, Feta in griechischen Spanikopitas, Ricotta und Gorgonzola füllen große Nudeltaschen. Oft wird Käse am Stück gebacken, wie der Brie in Pasteten, oder in Scheiben geschnitten und gebraten. Auch Quiches und Tartes enthalten häufig Käse.

Als Garnierung Weiche Käsesorten schmelzen schnell und bräunen gut. Mozzarella wird oft als Garnierung von Pizza und für viele gebackene Gerichte verwendet, aber auch Brie oder Bel Paese eignen sich dafür. Geriebener Gruyère ist der Klassiker auf der französischen Zwiebelsuppe, ebenso wie Cheddar bei Welsh Rarebit. Ziegenkäse kann als Zutat zu Salat oder auf Toast angeröstet werden oder auf einer Pizza den Mozzarella ersetzen.

MAKKARONI MIT KÄSE UND SCHINKEN

Dieses Rezept basiert auf einer klassischen Käsesauce und ist mit etwas knusprigem Speck verfeinert; es kommt aber ebenso gut ohne ihn aus.

ZUTATEN

(für 4 Portionen)

4 Scheiben Speck, quer geschnitten
3 bis 4 Esslöffel Butter oder Margarine
3/4 Tasse (170 g) Semmelbrösel
1 gehackte Zwiebel
1 Esslöffel Mehl
1 Teelöffel Senfpulver
1 1/2 Tassen (360 ml) Milch
1/2 Teelöffel Salz
1 Messerspitze Cayennepfeffer
2 Tassen (450 g) geriebener Cheddarkäse

1 Geben Sie den Speck bei mittlerer Hitze in eine kleine Pfanne. Rühren Sie ihn gelegentlich um, bis er knusprig und goldbraun wird. Mit einem Schaumlöffel herausnehmen und auf einem Teller beiseite stellen.

2 1 bis 2 Esslöffel Butter zu dem Fett hinzufügen und Semmelbrösel hineingeben. Umrühren, bis sie das Fett aufgesogen haben und wenn sie goldgelb werden, beiseite stellen.

3 Heizen Sie den Backofen auf 180° C vor. Schmelzen Sie die restliche Butter in einem Topf und geben Sie die Zwiebel dazu; dünsten, bis sie weich ist. Rühren Sie das Mehl und das Senfpulver hinein. 2 Minuten garen lassen, bis sich eine geschmeidige Mehlschwitze bildet.

4 Langsam die Milch einrühren und zum Kochen bringen. Weiterrühren, bis die Masse dick ist. Mit Salz und Pfeffer würzen, von der Kochstelle nehmen und den Käse einrühren.

5 Kochen Sie die Makkaroni in einem großen Topf Salzwasser, bis sie bissfest sind. Das Wasser abschütten. Rühren Sie die Käsesauce und den Speck hinein. In eine Backform geben, die Semmelbrösel darüber streuen und etwa 30 Minuten backen, bis die Oberfläche sich goldbraun verfärbt.

EIER

Eier sind eins der nahrhaftesten und vielseitigsten Nahrungsmittel. Sie können für sich allein serviert oder als Zutat in unterschiedlichsten Gerichten von Suppe bis Dessert verwendet werden. Eier verleihen Konsistenz und Geschmack, geben Feuchtigkeit und steigern den Nährwert. Je nach Hühnerrasse gibt es braune und weiße Eier, doch hat die Farbe keinerlei Einfluss auf den Geschmack.

AUFBEWAHRUNG VON EIERN

Eier sollten im Karton kühl aufbewahrt werden, um möglichst lange frisch zu bleiben und damit sie durch ihre poröse Schale keinen Geruch von anderen Nahrungsmitteln annehmen. Für Verlorene Eier oder zum Backen verwenden Sie möglichst frische Eier, denn sie behalten am besten die Form. Wenn Sie Eischnee herstellen wollen, nehmen Sie ältere Eier, die sich zu größerem Volumen schlagen lassen.

KOCHEN MIT EIERN

Die Größe von Eiern reicht von S bis XL, aber für die meisten Rezepte werden Eier der Größe L benötigt. Auch wenn Sie Eier im Kühlschrank aufbewahren, sollten Sie sie vor der Verarbeitung Raumtemperatur annehmen lassen. Eier sind sehr temperaturempfindlich: kalte Eier können Mayonnaise oder Kuchenteig leicht zum Gerinnen bringen; Eiweiß lässt sich bei Zimmertemperatur oder angewärmt zu größerem Volumen schlagen. Wenn Sie Eier in einem heißen Topf oder auf einem heißen Teller lassen, garen sie weiter, also legen Sie sie sofort auf eine Servierplatte. Zur Zubereitung der meisten Eierspeisen sollten Sie mäßige Hitze verwenden, mit Ausnahme von Omeletts.

SCHÄLEN VON EIERN

Gekochte lassen sich leichter schälen, wenn sie unmittelbar nach dem Ende der Garzeit mit sehr kaltem Wasser abgeschreckt werden.

1 Zerbrechen Sie die Schale um die Mitte herum, als wollten Sie das Ei teilen. Rollen Sie das Ei sanft über eine Arbeitsfläche, bis die Schale um die gesamte Mitte herum zerbrochen ist.

2 Pellen Sie die Schale vom Eiweiß ab. Das geht leichter, wenn Sie das Ei unter fließendes kaltes Wasser halten. Vor der Verwendung behutsam abtrocknen. Lagern Sie geschälte Eier in Salzwasser.

EIER TRENNEN

Die beste Methode, um das Eigelb vom Eiweiß zu trennen, ist die Verwendung der Schale. Zerbrechen Sie das Ei nicht mit einer Hand, um das Eiweiß durch Ihre Finger rinnen zu lassen, während Sie das Eigelb festhalten. Das Eiweiß kann dabei Hautfett und Gerüche annehmen, die seine Verarbeitungsqualität beeinträchtigen.

1 Stellen Sie zwei Schüsseln bereit. Schlagen Sie das Ei möglichst genau in der Mitte auf, indem Sie die Schale fest gegen den Rand einer Schüssel oder auf die Kante der Arbeitsfläche schlagen. Mit den Daumen ziehen Sie die Schalenhälften auseinander und lassen dabei einen Teil des Eiweißes in die Schüssel tropfen.

2 Gießen Sie das Eigelb von einer zur anderen Schalenhälfte, wobei Sie das Eiweiß in die Schüssel fließen lassen. Trennen Sie mit einer Schalenhälfte das restliche Eiweiß vom Eigelb. Entfernen Sie alle Eigelbpartikel, die eventuell in das Eiweiß geraten sind.

3 Lassen Sie das Eigelb behutsam in die zweite Schüssel gleiten.

Eier können Salmonellen enthalten, die durch lang anhaltende oder hohe Hitze abgetötet werden. Säuglinge, Kleinkinder, Schwangere und ältere Personen sollten weich gekochte Eier und Gerichte mit nur leicht erhitzten beziehungsweise rohen Eiern wie Mousse, Soufflés, weichen Eischaum, Mayonnaise etc. meiden.

EIWEISS SCHLAGEN

Geschlagenes Eiweiß ist die Grundlage für Baisers und wird verwendet, um Soufflés und Mousses aufzulockern. Das Eiweiß darf keine Eigelbspuren, Fett und Wasser enthalten. Wenn Sie eine Prise Salz oder Weinstein zu Beginn des Schlagens hinzugeben, wird das Eiweiß leichter steif. Zucker gibt Eischnee Stabilität, darf aber erst hinzugefügt werden, wenn das Eiweiß schon steif wird. Schlagen Sie das Eiweiß nicht zu lange, sonst wird es zu steif, um sich unterheben zu lassen. Verwenden Sie eine Kupfer- oder Edelstahlschüssel; Glas- und Keramikschüsseln lassen den Eischnee zusammenfallen. Plastik eignet sich also auch nicht sehr gut. Im Zweifelsfalle spülen Sie die Schüssel mit Essig oder Zitronensaft aus, um alle Verunreinigungen zu beseitigen.

1 Geben Sie das Eiweiß in eine große Schüssel. Schlagen Sie es zunächst mit einem großen Schneebesen oder mit dem elektrischen Handrührgerät, bis das Eiweiß „aufbricht" und schaumig wird. Wenn Sie keine Kupferschüssel benutzen, geben Sie 1/4 Teelöffel Weinstein oder eine Prise Salz hinzu, um das Eiweiß zu stabilisieren.

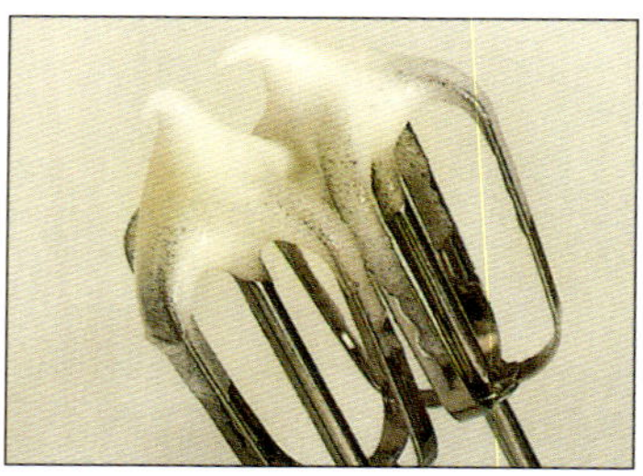

2 Erhöhen Sie die Rührgeschwindigkeit und schlagen Sie weiter, bis das Eiweiß weiche Spitzen bildet, wenn Sie den Schneebesen oder das Rührgerät aus der Schüssel heben.

3 Für Baisers geben Sie esslöffelweise drei Viertel des abgemessenen Zuckers hinzu und schlagen weiter, bis er sich aufgelöst hat (reiben Sie ein wenig von der Masse zwischen Daumen und Zeigefinger – wenn sie noch körnig ist, schlagen Sie weiter). So lange schlagen, bis der Eischnee steif und glänzend ist.

4 Streuen Sie den restlichen Zucker darüber und heben Sie ihn behutsam unter den Eischnee. Nach Rezept verarbeiten.

EIGELB SCHLAGEN

Eigelb wird häufig separat geschlagen, mit oder ohne Zucker, gelegentlich auf der Herdplatte. Das Schlagen erhöht das Volumen und macht Saucen wie die Hollandaise (Seite 42) oder Kuchenteig luftiger und lockerer.

Spülen Sie eine Schüssel mit warmem Wasser aus und trocknen Sie sie ab. Eigelbe und, falls erforderlich, Zucker hineingeben und von Hand oder mit einem elektrischen Handrührgerät schlagen, bis das Eigelb hell, dick und luftig wird.

EIWEISS UNTERHEBEN

Das Unterheben ist eine der wichtigsten Kochtechniken. Da Eischnee so viel Luft enthält, ist es schwierig, ihn einer schwereren Mischung hinzuzufügen, ohne dass er stark an Volumen verliert. Beim Unterheben verbindet man eine leichte und eine schwerere Masse, ohne die leichtere zusammenfallen zu lassen.

1 Schlagen Sie das Eiweiß nicht zu lange, sonst lässt es sich schlecht unterheben und fällt zusammen. Um die Grundmischung leichter zu machen, fügen Sie etwa ein Viertel des Eischnees hinzu und rühren ihn sorgfältig ein.

2 Heben Sie das restliche Eiweiß löffelweise behutsam unter. Verwenden Sie einen Gummispatel oder einen Metalllöffel. Tauchen Sie damit in der Mitte der Masse hinunter ein. Führen Sie den Löffel entlang einer Seite der Schüssel wieder hoch. Drehen Sie die Schüssel dabei. Sie können auch die bereits vorbereitete, luftigere Grundmischung auf den restlichen Eischnee geben. Leicht unterheben, indem Sie die Masse mit dem Spatel in der Mitte bis zum Boden hinunter einschneiden und unter Drehen die Mischung über sich selbst rollen.

EIER KOCHEN

Damit sie nicht platzen, sollten die Eier vor dem Kochen Zimmertemperatur haben. Sie können weich (weiches Eiweiß und Eigelb), wachsweich (festes Eiweiß, weiches Eigelb) oder hart (festes Eiweiß und Eigelb) gekocht werden. Schrecken Sie sie gleich nach Ende der Garzeit mit kaltem Wasser ab, um einen grüngrauen Ring um das Eigelb zu vermeiden. Hart gekochte Eier in der Schale halten sich im Kühlschrank bis zu einer Woche.

WEICHE ODER HART GEKOCHTE EIER: Füllen Sie einen mittelgroßen Topf mit Wasser. Bringen Sie das Wasser zum Kochen. Die Eier behutsam ins Wasser legen. Für weiche Eier 3 bis 5 Minuten oder nach Geschmack, für wachsweiche Eier 5 bis 7 Minuten und für harte Eier 10 bis 12 Minuten.

ALTERNATIVE: Geben Sie die Eier in einen Topf und bedecken Sie sie mit kaltem Wasser. Zum Kochen bringen und vom Herd nehmen. Abdecken und für weiche Eier 6 bis 8, für harte Eier 8 bis 10 Minuten oder nach Geschmack stehen lassen. Die Eier aus dem Wasser nehmen und sofort servieren oder mit Eiswasser abschrecken und abkühlen lassen. Gleich nach dem Erkalten schälen. Bei dieser Garmethode erhalten Sie mittelweiche oder harte Eier mit einem zarteren Eiweiß; sie wird oft bei Eiern für Caesar-Salat oder speziell geformte Gerichte verwendet.

POCHIERTE (VERLORENE) EIER

Pochierte Eier werden in gerade eben siedendem Wasser gegart, um festes Eiweiß und weiches Eigelb zu erhalten. Verwenden Sie dafür möglichst frische Eier; je frischer, desto fester hält das Eiweiß zusammen und sorgt für eine hübsche, stabile Form. Ältere Eier können auseinander fallen, sobald sie ins Wasser gegeben werden. Etwas Essig im Wasser unterstützt die Gerinnung des Eiweißes. Pochierte Eier werden zum Frühstück auf Toast serviert und sind Bestandteil von Florentiner Eiern, Eiern Benedikt sowie vielen anderen Speisen.

1 Bereiten Sie zunächst nur 1 oder 2 Eier gleichzeitig zu. Füllen Sie einen großen Topf 7,5 cm hoch mit Wasser und geben Sie pro Liter Wasser 2 Esslöffel Essig und etwas Salz hinzu. Zum Kochen bringen. Schlagen Sie ein Ei in eine Schöpfkelle auf. Mit einem Holzlöffel das Wasser so kräftig umrühren, dass ein Strudel entsteht. In diesen Strudel lassen Sie das Ei rasch hineingleiten; das gibt ihm Form. Weiter rühren und das nächste Ei in den Strudel geben. Mit mehr Übung können Sie mehrere Eier gleichzeitig pochieren.

2 Verringern Sie die Wärmezufuhr und pochieren Sie die Eier 3 bis 4 Minuten. Das Ei mit einem Schaumlöffel herausheben und behutsam mit einem Finger drücken. Es sollte sich fest anfühlen. Legen Sie es auf ein Papiertuch, damit es trocknen kann.

GESTOCKTE EIER

Gestockte Eier sind leicht zuzubereiten. Wenn Sie ihnen zusätzlichen Geschmack oder eine aufwändigere Grundlage verleihen, zum Beispiel in Form von Lauchcremegemüse mit Räucherlachs, erhalten Sie eine elegante Vorspeise für eine Dinnerparty oder ein einfaches warmes Mittag- oder Abendessen.

1 Fetten Sie vier Keramikförmchen ein und streuen Sie Salz und Pfeffer auf den Boden. In jedes Förmchen ein Ei aus der Schale gleiten lassen und nach Geschmack 1 Esslöffel Rahm oder ein paar Butterflöckchen darübergeben.

GESTOCKTE EIER (FORTSETZUNG)

2 Locker mit Alufolie bedecken und in eine mit kochendem Wasser gefüllte hohe Pfanne oder eine kleine, feuerfeste Stielkasserolle stellen. Auf dem Herd oder im Backofen bei 190 °C 5 bis 6 Minuten garen, bis das Eiweiß fest wird, das Eigelb jedoch noch weich ist. Schütteln Sie eins der Förmchen, um die Festigkeit zu prüfen. Aus dem Wasserbad nehmen. Denken Sie daran, dass die Eier in der Form noch weiter garen. Sofort servieren.

3 Alternativ können Sie auch vier einzelne Backformen einfetten. Verteilen Sie eine Basis auf dem Boden (Lauchcremegemüse, gehackte Tomaten oder Schalotten). Formen Sie in der Mitte eine Vertiefung und geben Sie ein Ei hinein. Etwas Rahm oder Butterflöckchen darüber geben und lose abdecken. Wie oben beschrieben 10 bis 12 Minuten backen, bis das Ei leicht fest geworden ist.

RÜHREIER

In Frankreich wird die Herstellung guter Rühreier als Kunst betrachtet. Behutsam bei niedriger Hitze zu einem cremigen Püree gerührt, sind sie ein luxuriöses Gericht, wenn man sie mit Trüffeln, Räucherlachs oder gehacktem Schnittlauch serviert. Sie geben auch eine köstliche Garnitur für zarte Pastetchen, Torteletts oder Toast ab. Puristen fügen vor dem Garen weder Wasser noch Milch hinzu – doch das ist eine Geschmacksfrage. Ein Löffel Sahne oder Crème fraîche zum Ende der Garzeit verringert die Temperatur und beendet den Garvorgang, ganz zu schweigen vom köstlichen Geschmack.

1 Geben Sie 2 oder 3 Eier pro Person in eine Schüssel. Mit Salz und Pfeffer würzen und gut verrühren. 1 bis 2 Esslöffel Butter bei mittlerer Hitze in einer schweren Stielkasserolle oder einer hohen Pfanne zerlassen. Die Eier hinzufügen und mit einem Holzlöffel umrühren.

2 Rühren Sie weiter, während die Eimasse dicker wird, bis sie weich und cremig ist. Von der Kochstelle nehmen und weiterrühren, bis die gewünschte Konsistenz erreicht ist – die Hitze der Pfanne lässt die Eier weiter garen. Alternativ können Sie sie auch ein wenig länger auf dem Herd lassen, ein Stück kalte Butter oder einen Löffel Sahne einrühren und dann servieren.

SPIEGELEIER

Spiegeleier werden oft mit knusprigem Speck oder mit Würstchen serviert. Das Spiegelei ist das Herzstück eines klassischen Bauernfrühstücks, begleitet von Speck oder Würstchen und Toast. Butter, Öl, Speck oder andere Bratfette können zum Garen verwendet werden.

1 Zerlassen Sie 1 bis 2 Esslöffel Butter oder Margarine in einer schweren Bratpfanne bei mittlerer Hitze. Geben Sie 2 Eier aus der Schale hinein.

2 1 bis 2 Minuten braten, bis das Eiweiß fest ist und an den Rändern knusprig zu werden beginnt. Das Eigelb sollte weich sein.

3 Für beidseitig gebratene Spiegeleier drehen Sie mit einem Pfannenwender die Eier um. 15 Sekunden braten, dann servieren. Ist das Weiße fest, können Sie auch 1 bis 2 Esslöffel Wasser in die Pfanne geben. Abdecken und 2 bis 3 Minuten braten lassen.

EIN OMLETT BACKEN

Omeletts können flach, gerollt oder gefaltet serviert werden. Mit verschiedenen Zutaten gefüllt, sind sie ein köstliches Frühstück, Mittag- oder Abendessen. Eine gute Omelett-Pfanne ist unerlässlich. Für ein Omelett mit 2 bis 3 Eiern pro Person ist eine Pfanne von 17,5 bis 20 cm Durchmesser gerade richtig, 4 bis 5 Eier für zwei Personen bereiten Sie besser in einer Pfanne von 22,5 cm Durchmesser zu.

1 Geben Sie 2 bis 3 Eier aus der Schale in eine Schüssel. Mit Salz und Pfeffer würzen und gut verrühren. Zerlassen Sie 1 bis 2 Esslöffel Butter bei mittlerer Hitze in einer Omelett-Pfanne mit dickem Boden und schwenken Sie die Pfanne, damit sie gleichmäßig mit Butter bedeckt ist.

2 Wenn die Butter heiß ist, schäumt und gerade zu bräunen beginnt, geben Sie die Eier hinein. Schütteln Sie die Pfanne, um die Eimasse gleichmäßig zu verteilen. 10 Sekunden garen, bis die untere Seite fest wird.

3 Mit einem breiten Messer ziehen Sie behutsam die Eimasse vom Rand in die Mitte. Neigen Sie die Pfanne, sodass die noch rohe Eimasse über den Pfannenboden und die Seiten fließt. Fahren Sie auf diese Weise mit dem Braten fort, bis der größte Teil der Eimasse fest, aber die Oberfläche noch feucht ist.

4 Streuen Sie 1 Esslöffel Petersilie oder Schnittlauch und 2 bis 3 Esslöffel geriebenen Cheddar auf die Eimasse. Fahren Sie mit dem Pfannenwender um den Rand des Omeletts, um es von den Seiten zu lösen. Neigen Sie die Pfanne und falten Sie das obere Drittel des Omeletts zur Mitte hin.

5 Halten Sie die Pfanne über einen vorgewärmten Teller und lassen Sie das untere Drittel des Omeletts darauf gleiten.

6 Kippen Sie die Pfanne so, dass das Omelett sich zusammenfaltet und mit ordentlich untergeklappten Rändern auf den Teller rutscht. Sie können nun die Oberfläche mit etwas zerlassener Butter bestreichen und ein paar Kräuter darüber streuen. Sofort servieren.

7 Eine etwas einfachere Alternative: Gehen Sie vor wie in Schritt 5, aber falten Sie das Omelett zur Hälfte statt in Drittel und lassen Sie es dann auf einen vorgewärmten Teller gleiten. Weiter wie in Schritt 6 beschrieben.

Crêpes und Soufflés

Der Teig ist eine Mischung aus Mehl, Flüssigkeit (von Milch oder Wasser bis hin zu Rahm oder sogar Bier) und Eiern. Die Anteile der Zutaten können unterschiedlich sein und hängen von der endgültigen Beschaffenheit ab. Der Teig kann süß sein, zum Beispiel für Eierkuchen oder Waffeln, aber auch herzhaft wie für Yorkshire Pudding oder Blinis. Er kann dick sein wie für Pfannkuchen und zum Umhüllen von Speisen wie zum Beispiel Fisch oder dünn wie bei zarten Crêpes.

HERSTELLEN EINES SOUFFLÉS

Bei Soufflé sind Eier Binde- und Treibmittel. Das Eigelb ist Bestandteil der grundlegenden Mischung; das Eiweiß wird steif geschlagen. Anschließend wird es unter die Grundmischung gehoben und das Ergebnis zu einem luftigen Goldbraun gebacken. Soufflés können süß oder herzhaft sein und warm oder kalt genossen werden, obwohl Letzteres kein echtes Soufflé ist. Alle Soufflés basieren auf zwei Techniken: gründlich geschlagenem Eiweiß, das sorgsam unter die Grundmischung gehoben wird, und der korrekten Zubereitung des Gerichts.

FÜR EILIGE KÖCHE

Pfannkuchenteige können in einer Küchenmaschine hergestellt werden. Geben Sie das gesiebte Mehl, Zucker und Salz in die Schüssel der Küchenmaschine. Die Eier und 1 Tasse (240 ml) Flüssigkeit hinzugeben und die Masse 30 bis 40 Sekunden rühren, bis alles gut durchmischt ist. Seihen Sie die Mischung in einen Messbecher und rühren Sie die Butter ein. Mindestens 1/2 Stunde stehen lassen, dann falls erforderlich weitere Flüssigkeit hinzugeben.

CRÊPES AUF FRANZÖSISCHE ART

Crêpes sind vielseitig. Sie können süß oder herzhaft gefüllt werden, man kann sie zusammenklappen und in Sauce erwärmen oder frisch mit Puderzucker bestäubt und einem Spritzer Zitronensaft verzehren, wie sie in Frankreich auf der Straße gegessen werden. Wenn Sie den Teig etwas stehen lassen, kann sich das Klebereiweiß im Mehl lockern und die Flüssigkeit optimal absorbieren. Aus diesem Grund wird vor der Zubereitung oft noch ein wenig Milch oder andere Flüssigkeit hinzugefügt, um den Teig zur gewünschten Konsistenz zu verdünnen.

ZUTATEN

(für etwa 18 Crêpes)

1 Tasse (250 g) Mehl
1/2 Teelöffel Salz
1 bis 2 Teelöffel Zucker
3 Eier
1 1/2 Tassen (340 ml) Milch oder halb Milch, halb Wasser
4 bis 5 Esslöffel zerlassene Butter

1 Mehl in eine Schüssel sieben, Salz und Zucker hinzufügen – in einer anderen Schüssel die Eier mit 1 Tasse (240 ml) der Flüssigkeit schlagen. Drücken Sie eine Mulde in der Mitte der Mehlmischung und schlagen Sie die Eimischung mit dem Schneebesen hinein.
2 Arbeiten Sie das Mehl vom Rand der Mulde ein, bis sich ein flüssiger Teig bildet.
3 In einen großen Messbecher gießen.

4 Rühren Sie die Butter ein, bis alles gut vermischt ist. 1/2 Stunde oder über Nacht kühl stehen lassen. Wenn der Teig zu dick wird, mit etwas Milch oder Wasser verdünnen.

5 Erwärmen Sie die Crêpe-Pfanne bei mittlerer Hitze. Mit etwas zerlassener Butter oder Öl einpinseln oder besprühen. Geben Sie 3 bis 4 Esslöffel Teig in die Pfanne und neigen und drehen Sie sie dabei, damit der Teig sich gleichmäßig verteilt. Überschüssigen Teig abgießen.

CRÊPES AUF FRANZÖSISCHE ART (FORTSETZUNG)

6 Den Teig goldbraun werden lassen. Lösen Sie die Ränder des Crêpes mit einem Metall-Pfannenwender und schütteln Sie die Pfanne, damit nichts haften bleibt.

7 Schieben Sie den Pfannenwender unter den Crêpe und wenden Sie ihn.

8 Weitere 20 bis 30 Sekunden bräunen, dann auf einen Teller gleiten lassen. Fahren Sie mit dem restlichen Teig fort und fetten Sie die Pfanne nach jedem Crêpe oder nach Bedarf ein.

9 Für den sofortigen Verzehr legen Sie die Crêpes aufeinander. Um sie aufzubewahren, legen Sie Plastikfolie dazwischen. Abkühlen lassen, dann gut einpacken und bis zum Verzehr in den Kühlschrank oder in die Gefriertruhe stellen.

VORBEREITEN EINER SOUFFLÉFORM

Die Keramikformen mit geradem Rand gelten als die Klassiker, weil die vertikalen, geriffelten Ränder dem Soufflé den Weg nach oben erleichtern, aber jede andere feuerfeste Form eignet sich ebenso. Verwenden Sie zerlassene oder sehr weiche Butter oder Öl und einen Backpinsel, um die Form einzufetten. Stellen Sie sie dann kalt. Wenn sich das Fett verfestigt hat, fetten Sie sie erneut ein. Falls notwendig, bestreuen Sie die eingefettete Form mit Paniermehl, Käse oder Zucker.

KÄSESOUFFLÉ

1 Eine Souffléform für 5 bis 6 Tassen (1,1 bis 1,3 Liter) einfetten und beiseite stellen. Bereiten Sie eine mitteldicke Béchamelsauce zu (Seite 38), verringern Sie die Hitzezufuhr und schlagen Sie nacheinander die Eigelbe hinein; gut verrühren. Bis zum Eindicken 2 Minuten aufkochen. Vom Herd nehmen und Käse, Senf und Muskat einrühren. Warm halten, gelegentlich umrühren, damit sich keine Haut bildet.

ZUTATEN

(für 4 bis 6 Portionen)

- 1 Tasse (240 ml) mitteldicke Béchamelsauce
- 4 getrennte Eier
- 1 Esslöffel Dijon-Senf
- frisch geriebene Muskatnuss
- 3/4 Tasse (170 g) geriebener würziger Cheddar- oder Monterey-Jack-Käse
- 1 bis 2 Esslöffel frisch geriebener Parmesankäse

2 Heizen Sie den Backofen auf 190 °C vor. Schieben Sie ein Backblech oder einen Rost in das untere Drittel des Ofens (dadurch wird der Boden des Soufflés fest). Schlagen Sie die 5 Eiweiße, bis sie gerade fest sind (bei einem süßen Soufflé würde in diesem Schritt Zucker hinzugefügt.)

3 Rühren Sie einen großen Löffel Eischnee in die warme Käsemasse. Mit einem Gummispatel oder einem großen Metalllöffel den restlichen Eischnee unterheben, bis er sich gerade verbindet. Nicht zu lange unterheben, sonst fällt die Masse zusammen.

4 Geben Sie die Mischung löffelweise in die Form und glätten Sie behutsam die Oberfläche. Klopfen Sie auf die Arbeitsplatte, um Blasen zu beseitigen.

5 Rund 30 Minuten backen, bis das Soufflé aufgegangen und goldfarben ist. Schütteln Sie die Form. Das Soufflé sollte dabei leicht zittern, woran Sie erkennen können, dass es im Inneren noch weich ist. Um ein festes Soufflé zu erhalten, weitere 5 Minuten backen. Sofort servieren. Alternativ können Sie es auch bei 200 °C 5 Minuten backen, dann die Hitze auf 180 °C reduzieren und weitere 20 bis 25 Minuten im Ofen lassen.

EIERCREMES

Eine Eiercreme besteht, wie der Name schon sagt, aus Eiern sowie Milch, Zucker und Würzmitteln. Es gibt zwei Arten: die gerührte Eiercreme, die unter Wärmezufuhr so lange gerührt wird, bis sie dick wird, und die gestockte Eiercreme, die langsam im Ofen im heißen Wasserbad (Bainmarie) gegart wird.

Das Wichtigste bei der Zubereitung einer Eiercreme ist die Temperatur. Die Creme wird dick, weil die Proteine im Ei bei Erwärmung gerinnen. Wenn sie zu stark oder zu schnell erhitzt wird, trennen sich die Bestandteile und die Creme wird flockig. Garen Sie Eiercremes immer langsam und bei mäßiger Hitze. Verwenden Sie hierfür einen Doppelkocher oder stellen Sie eine Schüssel über einen Topf mit heißem, nicht kochenden Wasser. Die flüssige Mischung sollte langsam eindicken; sie können die Konsistenz am Boden des Topfes überprüfen. Sie ist fertig, wenn die Masse an der Rückseite eines Holzlöffels haftet und eine deutliche Spur zurückbleibt, wenn Sie einen Finger hindurchziehen. Falls die Creme zu gerinnen droht, nehmen Sie sie von der Kochstelle und rühren Sie sie kräftig um, oder schlagen Sie mit dem Schneebesen einen Eiswürfel hinein, um die Temperatur zu verringern.

Crème anglaise oder englische Creme wird als heiße oder kalte Sauce zu vielen Desserts, als Füllung für Pasteten sowie als Grundlage für Eiscreme, Mousse und zahlreiche andere Nachspeisen verwendet. Sie dickt bei 82 °C ein und braucht mindestens 10 bis 12 Minuten zur Zubereitung.

Gebackene Eiercreme muss bei mäßiger Hitze im Wasserbad behutsam gegart werden, was sie vor direkter Hitze abschirmt und vor dem Überhitzen schützt.

Karamellcreme oder Flan ist wohl die berühmteste Variante einer gestockten Eiercreme. Wie bei einem Soufflé sollte ihr Inneres, wenn sie fertig ist, leicht zittern, und wenn man ein Messer einsticht, kommt es sauber wieder heraus. Gestockte Eiercreme ist die Grundlage vieler Quiches und Tartes. Als Faustregel gilt: 1 ganzes Ei oder 2 Eigelb dicken 1 Tasse (240 ml) Milch an. Die Mischung kann durch die Zugabe von mehr Eiern oder durch die Verwendung von Sahne statt Milch reichhaltiger gemacht werden.

CRÈME ANGLAISE

Crème anglaise ist die traditionelle Garnitur für viele Obstdesserts und Windbeutel. Etwas Maisstärke oder Vanillepulver wird in die Eimischung gegeben, ehe die Milch hinzugefügt wird. Das Eigelb wird stabilisiert und die Mischung kann zum Kochen gebracht werden. Pro Tasse (240 ml) Milch benötigen Sie etwa 1 Teelöffel.

CRÈME ANGLAISE

ZUTATEN

2 Tassen (480 ml) Milch
1 Vanilleschote oder 1 1/2 Teelöffel Vanilleextrakt
4 Eigelb
3 Esslöffel Zucker

1 Schneiden Sie die Vanilleschote auf, kratzen Sie das Mark heraus und geben Sie es in einen dickwandigen Kochtopf. Fügen Sie die Schote hinzu.

2 Die Milch dazugießen und zum Kochen bringen. Vom Herd nehmen, abdecken und 15 Minuten ziehen lassen. Durchseihen.

3 In einer Schüssel das Eigelb mit Zucker so lange schlagen, bis es hell und dick wird. Lassen Sie es dann langsam in die warme Milch rinnen und verrühren Sie alles gut mit einem Schneebesen.

4 Geben Sie die Mischung wieder in den Topf. Bei geringer Hitze kochen, dabei ständig rühren, bis die Mischung nach etwa 10 Minuten eindickt und an der Rückseite eines Holzlöffels haftet. Wenn Sie einen Finger durchziehen, sollte er eine deutliche Spur hinterlassen.

5 Sofort durch ein Sieb in eine gekühlte Schüssel gießen, die auf Eis oder Eiswasser steht. Rühren Sie gegebenenfalls den Vanilleextrakt ein und verrühren Sie die Sauce, bis sie leicht abgekühlt ist. Sie kann warm oder gekühlt serviert werden. Mit einem Deckel abdecken, damit sich keine Haut bildet.

Fisch und Meeresfrüchte

Fisch nimmt einen wichtigen Stellenwert in unserer Ernährung ein. In den Medien wird seine positive Wirkung auf die Gesundheit gepriesen – im Allgemeinen fettarm, dabei reich an Eiweiß, Vitaminen und Mineralstoffen –, und er gilt als perfekte Mahlzeit für anspruchsvolle Genießer. Weißer Fisch hat wenig Kalorien und ist daher ideal, wenn man auf seine Figur bedacht ist.

FISCH

Es gibt Hunderte Arten von Fisch: Salzwasserfische aus dem Meer und Süßwasserfische aus Seen und Flüssen. Die meisten Fische fallen in zwei Hauptkategorien, je nach ihrer Skelettbeschaffenheit: Rundfisch und Plattfisch. Rundfische haben meist plumpe, dicke Körper, die sich gut in gleich große Filets teilen lassen. Diese Fische haben häufig kleine Gräten, die aus den Filets vor der Zubereitung entfernt werden müssen. Plattfische wie die Flunder haben eine flache Mittelgräte mit beidseitigen Grätenreihen. Daraus ergeben sich 4 Filets, die zwar leicht zu schneiden, aber nicht gleich groß sind: die oberen sind meist größer.

Sehr große Rundfische wie Thunfisch oder Schwertfisch haben eine große, mittig verlaufende Mittelgräte mit vier Reihen von herausstehenden Gräten, die den Fischkörper in Viertel unterteilen. Solche Fische werden im Allgemeinen quer in große Steaks zerlegt, die grätenfrei sind, wenn man sie vom Skelett trennt.

Der Fettgehalt eines Fisches bestimmt seine optimale Zubereitungsmethode. Magerer Fisch hat festes, weißes Fleisch und einen milden Geschmack bei unter 5 Prozent Fett. Scholle, Flunder, Heilbutt, Schnapperfisch, Meerbarsch, Flussbarsch, Wels und Kabeljau sind Beispiele für magere Fische, die leicht austrocknen. Als Zubereitungsmethoden eigenen sich am besten Dünsten, Pochieren, Garen in einer Sauce oder in Folie sowie im Teigmantel. Lachs, Makrele, Hering und Karpfen sind die fettreichsten Fische, gefolgt von Thunfisch, Schwertfisch, Forelle, Meeräsche und Seeteufel. Fettreiche Fische enthalten 5 bis 50 Prozent Fett, daher eignen sie sich ideal zum Backen, Braten auf dem Rost oder in der Pfanne sowie zum Grillen.

FISCH ZUBEREITEN

Fisch kann auf viele Arten zubereitet werden. Er kann pochiert, gedünstet, frittiert, gebraten, auf dem Rost oder auf dem Grill gegart sowie gebacken werden. Sie können ihn für Füllungen, Mousses, Pasteten und Terrinen verwenden. Egal für welche Methode Sie sich entscheiden: Fisch gart rasch, also erhitzen Sie ihn nicht zu lange, sonst trocknet das Fleisch aus und verliert an Geschmack. Roher Fisch ist durchsichtig und bekommt beim Garen Farbe.

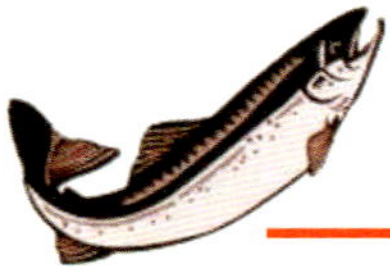

AUSWAHL UND LAGERUNG VON FISCH

Wählen Sie Fisch aus einem vertrauenswürdigen Fischgeschäft oder einem Supermarkt mit schnellem Warenumschlag. Bei tiefgekühltem Fisch kaufen Sie die beste Qualität in unversehrter Verpackung ohne Spuren von Eis oder Blut. Lassen Sie tiefgekühlten Fisch über Nacht in einem Gefäß im Kühlschrank auftauen; Filets können Sie gefroren zubereiten. Dann verlängert sich die Garzeit um ein paar Minuten.

Frischer Fisch sollte einen milden, süßen Duft und festes, elastisches Fleisch haben, das bei Berührung nachgibt. Die Augen sollten hervorstehen und nicht eingesunken sein, die Kiemen hellrot oder rosa, nicht bräunlich, die Flossen glänzend und hell. Fischfilets sollten frisch und feucht aussehen. Am besten kaufen Sie sie portionsweise und nach Ihren Wünschen zugeschnitten.

Fisch verdirbt schnell, bewahren Sie ihn so kurz wie möglich auf. Fisch am Stück hält sich länger als Filets, magerer Fisch länger als fettiger. Legen Sie trocken gewordene Filets in eine mit Küchenpapier ausgelegte Backform, decken Sie sie mit Plastikfolie ab und stellen Sie sie nach Möglichkeit in eine größere Form mit Eis.

ZUBEREITUNG VON FISCH

Schuppen müssen entfernt werden. Sie können den Fisch entweder vom Fischhändler schuppen und säubern lassen, aber es ist nicht schwer zu lernen.

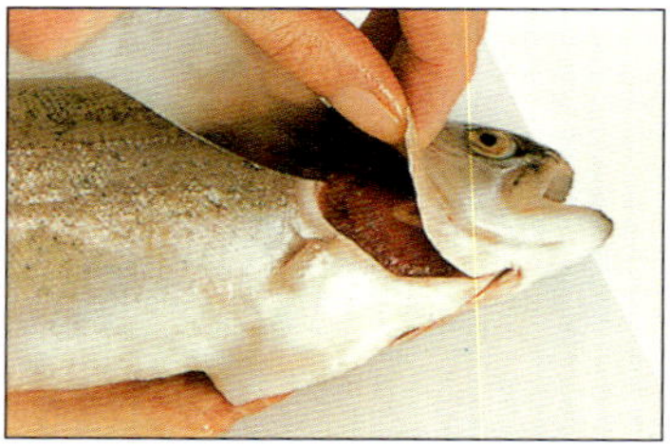

EINEN RUNDFISCH AM STÜCK ZUBEREITEN: Sie können die Rückenflossen dranlassen, um die Form zu erhalten, oder sie abschneiden. Mit einem scharfen Messer an beiden Seiten der Rücken- und Schwanzflosse entlang schneiden, die Rückenflosse zum Kopf ziehen; kleinere Flossen abschneiden. Flossen hinter den Kiemen entfernen.

DEN SCHWANZ ZURECHTSCHNEIDEN: Schneiden Sie den Schwanz mit einer Küchenschere in V-Form, das sieht hübsch aus.

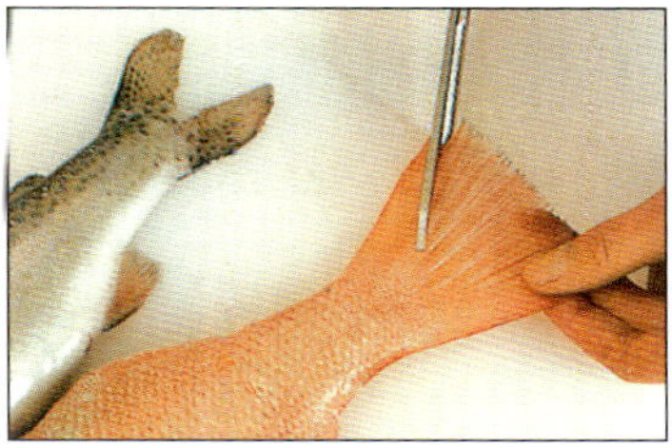

RUNDFISCH SCHUPPEN: Salzen Sie Ihre Hände, damit sie rutschfest sind, oder halten Sie den Schwanz mit einem Küchenpapier fest. Legen Sie den Fisch auf ein Brett in der Spüle und schaben Sie mit einem Fischschupper oder dem Rücken eines Messers die Schuppen vom Schwanz zum Kopf hin ab. Auf der anderen Seite wiederholen; dann den Fisch und das Brett abspülen.

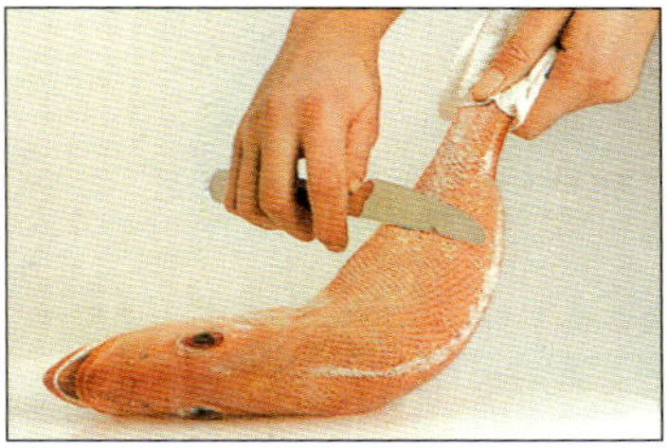

RUNDFISCH SÄUBERN UND AUSNEHMEN: Schlitzen Sie mit einem scharfen Messer die Unterseite (Bauch) von den Kiemen bis zur Schwanzflosse auf. Das Messer möglichst flach ansetzen, sonst kann der Magen verletzt werden. (Wenn Sie wollen, können Sie vor dem Ausnehmen den Kopf abschneiden.) Ziehen Sie behutsam die Eingeweide heraus.

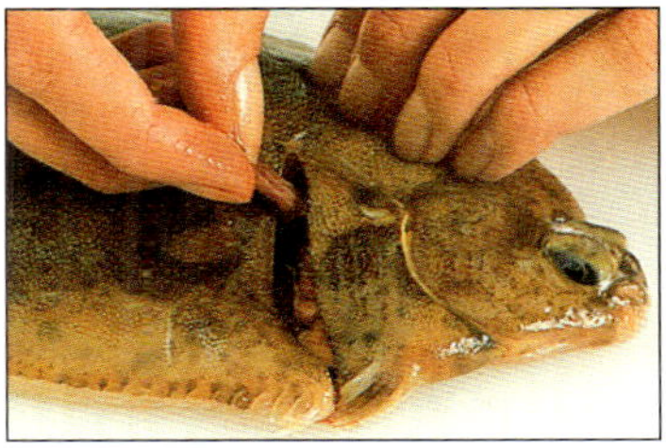

DIE KIEMEN ENTFERNEN: Krümmen Sie entweder Ihren Finger um die Kiemen und ziehen oder schneiden Sie sie heraus. Anschließend die Öffnung gut ausspülen und mit einem Teelöffel das Rückgrat entlang schaben, um die Niere zu entfernen. Erneut abspülen und gut abtrocknen.

ZUBEREITUNG VON FISCH (FORTSETZUNG)

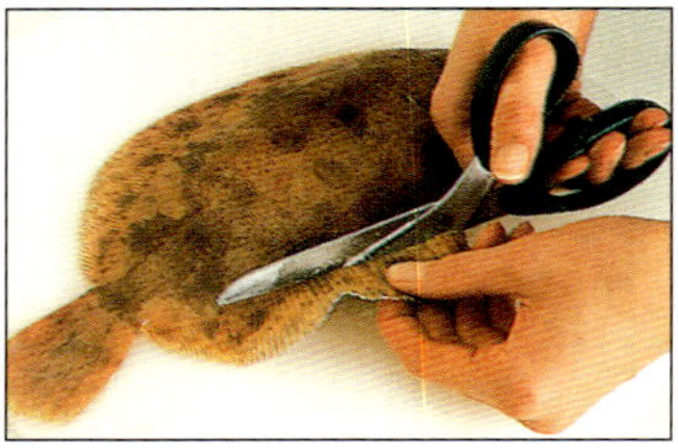

PLATTFISCH:
Verwenden Sie zum Abschneiden der Flossen eine Küchenschere.

Zum Ausnehmen machen Sie einen kleinen Schlitz hinter den Kiemen und ziehen den Magen heraus, dann abspülen. Sie können auch einen V-förmigen Schnitt rund um den Kopf machen, diesen entfernen und dann Magen und Eingeweide herausnehmen.

FISCHFILETS HÄUTEN

Einige Fische haben sehr zähe oder fettige Haut, die vor dem Pochieren, Dämpfen, Frittieren oder Braten entfernt werden sollte. Wels, Seeteufel, Scholle und andere Fische werden am besten vor dem Filetieren gehäutet. Das Häuten von Filets geht schnell und ist einfach; das Häuten eines ganzen Fisches sollte ein Fachmann vornehmen.

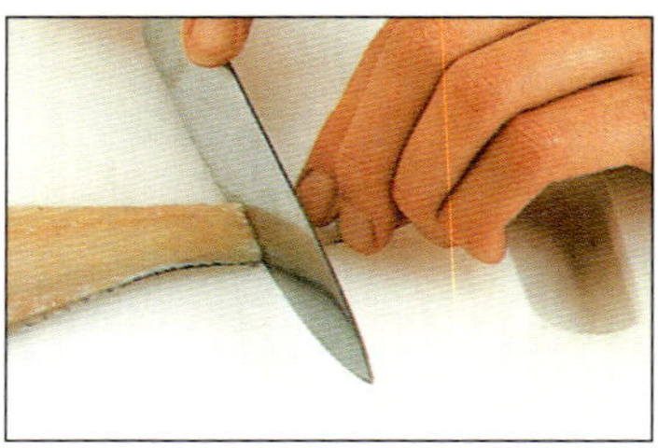

HÄUTEN VON FISCHFILETS:
1 Legen Sie das Filet mit der Haut nach unten auf die Arbeitsfläche, das Schwanzende zeigt zu Ihnen. Machen Sie einen kleinen Querschnitt in die Haut an der Schwanzspitze.

2 Fassen Sie am Schwanzende die Haut und schieben Sie das Messer parallel darunter. Mit einer sanften Sägebewegung das Messer von sich weg schieben, wobei Sie die Haut vom Fleisch trennen.

FISCH ENTGRÄTEN

Sowohl Rund- als auch Plattfisch kann entgrätet und dann gefüllt werden. In beiden Fällen können Sie den Kopf dranlassen. Wenn er durch den Rücken gefüllt werden soll, müssen Sie ihn durch die Kiemen ausnehmen.

1 Halten Sie die Höhlung geöffnet und lassen Sie ein Filetiermesser zwischen Bauchhöhlgräten und Fleisch gleiten, wodurch sie vom Bauch getrennt werden. Arbeiten Sie sich an den Gräten entlang hoch bis zur Mittelgräte.

2 Drehen Sie den Fisch auf den Bauch, öffnen Sie die Hautlappen wie ein aufgeklapptes Buch. Drücken Sie das Rückgrat entlang, um das Fleisch von den Gräten zu lösen.

3 Durchtrennen Sie das Rückgrat mit einer Schere am Schwanz- und am Kopfende (sofern der Kopf dranbleibt) und lösen Sie es mit den daran hängenden Gräten vom Fleisch ab. Legen Sie den Fisch flach hin und entfernen Sie alle kleinen Gräten wie bei Filets. Der Fisch ist nun gebrauchsfertig.

FILETS UND STEAKS SCHNEIDEN

Es ist oft preisgünstiger, einen ganzen Fisch zu kaufen als Filets oder Steaks. Mit einem scharfen Filetiermesser mit langer, dünner, flexibler Klinge ist es nicht schwierig, die Gräten zu entfernen. Behalten Sie die Gräten und Abschnitte (außer der Haut) zurück, um Fond daraus zu machen (Seite 35).

Ein Rundfisch ergibt zwei große Filets, eins auf jeder Seite. Ein Plattfisch hat vier Filets, zwei etwas dickere oben und zwei unten. Falls der Fisch mit Haut gegart werden soll, empfiehlt es sich, ihn vor dem Filetieren zu schuppen.

RUNDFISCH FILETIEREN:

1 Legen Sie den Fisch auf ein Schneidbrett oder eine Arbeitsfläche und trennen Sie den Kopf direkt hinter den Kiemen ab.

2 Das Messer parallel zum Rückgrat halten und in das Fleisch schneiden. Beginnen Sie am oberen Ende und schneiden Sie direkt an der Mittelgräte entlang bis zum Schwanz. Die kleineren Gräten werden dabei durchtrennt. Drehen Sie den Fisch um und wiederholen Sie den Vorgang auf der anderen Seite.

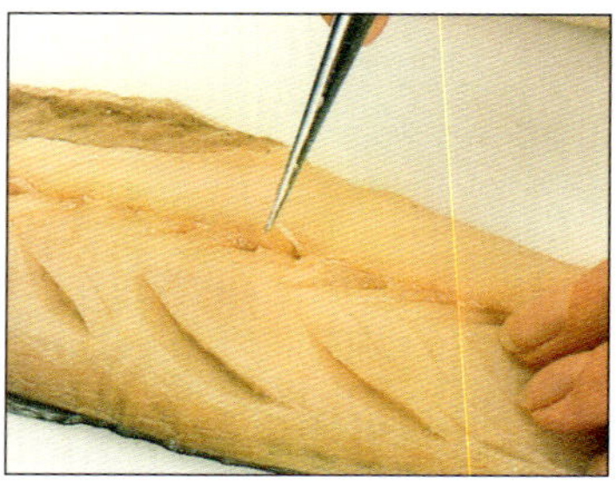

3 Entfernen Sie alle verbliebenen Gräten aus den Filets. Verwenden Sie dafür eine Pinzette oder eine kleine Zange und tasten Sie das Filet der Länge nach mit den Fingern ab.

FLACHFISCH FILETIEREN:

1 Machen Sie einen gebogenen Schnitt hinter dem Kopf oder trennen Sie diesen komplett ab. Mit der Messerspitze um die Außenseite des Fisches herumschneiden, um die beiden Filets zu umgrenzen. Schneiden Sie quer über den Schwanz.

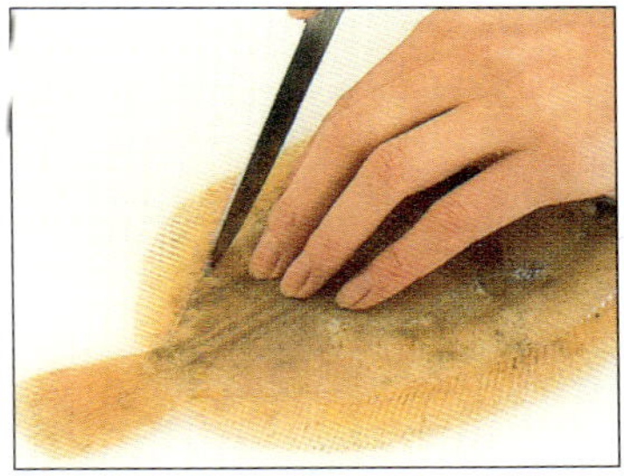

2 Schneiden Sie von Kopf bis zum Schwanz am Rückgrat entlang. Setzen Sie das Messer flach an den Gräten an, trennen Sie das Filet mit kurzen Bewegungen heraus und drücken Sie dabei gegen die Mittelgräte. Drehen Sie den Fisch um und wiederholen Sie den Vorgang.

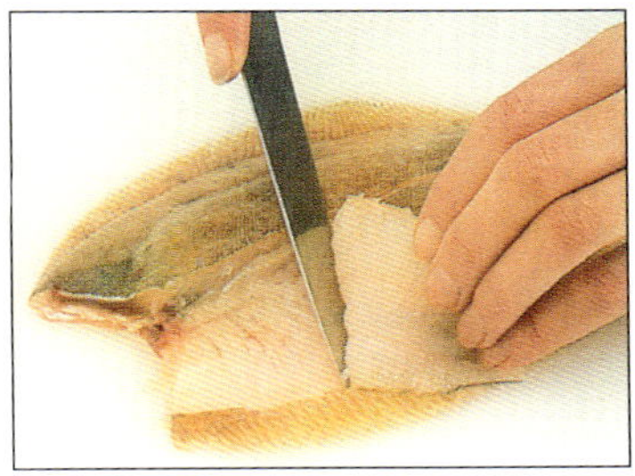

GROSSE FILETS: Filets von Lachs, Barsch oder anderen Fischen können in rund 0,3 cm dicke Scheiben geschnitten werden. Das sieht hübsch aus und verkürzt die Garzeit. Arbeiten Sie sich in Schwanzrichtung vor und halten Sie das Messer parallel zum Filet. Schneiden Sie es in dünne, gleichmäßige, diagonale Scheiben.

STEAKS AUS RUNDFISCH SCHNEIDEN:
Schneiden Sie den Fisch mit einem großen, schweren Messer quer in Steaks von 2,5 bis 3,5 cm Dicke. Die Schwanzregion ist zu klein für Steaks, kann aber horizontal in zwei Filets geschnitten werden.

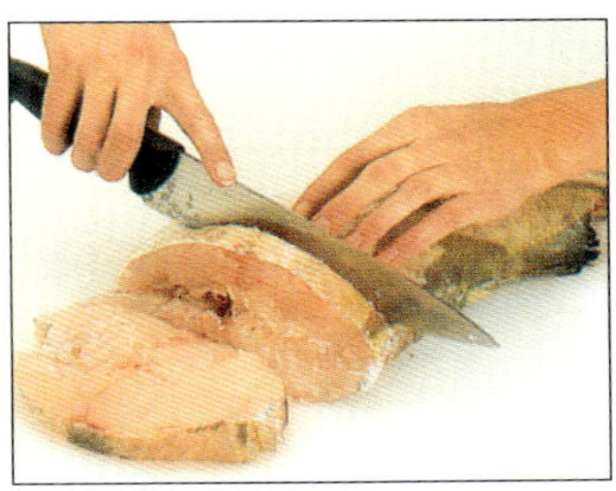

FISCH DÜNSTEN

Das Dünsten ist eine sanfte Garmethode in Flüssigkeit, bei der sowohl ganze Fische als auch Filets saftig bleiben. Die Dünstflüssigkeit – Fischfond (Seite 35), eine Court-Bouillon (Seite 31), Wasser oder Wein – kann zur Herstellung der Sauce verwendet werden. Fisch kann auf dem Herd oder im Ofen gedünstet werden.

1 Um einen großen Fisch zu dünsten, bereiten Sie die Dünstflüssigkeit vor und lassen sie anschließend vollständig abkühlen. Danach in den Fischtopf oder eine große Kasserolle füllen. Legen Sie den Fisch auf den Einsatz oder auf ein langes, doppelt gefaltetes Passiertuch.

2 Geben Sie den Fisch in die Flüssigkeit, eventuell noch Wasser hinzufügen. Bei mittlerer Hitze zum Kochen bringen, abdecken und köcheln lassen, bis der Fisch gar ist. Gut abtropfen lassen und warm halten, wenn er warm serviert werden soll.

3 Kleinere Fische oder Filets geben Sie sie in eine feuerfeste, eingefettete Bratform. Mit Flüssigkeit begießen und mit Backpapier oder Folie abdecken.

4 Bringen Sie das Ganze bei mittlerer Hitze auf dem Herd zum Kochen. Dann in den auf 180 °C vorgeheizten Ofen stellen und fertig dünsten. Aus dem Sud nehmen und servieren. Soll der Fisch kalt gegessen werden, nehmen Sie ihn kurz vorm Kochen aus dem Ofen und lassen ihn in der Flüssigkeit fertig garen.

GARPROBE

1 Machen Sie einen kleinen Schnitt in den dicksten Teil eines ganzen Fisches und heben Sie ihn mit der Messerklinge an. Der Fisch ist gar, wenn das Fleisch undurchsichtig ist und sich leicht von der Gräte abziehen lässt. Große Fische garen noch weiter, wenn sie von der Kochstelle genommen werden; wenn also das Fleisch nahe den Gräten opak ist, können Sie den Herd ausstellen.

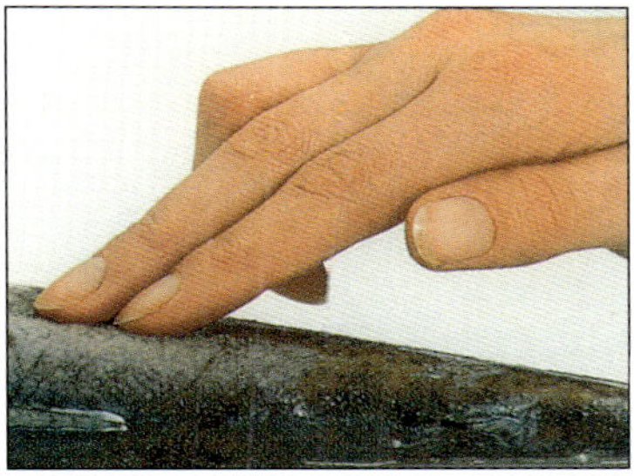

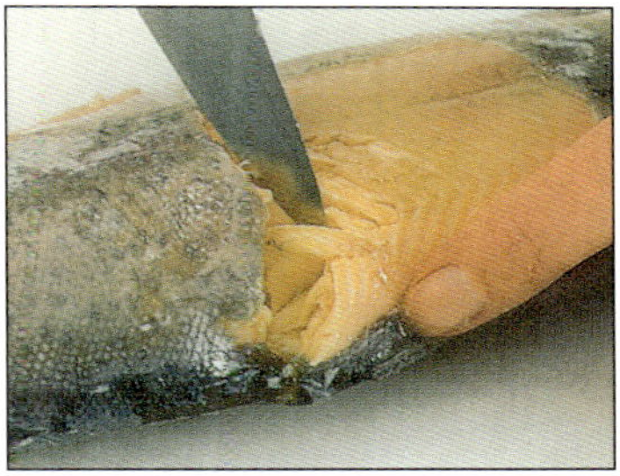

2 Wenn der Fisch gar ist, fühlt sich das Fleisch fest an und bietet leichten Widerstand. Roher Fisch dagegen fühlt sich weich, fast breiig an.

3 Der Fisch ist durch, wenn das Fleisch sich in dünne Schichten zu zerteilen beginnt.

DIE METHODE DER KANADISCHEN FISCHEREIBEHÖRDE

Diese Standardmethode zum Feststellen des Garzeitpunkts ist eine nützliche Hilfe.

1 Messen Sie den Fisch an seiner dicksten Stelle. Je 2,5 cm Dicke benötigen 10 Minuten Garzeit (bei tiefgekühltem Fisch 20 Minuten).

2 Falls der Fisch sehr dick ist, nehmen Sie ihn zum Testen aus der Flüssigkeit. Legen Sie den Einsatz quer über den Topf. Schneiden Sie mit einem scharfen Messer nahe der Rückenflosse in den Fischrücken. Das Fleisch sollte undurchsichtig sein und nicht an der Gräte kleben.

FISCH DÄMPFEN

Das Dämpfen von Fisch ist eine einfache, besonders in China beliebte Methode. Sie ist ideal, wenn Sie fettfrei kochen möchten. Dämpfen dauert ungefähr so lange wie Dünsten, aber es erfordert wenig Flüssigkeit. Diese sollte kochen, wenn der Fisch darauf gesetzt wird. Wenn Sie den Dampfeinsatz ganz leicht mit Öl einsprühen oder einfetten, verhindert dies das Anhaften des Fisches.

1 Geben Sie Fischfilets oder einen kleinen Fisch auf den Dampfeinsatz und stellen Sie ihn über kochendes Wasser. Abgedeckt dämpfen, bis der Fisch gar ist.

2 Legen Sie den Fisch auf einen Teller und stellen Sie diesen auf den Boden eines Bambusdämpfers, der sich über einem Kochtopf mit siedendem Wasser befindet.

3 Fisch kann auch auf dem Teller gedämpft werden. Dafür eine Auflaufform oder eine umgedrehte Schüssel auf den Boden eines Woks setzen. Füllen Sie den Wok 5 cm hoch mit kochendem Wasser und stellen Sie den Teller auf die Schüssel; wie oben dämpfen.

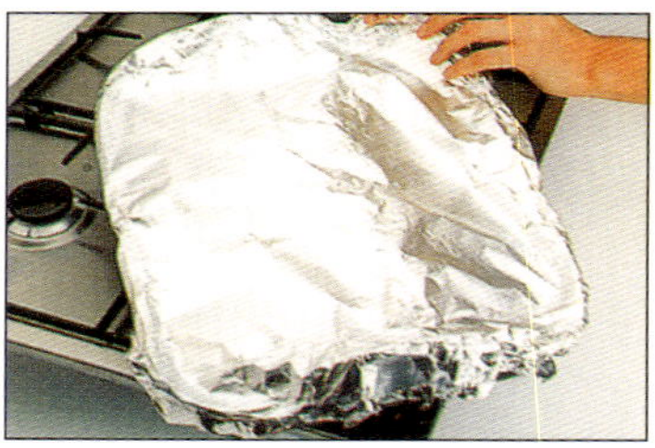

4 Größere Fische oder Filets können auf einem Teller oder auf einem Stück stabiler Alufolie in einer Pfanne mit kochendem Wasser gedämpft werden. Decken Sie die Pfanne fest mit der Folie ab und dämpfen Sie den Fisch auf dem Herd oder im Backofen.

BRATEN UND FRITTIEREN

Braten und Frittieren eignen sich hervorragend, um Fisch zuzubereiten. Zum Braten benötigen Sie etwas Fett und eine Pfanne. Das Frittieren erfordert eine Fritteuse, einen Topf oder einen Wok, der 7,5 bis 10 cm oder höher mit Öl gefüllt ist. Die Hitze schließt den Saft und Geschmack des Fisches ein. Bei diesen Garmethoden wird der Fisch normalerweise in Paniermehl oder Teig gewälzt.

FISCH BRATEN:

1 Lassen Sie geklärte Butter in einer Pfanne aus (Seite 39) oder verwenden Sie eine Mischung aus Butter und Öl und erhitzen Sie das Ganze bei mittlerer Hitze.

2 Wenn das Fett heiß ist, geben Sie den Fisch hinein. Etwa 2 Minuten von jeder Seite braten (das hängt von der Dicke ab), bis er goldbraun ist. Vor dem Servieren auf Küchenpapier abtropfen lassen.

FISCH FRITTIEREN:

1 Füllen Sie eine Fritteuse, einen Topf oder einen Wok mit Öl. Auf 190 °C erwärmen, dann den Fisch vorsichtig hineingeben. Füllen Sie nicht zu viele Stücke gleichzeitig ein, das verringert die Temperatur.

2 Den Fisch frittieren, bis er knusprig und golden ist, dabei einmal umdrehen. Mit einem Schaumlöffel herausholen und auf Küchenpapier abtropfen lassen.

EINEN GANZEN FISCH SERVIEREN

Ein ganzer, gedünsteter Fisch sollte vor dem Servieren enthäutet werden. Dies geht am besten, wenn er noch warm ist. Auf dem Rost gebratener oder gegrillter Fisch kann mit seiner knusprigen Haut serviert werden.

FISCH PANIEREN

Eine Panade schützt das zarte Fleisch des Fisches, hält ihn saftig und bewahrt seinen Geschmack. Panaden werden aus Paniermehl, Maismehl oder Weizenmehl hergestellt. Ein Mehl-Eier-Teig wird meist beim Frittieren verwendet.

PANIERMEHL

1 Um Filets, Steaks oder kleine ganze Fische zu panieren: Die Fischstücke gut abtrocknen und mit Salz und Pfeffer würzen. Geben Sie Mehl auf einen flachen Teller und würzen Sie es. Auf einen anderen flachen Teller Paniermehl oder Semmelbrösel schütten. Verrühren Sie 1 bis 2 Eier (das hängt von der Menge ab) in einer Schüssel. Würzen und beiseite stellen.

2 Wälzen Sie die Fischstücke zunächst im Mehl, bis sie rundum dünn damit bedeckt sind. Den Überschuss abschütteln. Dann den bemehlten Fisch in das verquirlte Ei tauchen und wenden, damit er von allen Seiten gleichmäßig bedeckt wird.

3 Nun die Fischstücke im Paniermehl wälzen. Den Überschuss behutsam abschütteln, die Stücke auf einen Teller oder ein Backblech legen und vor dem Braten mindestens 15 Minuten in den Kühlschrank stellen; dadurch wird die Panade fest.

FISCH IM TEIGMANTEL: Bereiten Sie einen Teig zu und lassen Sie ihn nach Rezept ruhen. Den Fisch oder die Fischstücke sehr gut abtrocknen und ganz leicht mit Mehl bestäuben. Mit einer Zange oder den Fingern jedes Stück einzeln in den Teig tauchen, bis es vollständig bedeckt ist, und danach sofort vorsichtig in das heiße Fett gleiten lassen.

FISCH GRILLEN

Beim Grillen wird der Fisch durch trockene Hitze gar. Sie eignet sich für fettigen Fisch wie Lachs, Thunfisch, Forelle oder Schwertfisch. Wenn Sie den Fisch marinieren, verleiht ihm dies zusätzliche Feuchtigkeit. Fisch kann im Ganzen oder in Würfel geschnitten am Spieß gegrillt werden. Ganzer Fisch sollte eingeschnitten werden, damit er sich nicht verbiegt und gleichmäßig gart.

1 Schneiden Sie mit einem scharfen Messer auf jeder Seite 3 bis 4 mal 0,5 bis 1 cm tief ein. Dadurch kann die Hitze besser durchdringen. Bei größeren Fischstückchen können Sie die Haut auf der Rückseite einschneiden, damit sie sich nicht verformen.

2 Trocknen Sie den Fisch gut ab und würzen Sie ihn nach Rezept. Wenn der Fisch mariniert wurde, muss er gut abtropfen. Legen Sie ihn auf einen mit Alufolie ausgelegten Bratrost und bepinseln Sie ihn mit Butter, Öl oder der restlichen Marinade.

3 2 cm dicke, gebutterte oder eingeölte Filets 7,5 bis 10 cm von der Hitzequelle entfernt braten und nach Rezept begießen und wenden, bis sie gar sind. Auf dem Grill bei mittlerer Hitze je nach Dicke 3 bis 4 Minuten grillen, bis sie gar sind. Dabei einmal wenden.

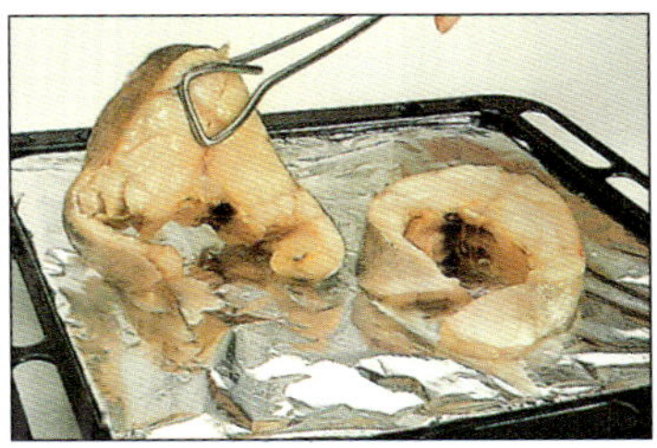

4 Wenn Sie magereren Fisch auf dem Rost braten, geben Sie ein bisschen Flüssigkeit auf die Folie (Fond, Wasser, Wein), um zusätzliche Feuchtigkeit zu erhalten. Begießen Sie den Fisch ein- oder zweimal, um ihn feucht zu halten.

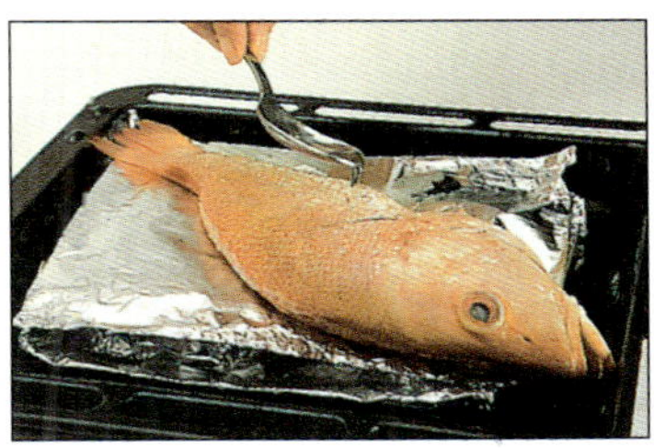

ZUBEREITUNG IM OFEN

Das Garen im Ofen ist eine der einfachsten Methoden, Fisch zuzubereiten. Er wird in eine geölte Form gelegt, gewürzt und mit etwas Wasser, Wein, Fond oder Zitronensaft begossen, dann abgedeckt und bei 180 °C im Ofen gegart. So bleibt der Fisch saftig. Er ist ideal zum Füllen geeignet. Der Fisch kann mit einigen Kräutern und etwas Wein oder Wasser in gefettete Folie eingewickelt und dann auf ein Backblech gelegt werden, wo er sanft gegart wird.

1 Bereiten Sie die Füllung nach Rezept zu. Den Fisch damit füllen oder die Filets oder Steaks würzen. Verteilen sie eine kleine, fein gehackte Zwiebel oder zwei Schalotten auf dem Boden einer eingefetteten, feuerfesten Form. Geben Sie den Fisch in die Form und pinseln Sie ihn mit Butter oder Öl ein. Sprengen Sie 3 bis 4 Esslöffel Zitronensaft oder Wein darüber und backen Sie ihn abgedeckt, bis er gerade eben gar ist.

2 Garen in Folie: Fetten oder ölen Sie ein langes Stück Alufolie ein. Legen Sie den Fisch in die Mitte und würzen Sie ihn.

3 Beträufeln Sie den Fisch mit 2 bis 3 Esslöffel Wein, Wasser oder Zitronensaft und wickeln Sie ihn ein. Falten Sie die Folie wie ein Kuvert, sodass noch Platz darin bleibt. Auf ein Backblech legen und bei 200 °C backen, ungefähr 20 Minuten für bis zu 900 g Fisch am Stück, bei mehr Gewicht entsprechend länger.

Fast jedes Fischfilet kann auf diese Weise zubereitet werden. Probieren Sie es mit Flussbarsch, Wels, Makrele, Meerbarsch oder Schnapperfisch.

Das Garen in Papier, *en papillote,* eignet sich ausgezeichnet zur Zubereitung von Fisch. Das Papier wird goldbraun; der köstliche Geruch und Geschmack des Fisches entfaltet sich, wenn das Päckchen am Tisch geöffnet wird. Diese Methode eignet sich für kleine Dinnerpartys, denn der Fisch kann vorbereitet, in den Kühlschrank gestellt und ca. 20 Minuten vor dem Servieren in den Ofen gegeben werden.

FISCHFILETS EN PAPILLOTE

1 Schneiden Sie vier Stücke Backpapier auf 46 cm Länge und falten Sie sie einmal der Länge nach. Schneiden Sie die offene Seite in eine abgerundete halbe Herzform. Falten Sie die Bögen zu ganzen Herzen auseinander und bepinseln Sie sie mit Butter oder Öl.

2 Geben Sie je ein Viertel des Gemüses und des Specks in die Mitte des Papierherzens, direkt neben den Knick. Die Fischfilets darauf legen, je ein Viertel der Kräuter, des Öls und des Weins darüber geben. Nach Geschmack würzen.

ZUTATEN

2 kleine Mohrrüben, in schmale Streifen geschnitten
2 kleine Lauchstangen, in schmale Streifen geschnitten
1 mittlere Tomate, geschält, entkernt und gewürfelt
2 Scheiben Speck, gewürfelt und knusprig gebraten (optional)
4 Fischfilets (rund 200 g pro Stück), halbiert
2 Esslöffel gehackte frische Kräuter, zum Beispiel Dill, Estragon, Schnittlauch oder Basilikum
4 Esslöffel Olivenöl
4 Esslöffel trockener Weißwein oder Fischfond

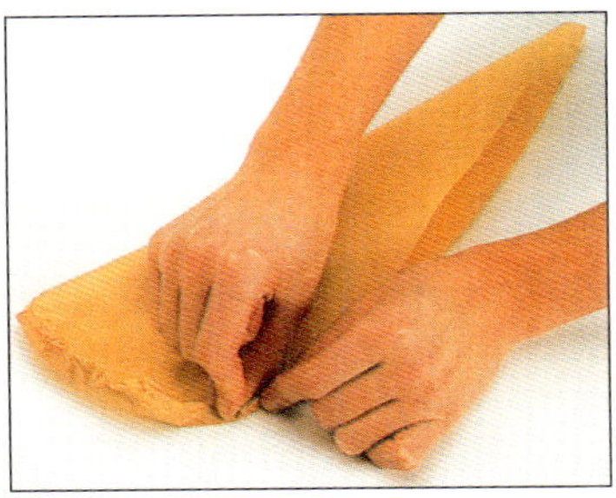

3 Klappen Sie die andere Seite des Papiers über die Füllung und falten Sie die Herzen, am runden Ende beginnend, zusammen. Die Enden zusammendrehen, um ein luftdichtes Paket zu formen. Die Enden unterschlagen. Mit den übrigen Papierpäckchen wiederholen.

4 Setzen Sie die Päckchen auf ein großes Backblech und schieben Sie sie bei 200 °C für rund 10 Minuten in den Ofen, bis das Papier gebräunt und aufgeplustert ist. Geben Sie die Päckchen auf Teller und lassen Sie sie von den Gästen selbst öffnen.

Krustentiere

KRABBEN UND KREBSE

Krabben können warm oder kalt verzehrt werden, entweder aus der Schale oder essfertig hergerichtet. In einigen chinesischen Gerichten beispielsweise werden Krabben oft gekocht oder sautiert. Frische, rohe Krabben sollten lebend eingekauft und auf Eis gekühlt werden, bis sie zubereitet werden, möglichst am selben Tag.

Krebse werden aus Flüssen und Teichen gefischt. Das weiße Schwanzfleisch wird in vielen Gerichten verarbeitet. Krebse sind gekocht oder lebend erhältlich; ausgelöstes Schwanzfleisch können Sie frisch oder tiefgekühlt kaufen. Lebende Krebse sollten beim Kauf frisch riechen und unmittelbar nach dem Erwerb gekühlt werden. Innerhalb von 2 Tagen verbrauchen.

Wenn Krebse verunreinigt sind, weichen Sie sie vor dem Kochen 15 Minuten in kaltem Salzwasser ein. Abtropfen lassen und abspülen, gegebenenfalls wiederholen. Sie werden wie Krabben zubereitet (siehe rechts), das heißt 3 bis 5 Minuten gekocht, bis die Schale hellrot wird.

HUMMER

Hummer kann gedünstet, gedämpft, gebacken oder auf dem Rost gebraten werden und wird warm oder kalt serviert. Neben dem Hummer mit fleischigen Zangen und Schwanz gehört die Languste zu den beliebtesten Meeresfrüchten. Da sie keine Zangen besitzt, befindet sich das ganze Fleisch im Schwanz.

Hummer wird lebend oder gekocht verkauft. Hummerschwänze sind gekocht oder roh erhältlich, frisch oder tiefgekühlt. Wählen Sie unter lebenden Hummern den aktivsten aus und prüfen Sie, ob er sich für seine Größe schwer anfühlt und ob der Schwanz sich schön nach unten ringelt. Gekochter Hummer sollte eine hellrote Farbe haben, und der Schwanz sollte zurückschnellen, wenn er gerade gezogen wird. Kochen Sie lebenden Hummer am Tag des Kaufs oder kühlen Sie ihn in einem mit feuchtem Küchenpapier ausgelegten, eisgefüllten Gefäß. Wenn Sie den Hummer 10 bis 15 Minuten einfrieren, ehe sie ihn kochen, wird er vollkommen unbeweglich. (Auch Krabben können auf diese Weise unbeweglich gemacht werden.)

GARNELEN

Das feste, süße Fleisch von Garnelen ist leicht salzig und kann verschieden zubereitet werden. Garnelen können warm oder kalt verzehrt werden und sind das ganze Jahr hindurch frisch oder tiefgekühlt erhältlich.

KRABBEN ZUBEREITEN

Bringen Sie einen großen Topf Wasser zum Kochen. Fügen Sie 1 Esslöffel Salz pro Pfund Krabben hinzu. Geben Sie die Krabben ins Wasser, dann abdecken und erneut aufkochen lassen. Reduzieren Sie die Wärmezufuhr und lassen Sie das Wasser 15 Minuten kochen. Abschütten und zum Abkühlen unter fließendem kalten Wasser abspülen.

1 Nehmen Sie eine gekochte Krabbe und drehen Sie, während Sie den Körper gut festhalten, die Beine und die Scheren vom Körper weg.

2 Mit einer Küchenschere die Schale seitlich am Bein aufschneiden und das Fleisch mit einem Bratspieß oder einem Krabbenpuler herauslösen.

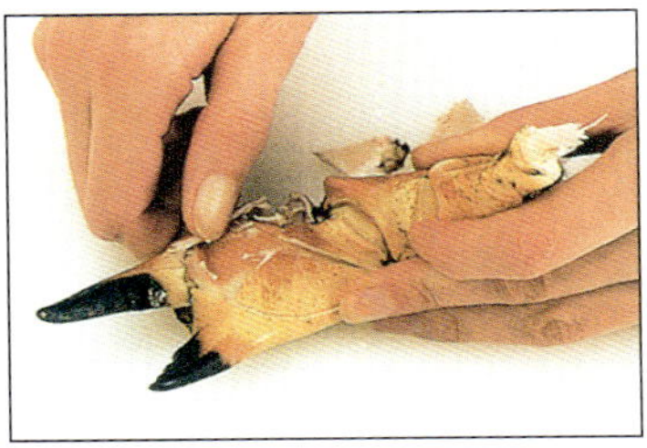

3 Die Zangen mit der Messerrückseite aufbrechen. Entfernen Sie Stücke der zerbrochenen Schale von Hand und holen Sie das Fleisch mit einem Spieß heraus.

4 Heben Sie das Schwanzende (die „Schürze") an und drehen oder schneiden Sie sie ab. Brechen Sie nun die obere Schale ab, wobei sie an der Stelle ansetzen, wo das Schwanzende entfernt wurde.

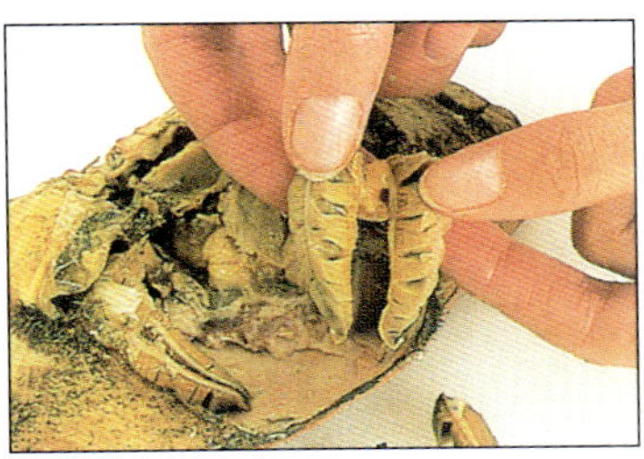

5 Entfernen Sie die weichen Kiemen seitlich am Körper und brechen Sie den Körper in Stücke.

6 Pulen Sie die Fleischstücke mit einem Spieß heraus, entfernen Sie dabei Schalenbruchstücke oder Knorpel. Das Fleisch kann nun kalt verzehrt oder in Salaten und vielen anderen Gerichten verwendet werden.

KREBSE PULEN

1 Um den Schwanz zu entfernen, drehen Sie Kopf und Körper in entgegengesetzte Richtungen, wodurch der Schwanz sich teilt. Schälen Sie die beiden obersten Schalenabschnitte vom Schwanz ab, um einen Teil des Fleisches zu enthüllen.

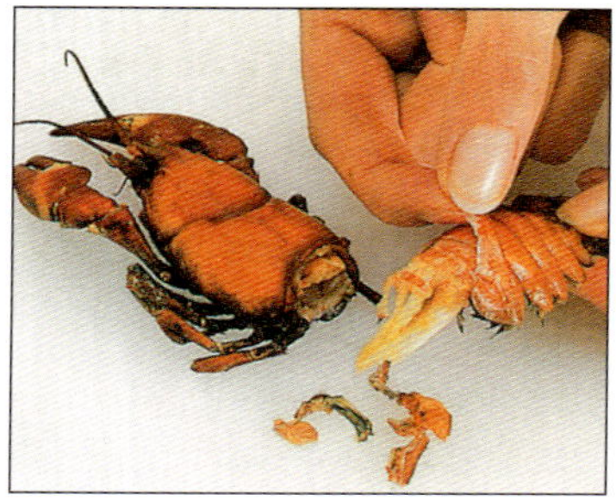

2 Drehen Sie den Schwanz mit der Unterseite nach oben. Drücken Sie mit dem Daumen auf das Schwanzende, um das Fleisch zu lösen. Sie können auch die Unterseite mit einer Küchenschere aufschneiden und das Fleisch dann ablösen.

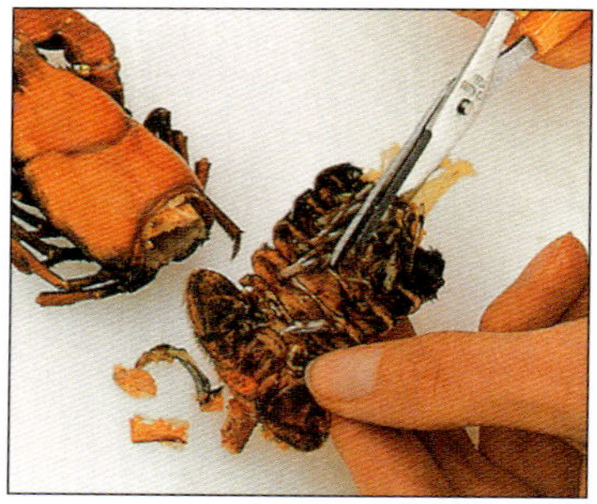

3 Behutsam hin und her wackeln und das Schwanzfleisch in einem Stück herauslösen.

4 Entfernen Sie den Eingeweidekanal von der Rückseite des Schwanzes, indem Sie ihn in Richtung Schwanzende ziehen.

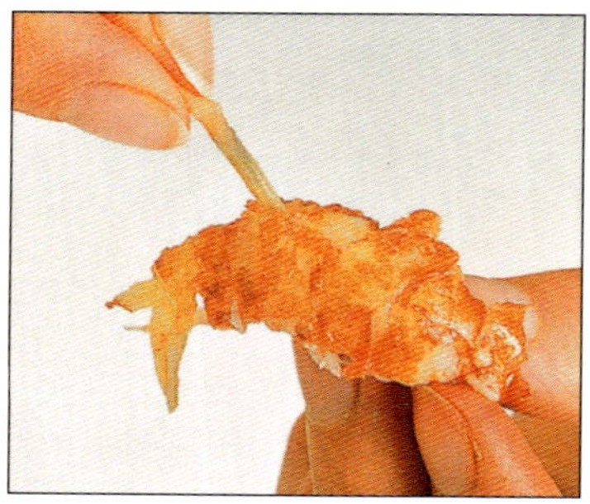

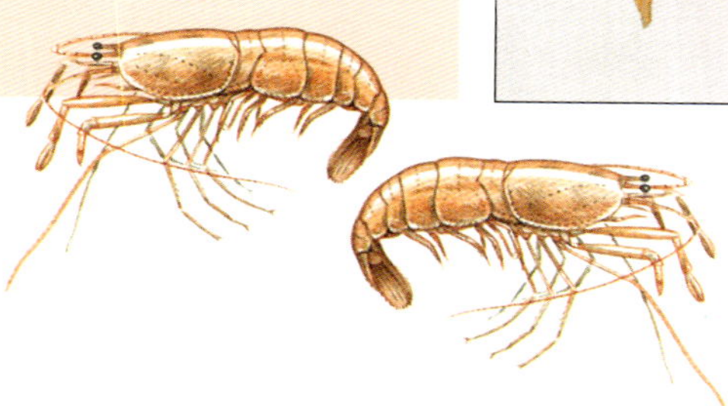

HUMMER KOCHEN UND AUF DEM ROST BRATEN

Bereiten Sie das Kochwasser wie für Krabben zu (Seite 91). Geben Sie den bewegungsunfähig gemachten Hummer mit dem Kopf zuerst in das kochende Wasser. Lassen Sie es noch mal aufkochen und dann rund 20 Minuten sieden, bis der Panzer hellrot ist. Abschütten und unter fließendem kalten Wasser abspülen.

1 Braten auf dem Rost: Wie oben vorgehen, aber nur 5 Minuten kochen. Abspülen und trocknen. Legen Sie den Hummer auf ein großes Schneidbrett, mit der weichen Unterseite nach oben, und schneiden Sie mit einer Küchenschere den weichen Panzer der Länge nach vom Kopf bis zum Schwanz auf. Entfernen Sie alle Organe, den roten Rogen und die Hummerleber.

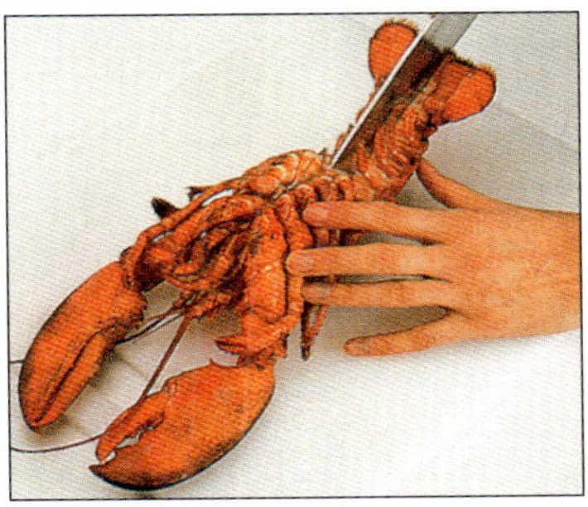

2 Schneiden Sie die Seitenteile des Panzers weg. Dann schneiden Sie mit einem großen, schweren Messer der Länge nach durch den dicken Rückenpanzer an Körper und Schwanz.

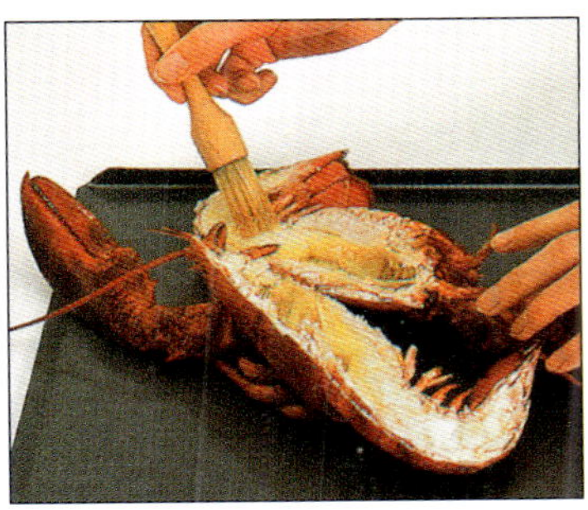

3 Brechen Sie den Hummer auf, legen Sie ihn flach auf ein Backblech und bepinseln Sie ihn mit zerlassener Butter. Etwa 10 cm von der Hitzequelle entfernt rund 6 Minuten lang grillen, bis das Fleisch fest und undurchsichtig ist. Sofort mit zerlassener geklärter Butter servieren.

FLEISCH AUS DEM HUMMER AUSLÖSEN

Der gekochte Panzer kann zum Servieren des Fleisches verwendet werden. Durchstechen Sie den Schwanz, um überschüssiges Wasser ablaufen zu lassen, ehe Sie den Hummer aufschneiden.

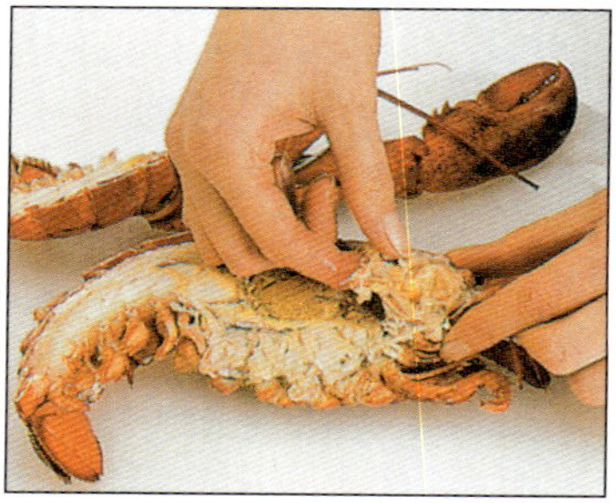

1 Legen Sie den Hummer mit der harten Seite nach oben auf ein Brett. Gut festhalten. Den Panzer zwischen Körper und Schwanz durchstechen, bis zum Schwanz herunter schneiden. Drehen Sie den Hummer um und schneiden Sie durch den Kopf.

2 Entfernen Sie den Magensack am Kopf von beiden Seiten (Rogen und Leber sind essbar) sowie die Scheren und die Beine, indem Sie sie in entgegengesetzter Richtung zum Körper drehen. Beiseite stellen.

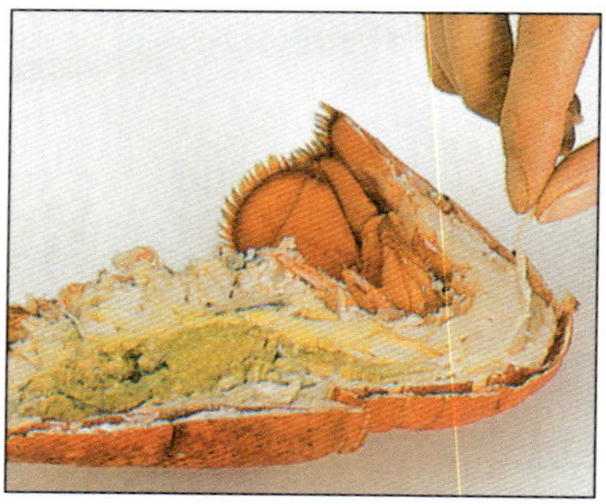

3 Entfernen Sie den Eingeweidekanal, der auf der Rückseite des Panzers verläuft.

4 Heben Sie das Schwanzfleisch aus dem Panzer und stellen Sie es beiseite.

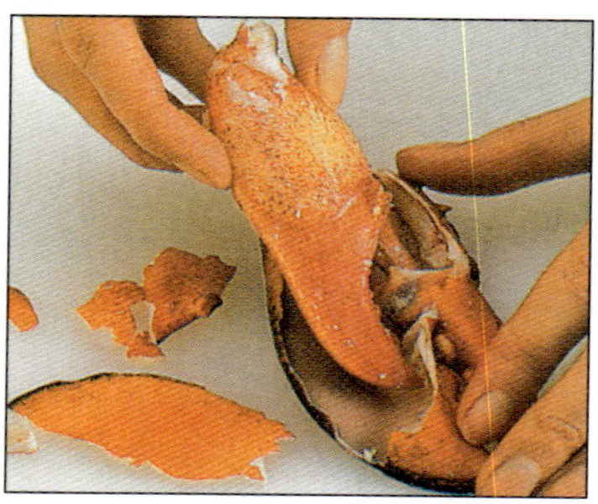

5 Zerbrechen Sie die Scheren an mehreren Stellen mit einem schweren Messer oder einem Nussknacker. Entfernen Sie große Panzerstücke und ziehen Sie das Fleisch nach Möglichkeit in einem Stück heraus.

6 Nehmen Sie einen Bratspieß, um das Fleisch aus den kleineren Beinen auszulösen.

GARNELEN ZUBEREITEN

Geben Sie frische Garnelen in siedendes Salzwasser und lassen Sie sie 1 bis 3 Minuten garen, bis die Schalen rosa werden. Unter fließendem Wasser abspülen und trocknen. Kalt stellen. Garnelen werden immer auf dieselbe Art gepult. Die Köpfe und Schalen können leicht mit den Fingern entfernt werden. Mit den Schalen können Sie eine Meeresfrüchtesuppe oder einen Fond zubereiten.

1 Drehen und ziehen Sie den Kopf vom Körper ab.

2 Pellen Sie die Schale vom Körper; auf Wunsch können Sie das Schwanzende zum Servieren übrig lassen.

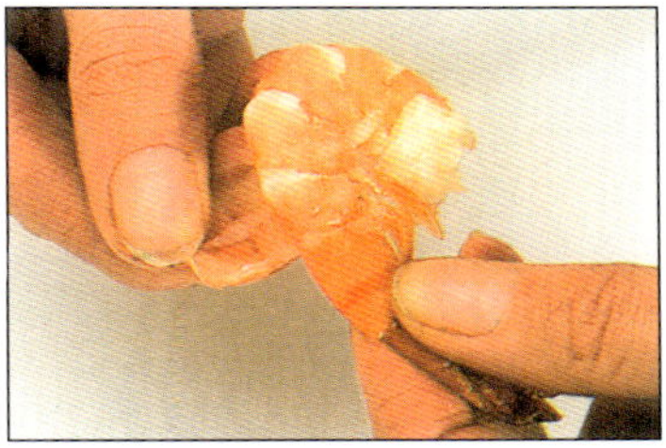

3 Schneiden Sie mit einem scharfen Messer die gesamte Wölbung des Rückens entlang, um den Eingeweidekanal zu entfernen. Ziehen Sie den schwarzen Faden mit einem Messer oder mit den Fingern heraus.

GARNELEN IN SCHMETTERLINGSFORM: Zum Braten können Sie Garnelen in Schmetterlingsform bringen. Schneiden Sie tief in den Rücken der Garnelen. Öffnen und flach drücken. Sie können im Teigmantel gebraten werden.

GARNELENGRÖSSEN

Die Größe ist von Bedeutung, denn die Zahl der Garnelen, die ein Pfund ergeben, kann schwanken. Wenn Sie ausrechnen wollen, wie viele Garnelen Sie pro Person benötigen, denken Sie daran, dass 1 kg ungekochte Garnelen mit Schale nach dem Pulen und Ausnehmen nur rund 500 g Fleisch ergeben.

Jumbo-Garnelen	bis zu 15 Stück pro Pfund	Mittlere Garnelen	rund 31 bis 40 pro Pfund
Extragroße Garnelen	rund 16 bis 20 pro Pfund	Kleine Garnelen	40 + pro Pfund
Große Garnelen	rund 21 bis 30 pro Pfund		

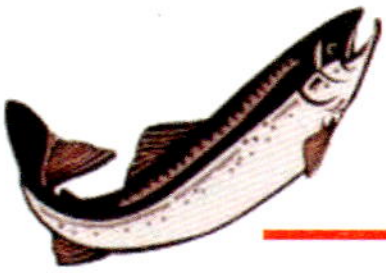

Muscheln

Zweischalige Muscheln sollten lebend und sehr frisch gekauft werden.

Miesmuscheln haben eine glatte, glänzende schwarze Schale, die gelegentlich mit steinartigen Seepocken bedeckt ist. Die faserigen Byssusfäden, mit denen die Muschel am Untergrund haftet, ragt aus der Schale heraus. Miesmuscheln werden für gewöhnlich offen in einer gewürzten Flüssigkeit gedämpft sowie in Suppen und Salaten verwendet.

Man unterscheidet fest- und weichschalige Muscheln. Festschalige Muscheln wie die Venusmuschel werden in Suppen und Saucen verwendet. Zu den weichschaligen Muscheln zählen die Klaffmuscheln – deren Grabfuß aus der Schale herausragt –. Diese Muscheln haben eine weichere Struktur als die hartschaligen Muscheln und werden für gewöhnlich gedämpft, schmecken aber auch hervorragend gebraten oder gehackt in Muschelsuppe.

Alle Muschelarten sollten lebend eingekauft werden; sie sollten fest geschlossen sein oder sich rasch schließen, wenn Sie kräftig darauf klopfen. Sortieren Sie alle aus, die das nicht tun. Mit einem feuchten Tuch abgedeckt halten sie sich im Kühlschrank ein bis zwei Tage.

Austern und Kammmuscheln

Austern gelten als Delikatesse, die in Europa vor allem roh verzehrt wird. Die Luxus-Schaltiere werden in vielen Küstengewässern gezüchtet. Die Hauptsaison für Austern liegt in den Monaten mit „r", also September bis April. In Europa werden vor allem die englische Rundauster, die portugiesische Auster sowie die eingeführte pazifische Felsenauster unter verschiedenen Namen angeboten, der ihren Herkunftsort verrät.

Auch wenn Austern meist roh in der Schalenhälfte serviert werden, können sie ebenso gut gedämpft oder gebacken sowie in Suppen, Schmor- und Fischgerichten verwendet werden. Auf mit Seetang bedecktem Eis können Austern bis zu einer Woche frisch gehalten werden.

Nur etwa zwei Dutzend der etwa 300 Arten von Kammmuscheln werden gegessen. Die bekannteste Art ist die Jakobsmuschel, die mit Schleppnetzen gefischt und direkt auf See geschält und gesäubert wird, da sie außerhalb des Wassers schnell eingeht. Beim Schälen wird der sichelförmige Rogen häufig entfernt, doch vielerorts wird er sehr geschätzt und gemeinsam mit dem zarten, süßen weißen Fleisch verzehrt.

MUSCHELN SÄUBERN UND ÖFFNEN

Bewahren Sie Seemuscheln nicht in Süßwasser auf, sonst gehen sie ein.

1 Mit einer harten Küchenbürste die Muscheln unter fließendem kaltem Wasser abschrubben. (Weichen Sie die Muscheln in Meer- oder Salzwasser ein und fügen Sie ein paar Löffel Mehl hinzu, um die Muscheln zum Ausscheiden von Sand zu veranlassen.)

2 Schneiden Sie mit einem kleinen, scharfen Messer die Byssusfäden ab.

3 Zum Öffnen halten Sie die verbundene Schalenseite gegen ein dickes Handtuch in Ihrer Hand. Über einer Schüssel ein stabiles, abgerundetes Messer zwischen die Muschelhälften einführen und hin und her schieben, um den quergelagerten Muskel zu durchtrennen.

4 Drehen Sie das Messer, um die Schale aufzuknacken. Mit der Messerspitze das Muschelfleisch aus der Schale lösen und mit der gesamten Flüssigkeit in eine Schüssel geben. Bis zur Verwendung kalt stellen.

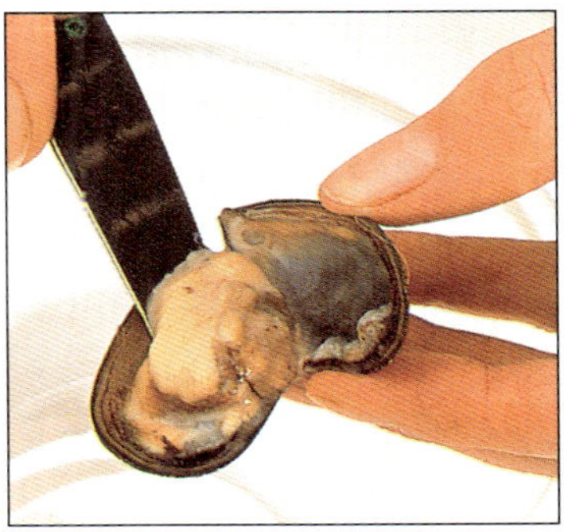

MUSCHELN ZUBEREITEN

Gedünstet in etwas Wein und mit Petersilie bestreut sind Miesmuscheln köstlich süß. Auch andere Muscheln können auf diese Weise zubereitet werden, werden aber meist offen gedämpft und mit zerlassener Butter serviert oder mit Teig umhüllt und frittiert.

1 Zum Dämpfen gießen Sie etwas trockenen Weißwein, Fischfond oder Wasser in einen großen Kochtopf, dazu 2 Esslöffel gehackte Petersilie und alle übrigen Zutaten, die das Rezept verlangt.

2 Die Muscheln hinzugeben, abdecken und zum Kochen bringen. 5 bis 7 Minuten kochen lassen, bis die Schalen sich öffnen, dabei den Topf häufig schütteln. Servieren Sie die Muscheln mitsamt ihrer Flüssigkeit.

AUSTERN ÖFFNEN

Entfernen Sie lose Schalenstücke und spülen Sie Verunreinigungen ab, aber nicht in Wasser waschen oder schrubben.

1 Halten Sie die Auster mit der flachen Seite nach oben. Ihre Handfläche decken Sie mit einem dicken Tuch ab. Führen Sie nahe dem Scharnier die Spitze eines Austernmessers ein und drehen Sie es.

2 Ziehen Sie das Messer an der Schale entlang und entfernen Sie die obere Schale. Führen Sie das Messer um den Rand des Fleisches. Legen Sie die Muschelhälfte auf Eis oder leeren Sie sie in eine Schüssel, falls Sie sie für ein anderes Gericht benötigen.

TINTENFISCHE

Tintenfische, italienisch Calamari, haben eine feste, zähe Struktur. Sie werden meist in Ringe geschnitten und frittiert oder in italienischen oder griechischen Saucen gesotten. Ganze Tintenfische können gefüllt und gebacken werden. Mit der Tinte können Sie Pasta und Risottos färben. Frischer Tintenfisch sollte süß und frisch riechen. Bewahren Sie ihn kalt auf und verbrauchen Sie ihn binnen drei Tagen.

Säubern Sie Tintenfisch über einer Schüssel, um die Tinte aufzufangen. Umfassen Sie fest den Kopf und ziehen Sie den Körper von Kopf, Tentakeln und Innereien ab. Entfernen Sie die Eingeweide und bewahren Sie den Tintenbeutel auf. Ziehen Sie den langen, transparenten Schulp heraus und entfernen Sie ihn. Schälen Sie die Haut vom Körper. Abspülen und trocken tupfen.

Schneiden Sie den Kopf von den Tentakeln ab und entsorgen Sie ihn. Die Tentakel abspülen, trocknen und klein schneiden oder ganz lassen. Schneiden Sie den Körper in Ringe zum Braten, hacken Sie ihn oder lassen Sie ihn zum Füllen ganz.

SCHARFER TINTENFISCH

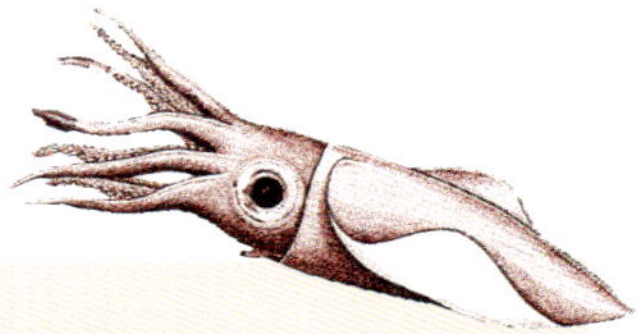

ZUTATEN

1 bis 1 1/2 Tassen (230 bis 350 g) geputzter Tintenfisch
1/2 Esslöffel Öl
1 mittlere Zwiebel, in Scheiben geschnitten
3/4 Tasse (170 g) frische Pilze, in Viertel geschnitten
1 süße grüne Peperoni, in Scheiben geschnitten
gemahlene rote Chili nach Geschmack
1 Messerspitze Salz
1 Messerspitze Zucker
1 Messerspitze Knoblauchpulver

1 Reinigen Sie den Tintenfisch und kerben Sie ihn diagonal ein, dann schneiden Sie ihn in Scheiben. Bereiten Sie alle Zutaten vor und stellen Sie sie beiseite.

2 Erhitzen Sie einen Wok mit Öl auf hohe Temperatur. Rühren Sie die Zwiebel und den Tintenfisch ein. Eine Minute lang unter Rühren anbraten, dann die anderen Zutaten hinzufügen. Gut umrühren. Mit weißem Reis servieren.

Geflügel und Fleisch

Fleisch aus ökologischer Tierzucht bildet ein Gegengewicht zu den Produkten aus Massentierhaltung, die durch Krankheiten und Hormonbehandlungen immer wieder in die Schlagzeilen kommen. Die Erfahrungen der letzten Jahre haben gezeigt, dass die Konsumenten ein höheres Bewusstsein für Qualität und Geschmack entwickelt haben, denn auch mit großer Erfahrung und den raffiniertesten Zubereitungsmethoden lassen sich minderwertige Zutaten nicht ausgleichen.

Geflügel und Wildgeflügel zubereiten

Domestizierte Vögel, die für den Verzehr gezüchtet und gemästet werden, bezeichnet man als Geflügel. Die bekanntesten sind Hühner, Puten, Enten, Gänse, Stubenküken und Perlhühner. Zumeist wird Geflügel frisch oder tiefgekühlt verkauft, entweder im Ganzen oder in vorportionierten, küchenfertigen Teilen. Kaufen Sie Geflügel so frisch wie möglich, denn es ist sehr leicht verderblich. Geflügel ist sehr anfällig für den Befall von Salmonellen, deshalb muss es gekühlt aufbewahrt werden.

Nach dem Umgang mit rohem Geflügel waschen Sie sich die Hände und reinigen Sie Messer, Schneidbrett und alle anderen Gegenstände, die damit in Kontakt gekommen sind. Rohes Geflügel sollte nie in Kontakt mit anderen Nahrungsmitteln gelangen, egal ob roh oder gekocht. Tiefgekühltes Geflügel muss vor der Zubereitung vollständig aufgetaut werden.

Frisches Geflügel sollte 1 bis 2 Tage nach dem Kauf verzehrt werden. Entfernen Sie die Verpackung, geben Sie das Geflügel auf einen Teller und decken Sie es lose mit Folie oder Wachspapier ab. Im Kühlschrank lagern. Um frisches Geflügel einzufrieren, wickeln Sie es fest in Plastikfolie, danach in Gefrierpapier. Tauen Sie tiefgekühltes Geflügel über Nacht im Kühlschrank auf (3 bis 4 Stunden Auftauzeit pro Pfund). Wenn es schneller gehen soll, geben Sie das komplett eingewickelte Geflügel in kaltes Wasser, das Sie häufig wechseln.

GEFLÜGEL IM GANZEN ZUBEREITEN

Geflügel sollte vor der Zubereitung abgespült und trocken getupft werden.

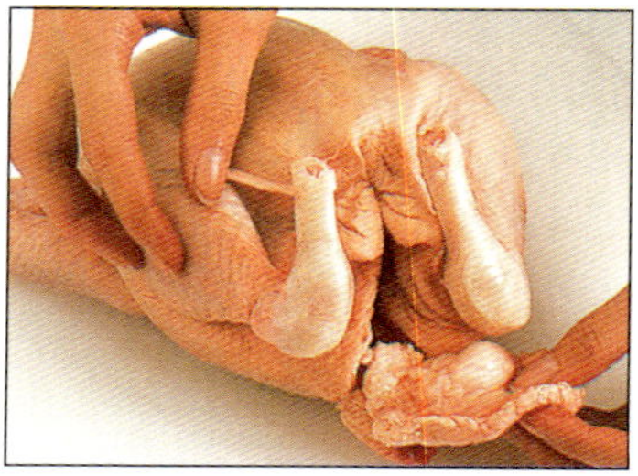

1 Entfernen Sie alle Innereien, die für gewöhnlich in Papier oder Plastik eingewickelt sind, und verbrauchen Sie sie innerhalb von ein bis zwei Tagen. Entfernen Sie große Fettstellen am Hals und in der Bauchhöhle.

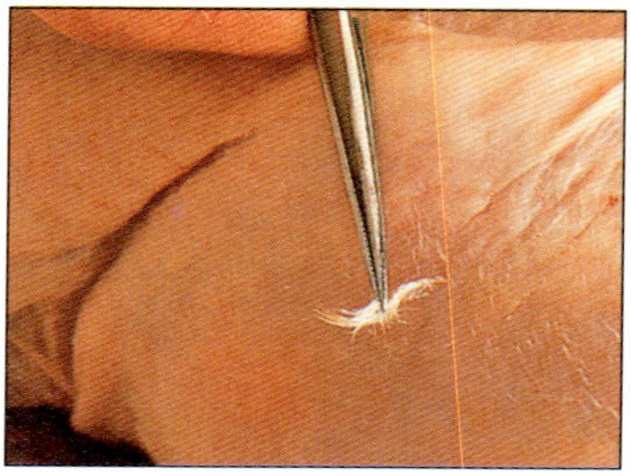

2 Entfernen Sie alle Federreste auf der Brust. Wenn die Beinknochen noch vorhanden sind, stecken Sie sie in die Bauchhöhlenöffnung, unter das Brustbein.

GEFLÜGEL BINDEN

Das Zusammenbinden von Geflügel sorgt dafür, dass es beim Braten seine Form behält. Dies erleichtert auch ein gleichmäßiges Garen, und hält die Füllung an ihrem Platz. Sie können zum Zusammenbinden eine spezielle Nadel und Baumwollfaden oder einfachen Küchenbindfaden verwenden, um den Vogel in Form zu binden, mit oder ohne kleine Geflügelspieße. Entfernen Sie vor dem Servieren alle Fäden und Spieße.

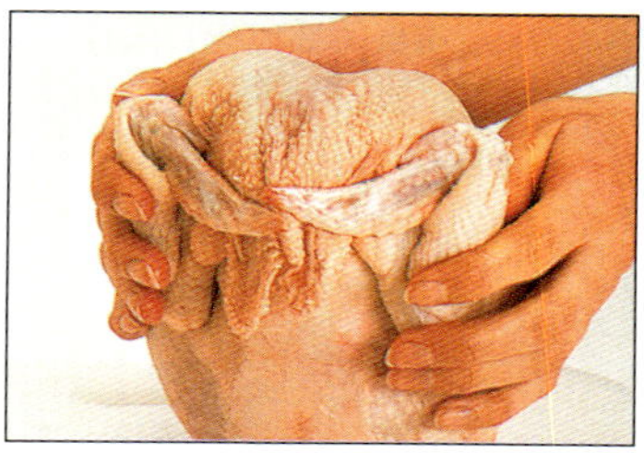

UNGEFÜLLTES GEFLÜGEL

1 Legen Sie das Tier mit der Brust nach oben auf eine Arbeitsfläche. Ziehen Sie die Haut des Halses fest über die Halsöffnung und stecken Sie sie unter das Rückgrat. Klappen Sie die Flügelspitzen nach hinten und unter den Vogel.

2 Drücken Sie die Beine nach unten und in Richtung Brust, um eine runde Form zu erzielen. Wenn die Beinknochen noch dran sind, stecken Sie sie in die Bauchhöhlenöffnung, unter das Brustbein.

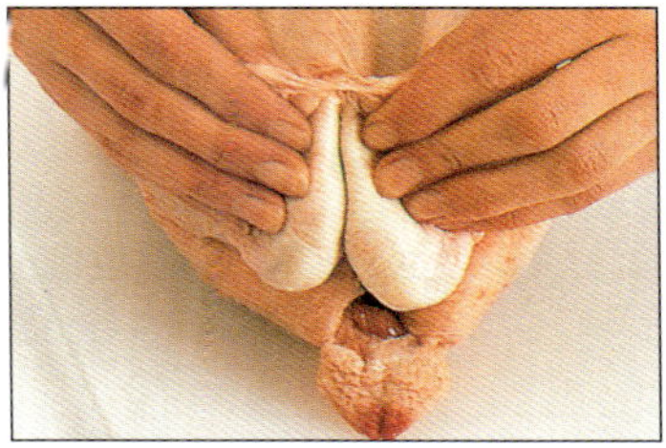

3 Falls die Beinknochen am ersten Gelenk abgetrennt wurden, binden Sie sie unterhalb des Brustbeins zusammen. Schneiden Sie die Fadenenden ab.

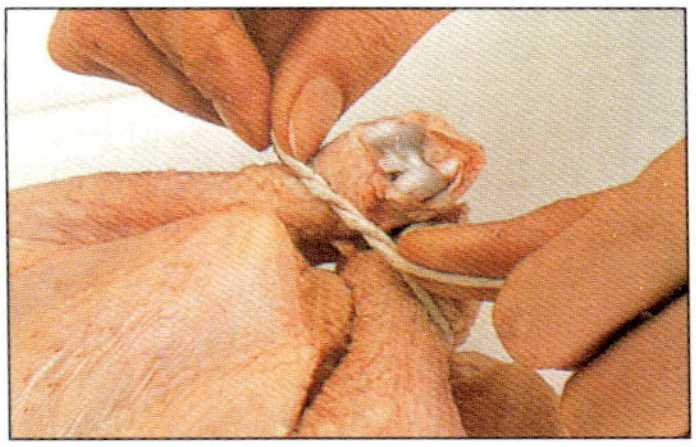

GEFÜLLTES GEFLÜGEL

1 Füllen Sie den Vogel durch die Halsöffnung, dann ziehen Sie die Halshaut straff über die Füllung. Mit einem Spieß am Rückgrat befestigen. Klappen Sie die Flügelspitzen unter den Vogel.

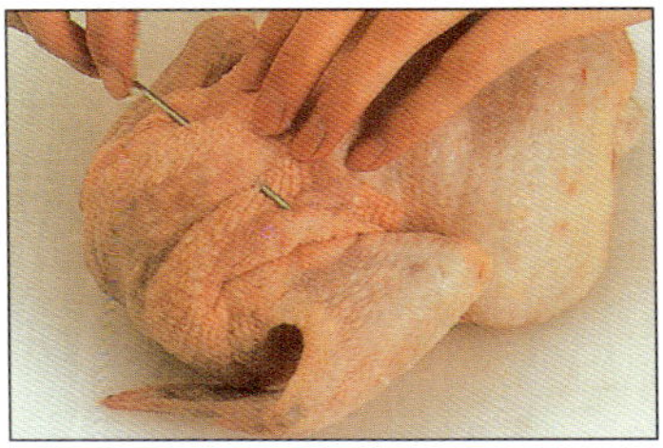

2 Wenn Sie die Bauchhöhlenöffnung gefüllt haben, verschließen Sie die Öffnung mit Geflügelspießen. Je nach Größe des Tiers schieben Sie die erforderliche Anzahl an Spießen auf beiden Seiten der Öffnung durch die Haut.

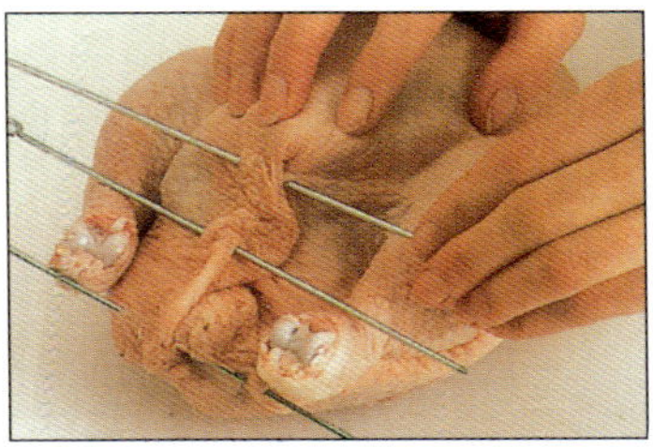

3 Mit Küchenbindfaden schnüren Sie die Spieße zusammen wie einen Stiefel. Binden Sie die Beine vor der Öffnung zusammen wie in Schritt 3 der obigen Anleitung.

GEFLÜGEL ZERLEGEN

Hühnchen, Perlhuhn, Täubchen oder Wildgeflügel eignen sich sehr gut zum Teilen. Flach ausgebreitet kann es auf dem Rost gebraten oder gegrillt werden. Wenn Sie das Geflügel auf Spieße stecken, bleibt es während des Garvorgangs flach und lässt sich leicht wenden. Besonders zart wird es, wenn Sie es zuvor marinieren.

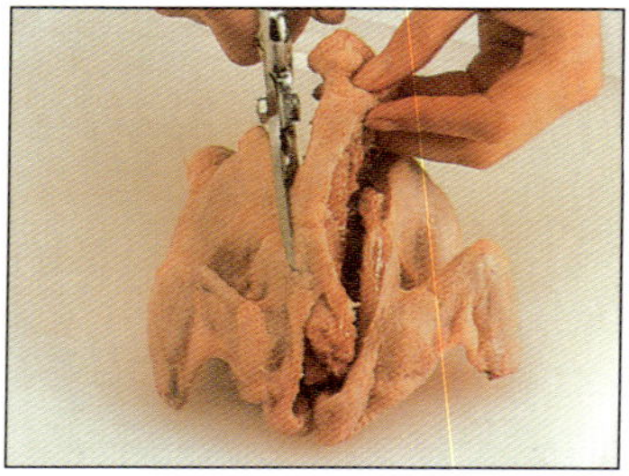

1 Trennen Sie am ersten Gelenk die Flügelspitzen ab. Legen Sie den Vogel mit der Brust nach unten auf ein Schneidbrett. Vom Schwanzende schneiden Sie an beiden Seiten der Wirbelsäule entlang durch Haut und Brustkorb.

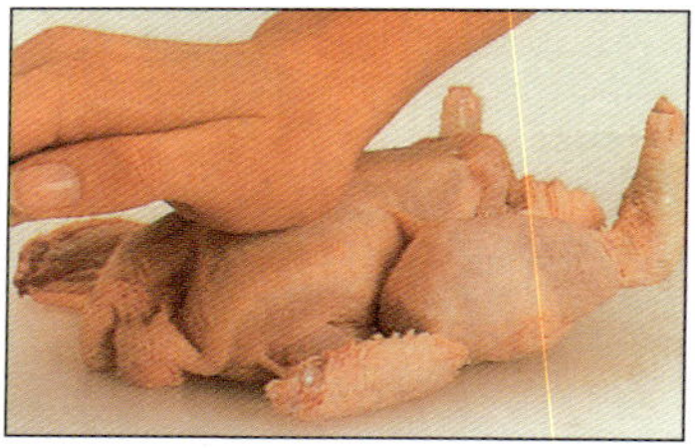

2 Drehen Sie den Vogel mit der Brust nach oben und pressen Sie mit dem Handballen fest auf das Brustbein, um es zu brechen. Dadurch wird der Vogel flach. Reiben Sie die innere Öffnung mit einem feuchten Papiertuch aus.

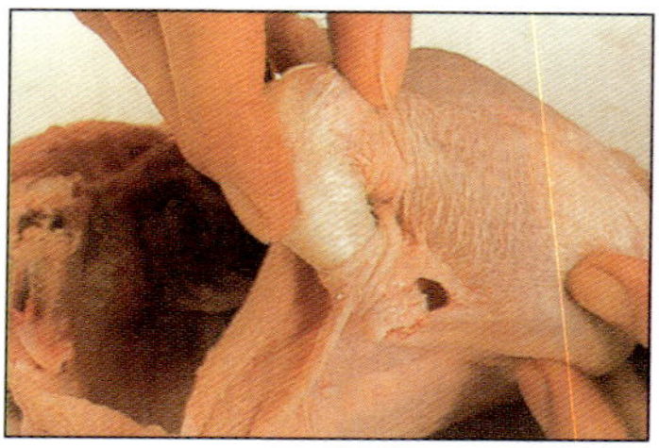

3 Klappen Sie die Flügel hinter der Brust zusammen. In die lose Haut zwischen dem Bein und dem unteren Teil des Brustbeins machen Sie einen kleinen Schnitt und schieben das Beinende hinein. (Das Geflügel kann auch ohne diesen Schritt auf Spieße gesteckt werden.)

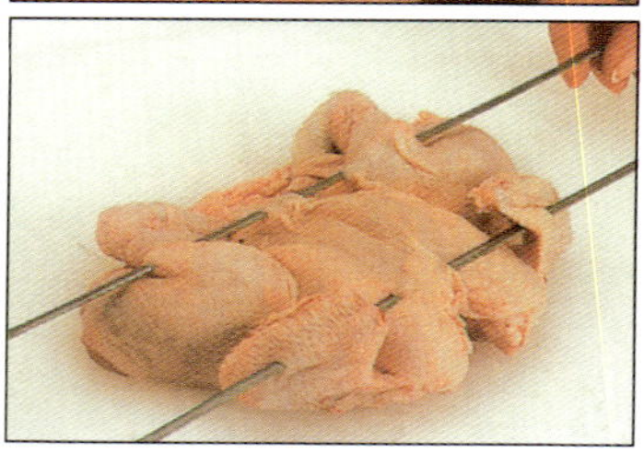

4 Schieben Sie einen langen Metallspieß durch einen Flügel, oben durch die Brust und durch den anderen Flügel hinaus. Einen zweiten Spieß schieben Sie durch einen Schenkel, ohne dabei den Knochen zu berühren, durch die untere Spitze des Brustbeins und durch den anderen Schenkel hinaus.

GEFLÜGEL TRANCHIEREN

Geflügel wird zwar auch zerlegt verkauft, aber Sie können es auch selbst tranchieren. Auf diese Weise können Sie genau die Anzahl der Stücke schneiden, die Sie benötigen, und die Knochen für einen Fond aufbewahren. Die meisten Haus- und Wildgeflügelarten haben einen ähnlichen Skelettaufbau, daher gilt die folgende Methode für alle. Um einen Vogel zu halbieren, kappen Sie die Flügelspitzen und schneiden an beiden Seiten des Rückgrats entlang wie beim Teilen (Seite 104).

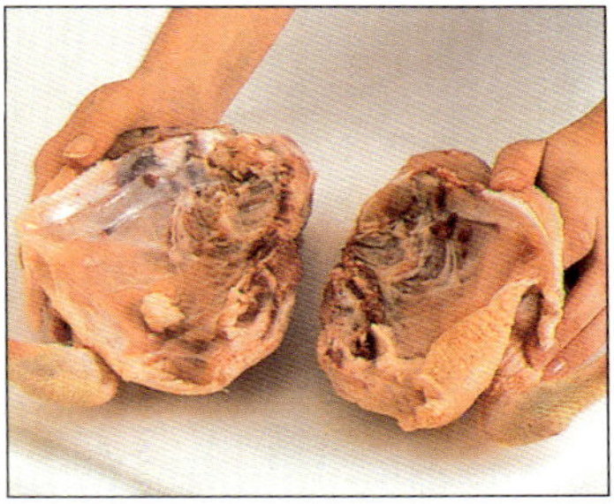

1 Trennen Sie mit einer Geflügelschere oder einem scharfen Messer Brust- und Gabelbein. Sie erhalten zwei Hälften, die sich zum Grillen oder Braten auf dem Rost eignen.

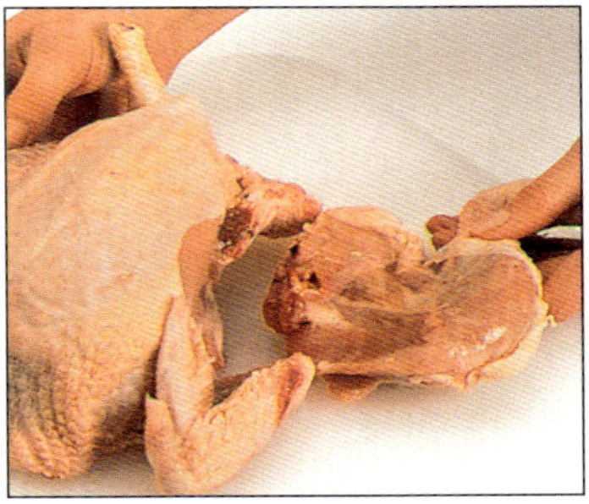

2 Um den Vogel in 4 Stücke zu teilen, legen Sie ihn mit der Brust nach oben. Durchtrennen Sie mit einem scharfen Messer die Haut zwischen Bein und Brustknochen; das Bein klappt daraufhin vom Körper weg.

3 Schneiden Sie bis zum Gelenk herunter; dann das Bein vom Körper wegdrehen, um die Sehnen zu durchtrennen.

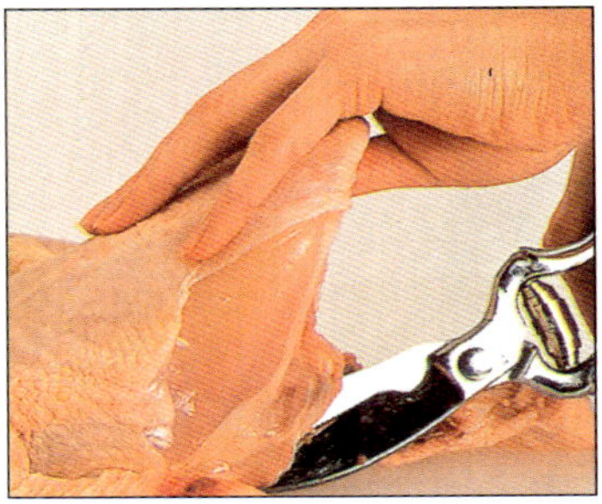

4 Halten Sie den Vogel oben an der Brust fest. Schneiden Sie an der natürlichen Naht des Brustkorbs entlang, um die Brust von den unteren Rippen zu lösen. Ziehen Sie Brust und Rücken auseinander und durchtrennen Sie die Gelenke auf beiden Seiten. Den Rücken für einen Fond beiseite legen.

GEFLÜGEL TRANCHIEREN (FORTSETZUNG)

5 Legen Sie die gesamte Brust auf das Schneidbrett. Drücken Sie fest gegen das Brustbein, um es zu zerbrechen. Durchtrennen Sie Brust- und Gabelbein und schneiden Sie die Brust in zwei Hälften. Sie haben jetzt 4 Stücke.

6 Alternativ können Sie auch die Beine wie in Schritt 2 und 3 entfernen. Halten Sie nun den Vogel gut fest und schneiden Sie das Brustbein entlang, wobei Sie der Rippenwölbung folgen, bis Sie das Flügelgelenk erreicht haben; durchtrennen Sie es.

7 Der vorangehende Schritt ergibt 2 knochenfreie Brusthälften mit anhängenden Flügeln. Sie haben insgesamt 4 Stücke.

8 Wenn Sie 6 Stücke haben möchten, teilen Sie jedes Bruststück so auf, dass etwas Brustfleisch auf den Flügelteil entfällt. (Lassen Sie an der unteren Hälfte ein bisschen mehr Fleisch übrig.)

9 Für 8 Stücke halbieren Sie die Beinportionen am Gelenk, indem Sie den Schenkel vom Schlegel trennen. Schneiden Sie überflüssige Haut oder Fett weg.

HÜHNER- UND PUTENBRUST ENTBEINEN

Hühner- und Putenbrust werden im Ganzen oder als einzelne, am Brustbein abgetrennte Brüstchen verkauft. Es ist leicht, die Knochen selbst zu entfernen.

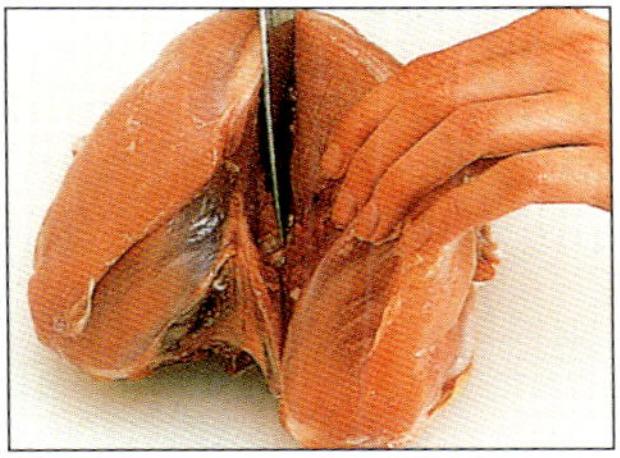

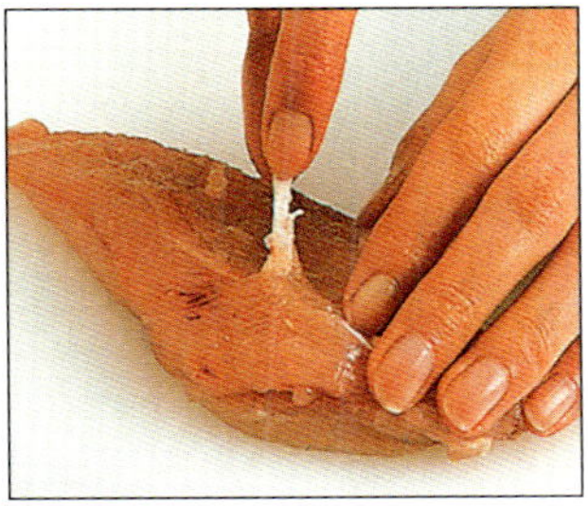

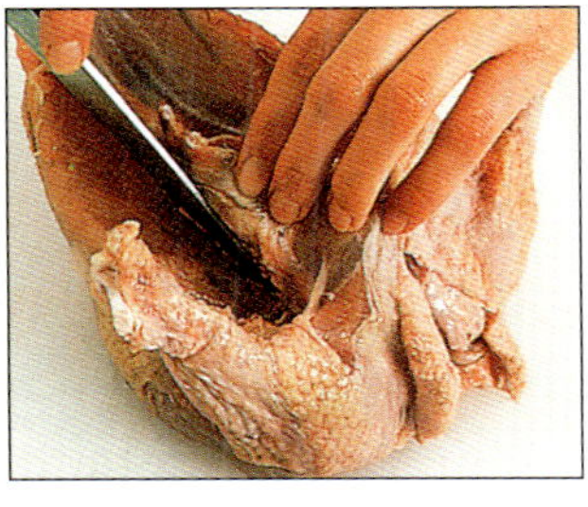

1 Entfernen Sie überschüssiges Fett und die Haut. Durchtrennen Sie mit einem Messer das Brustbein und schneiden Sie an einer Seite entlang. Schneiden Sie weiter den Rippenbogen entlang, wobei Sie das Fleisch auslösen. Wiederholen Sie dasselbe auf der anderen Seite; Sie erhalten 2 haut- und knochenfreie Brustpartien.

2 Um das Fleisch von einem Brustviertel abzulösen, durchtrennen Sie das Flügelgelenk, legen Sie den Flügel beiseite. Ziehen Sie die Haut von der Brust ab. Drehen Sie die Brust um und lösen Sie das Fleisch in kurzen Strichen vom Knochen. Ziehen Sie den Knochen heraus, wenn Sie ihn freigelegt haben.

3 Entfernen Sie die lange weiße Sehne, die an der Unterseite des Brustfilets verläuft, sonst verformt sich das Fleisch beim Garen. Die Sehne an einer Seite lösen und mit den Fingern herausziehen. Sie können auch ein Messer zur Hilfe nehmen.

4 Wenn Sie eine komplette Putenbrustspitze zum Füllen entbeinen wollen, bleibt die Haut dran. Legen Sie die Brust mit der Haut nach unten und lösen Sie das Fleisch, von der entgegengesetzten Seite beginnend, vom Brustkorb bis zum Brustbein hinauf ab. Auf der anderen Seite wiederholen.

5 Mit einem Messer lösen Sie das obere Brustbein vom Fleisch. Heben Sie es behutsam vom Fleisch ab, indem Sie es in Richtung Hals ziehen. Lösen Sie mit dem Messer das Fleisch vom Brustbein ab, falls erforderlich, und achten Sie darauf, nicht in die Haut zu schneiden.

SCHNITZEL VORBEREITEN

Aus Putenbrust können Sie hervorragende Schnitzel zubereiten. Wenn Sie das Fleisch quer zur Faser schneiden, erhalten Sie lange Scheiben.

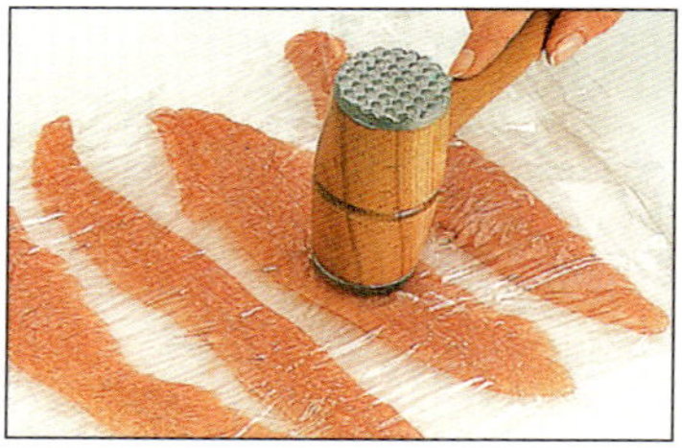

1 Entfernen Sie die Brust vom Knochen. Mit einem scharfen, leicht angewinkelten Messer quer in lange Scheiben von rund 0,5 cm Dicke schneiden.

2 Legen Sie die Scheiben zwischen zwei Lagen Plastikfolie. Mit einem Fleischklopfer oder mit dem Boden einer Pfanne klopfen, um Sie auf rund 0,3 cm Dicke abzuflachen.

GEFLÜGELBRUST ZUM FÜLLEN VORBEREITEN

Die rundlichen Hühner- oder Entenbrüstchen ergeben gefüllt eine exquisite Mahlzeit.

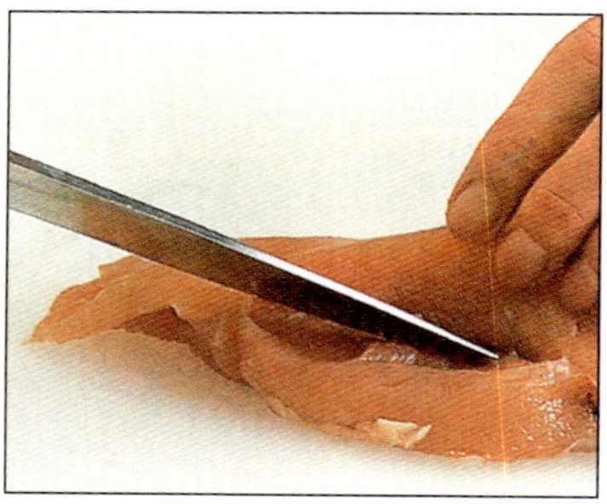

Schneiden Sie horizontal in den dicksten Teil einer entbeinten Brust und machen Sie eine breite, tiefe Öffnung; achten Sie darauf, dass Sie das Fleisch nicht komplett durchschneiden. Nach Rezept füllen.

GAREN UND SCHNEIDEN VON GEFLÜGEL

Geflügel ist weltweit außerordentlich beliebt. Sie können junge, zarte Tiere auf dem Rost garen, grillen, braten, sautieren und frittieren. Um eine knusprige, goldene Haut und saftiges, zartes Fleisch zu erhalten, müssen Sie auf die richtige Garzeit und –temperatur achten.

Geflügel kann auch auf verschiedene Weisen in Flüssigkeit gegart werden. Größere, ältere Tiere werden meist geschmort. Nach dem Bräunen wird eine Mischung von Wein, Fond und Gemüse hinzugefügt, und man lässt alles sieden, bis es zart ist. Der französische Coq au vin ist ein klassisches Beispiel für geschmortes Hühnchen.

Sautieren eignet sich gut für zarte, junge Tiere oder einzelne Stücke. Zunächst werden sie in Butter oder Öl gebräunt, dann mit etwas Flüssigkeit begossen und bei geringer Hitze gesotten, bis sie gar sind. Nachdem das Fleisch herausgenommen wurde, wird die Kochflüssigkeit gewöhnlich reduziert oder eingedickt.

Älteres Geflügel wir am besten gekocht, doch eignet sich diese Methode auch gut für kleine, zarte Stücke. Der Vogel kann gefüllt oder ungefüllt sein, aber wenn er gefüllt ist, muss er sorgfältig verschlossen werden, damit die Füllung nicht heraustropft oder der Fond eindringt.

GRILLZEITEN FÜR GEFLÜGEL

Die angegebenen Zeiten sind Richtwerte. Bei der niedrigsten Zeitangabe der Skala können Sie prüfen, ob das Fleisch gar ist. Garen Sie es 10 bis 15 cm von der Hitzequelle entfernt; bräunt das Fleisch zu schnell, die Temperatur absenken.

Brathähnchen, halbiert	30 bis 40 Minuten
Junghähnchen, halbiert	25 bis 30 Minuten
Perlhuhn, zerlegt	25 bis 30 Minuten
Stubenküken, ganz	20 bis 25 Minuten
Hähnchenteile	30 bis 35 Minuten
Hähnchen ohne Knochen/Entenbrust	10 bis 12 Minuten

GEFLÜGEL BRATEN

Große Vögel wie Masthahn, Pute und Ente sollten zunächst bei hoher Temperatur gebraten werden, damit sie eine schön knusprige, braune Haut bekommen, und dann bei niedrigerer Temperatur gleichmäßig durchgegart werden, sodass sie saftig bleiben. Zu Beginn des Bratens keine Kräuter über das Geflügel streuen, denn sie könnten anbrennen. Mit Ausnahme von Ente und Gans sollte Geflügel während des Garvorgangs immer mit der Bratflüssigkeit übergossen werden, damit es schön saftig bleibt.

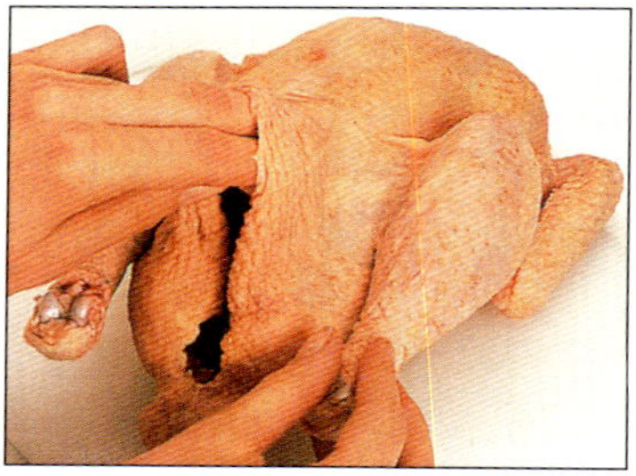

1 Waschen Sie das Geflügel gut ab und trocknen Sie es sorgfältig von innen und von außen. Vor dem Dressieren mit den Fingern die Haut an der Brust behutsam vom Fleisch ablösen.

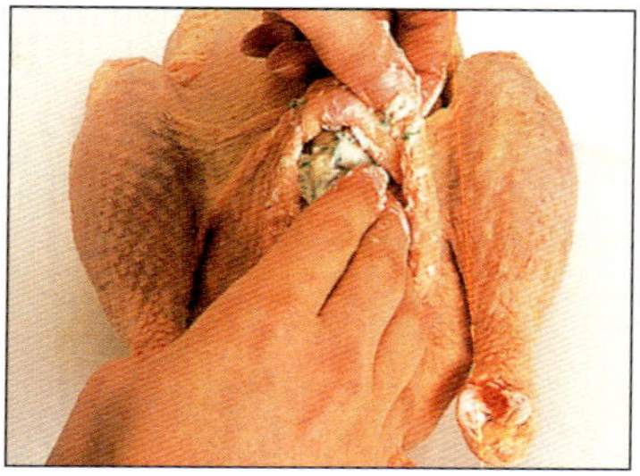

2 Reiben Sie die Brust mit weicher Butter ein, vermischt mit Kräutern, Knoblauch oder geriebener Zitronenschale, und füllen Sie die Öffnung. Die Nackenhaut fest darüber ziehen und das Geflügel nach Anweisung (Seite 102-103) dressieren. Verteilen Sie noch ein wenig Butter (oder Öl) über der Brust.

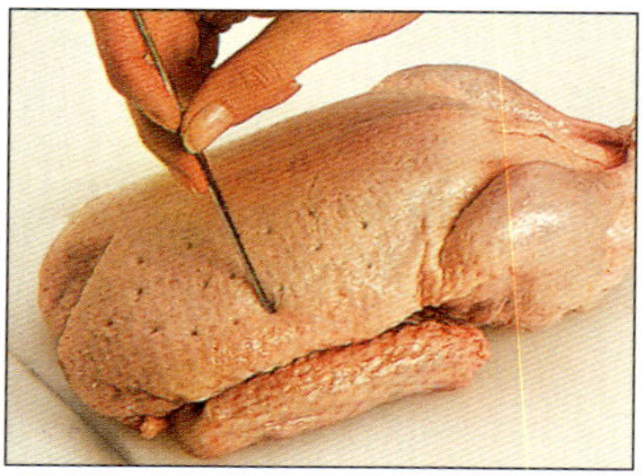

ENTE UND GANS ZUM BRATEN VORBEREITEN
Ohne Zugabe von zusätzlichem Fett dressieren. Stechen Sie die Haut ein, damit das Fett ablaufen kann. Wiederholen Sie den Vorgang zweimal während des Bratens.

VORBEREITUNG VON KLEINEREM WILDGEFLÜGEL

1 Kleineres Wildgeflügel sollte begossen oder mit Speck umwickelt werden, damit das magere Fleisch nicht austrocknet.

2 Legen Sie das vorbereitete Tier mit der Brust nach oben auf einen Rost in einem Backblech mit hohem Rand. Kleineres Geflügel sollte zunächst mit der Brust nach unten gegart werden (dann bleibt die Brust saftig).

3 Garen Sie das Geflügel gemäß der Tabelle auf Seite 113 oder nach Rezept. Wenn es zu schnell bräunt, mit Alufolie abdecken. Nach der ersten halben Stunde alle 10 bis 15 Minuten mit der anfallenden Bratflüssigkeit begießen.

4 Das Geflügel auf ein Schneidbrett legen, locker mit Alufolie abdecken und vor dem Tranchieren 15 Minuten ruhen lassen (bei größeren Tieren auch länger). Wenn Sie mögen, können Sie die Bratflüssigkeit für eine Bratensauce verwenden.

TRANCHIEREN EINES GANZEN VOGELS

Wenn Sie das Fleisch vor dem Tranchieren ruhen lassen, können die Säfte in das Fleisch einziehen. Legen Sie das Geflügel auf ein Brett mit einer Vertiefung, um den Saft aufzufangen, und entfernen Sie die Bindfäden. Herausgefallene Füllung auf einen Teller legen und warm halten.

HÜHNCHEN

Mit einem langen Messer (oder Elektromesser) die Haut zwischen Schenkel und Körper durchtrennen. Weiter durch das Hüftgelenk schneiden, dann das Bein vom Körper wegdrehen. Schneiden Sie Schenkel und Keule auseinander.

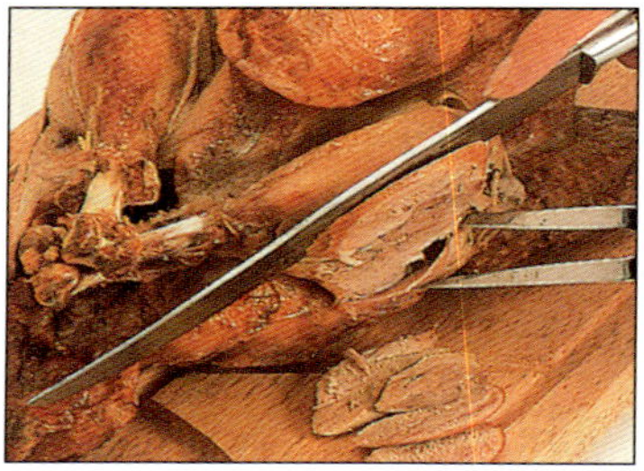

PUTE

1 Beim Tranchieren von Pute das dunkle Fleisch scheibenweise von der Keule schneiden und auf eine vorgewärmte Servierplatte legen. Das dunklere Schenkelfleisch in Scheiben schneiden oder den Schenkel am Stück lassen.

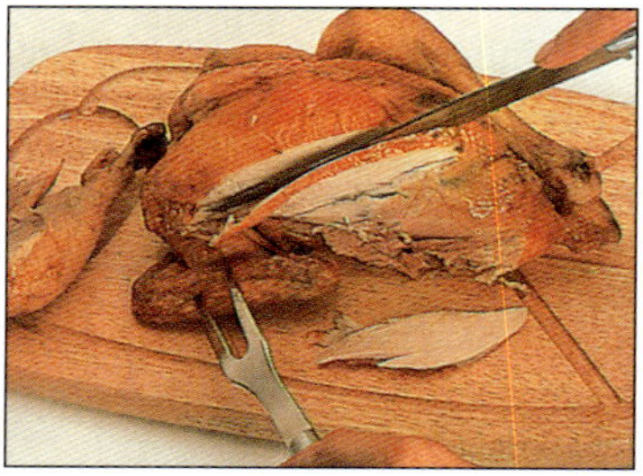

2 Stechen Sie eine Tranchiergabel in den Flügel und schneiden Sie im Winkel lange, 0,3 bis 0,5 cm dicke Scheiben parallel zum Brustkorb. Den Flügel abtrennen und die andere Seite tranchieren. Richten Sie die Flügel und die Fleischscheiben mit dem dunklen Fleisch zusammen an.

Wenn Sie Geflügel füllen wollen, sollten Sie die Füllung im Voraus zubereiten und vollständig auf Zimmertemperatur abkühlen lassen.

3 Sie können auch die gesamte Brust in einem Stück heraus- und dann quer in dünne Scheiben schneiden.

BRATZEITEN FÜR GEFLÜGEL

Die Innentemperatur von gegartem Geflügel sollte 74 bis 76 °C erreichen, wenn Sie ein Thermometer in den Schenkel des Tiers einführen. Die folgenden Garzeiten gelten für ungefülltes Geflügel; für gefülltes Geflügel rechnen Sie 25 bis 30 Minuten dazu.

Geflügelart und Gewicht	Backtemperatur	Zeit (Stunden)
Hähnchen		
1 bis 1,3 kg	190 °C	1 bis 1 1/4
1,5 bis 1,8 kg	190 °C	1 1/4 bis 1 3/4
1,8 bis 2,7 kg	190 °C	1 1/2 bis 2 1/2
Masthähnchen		
2,2 bis 3,1 kg	160 °C	1 3/4 bis 2
Pute		
3,6 bis 5,4 kg	190 °C	3 bis 4
5,4 bis 7,2 kg	160 °C	4 bis 5
7,2 bis 9 kg	160 °C	4 1/2 bis 5
über 9 kg	160 °C	5 bis 6
Putenbrust (ganz)		
1,8 bis 2,7 kg	160 °C	1 1/2 bis 2 1/4
2,7 bis 5,4 kg	160 °C	2 1/4 bis 3 1/2
Putenkeule		
450 bis 750 g	160 °C	1 1/4 bis 1 3/4
Jungente (ganz)		
1,5 kg	190 °C	1 3/4 bis 2 1/2
Gans		
3,5 bis 4,5 kg	175 °C	2 1/2 bis 3
4,5 bis 7 kg	175 °C	3 bis 3 1/2
Täubchen		
350 bis 400 g	190 °C	40 bis 50 Min.

GRILLEN UND BRATEN AUF DEM ROST

Das Grillen und Braten auf dem Rost sind beliebte Garmethoden für Geflügel. Geteilte oder zugeschnittene Stücke sind ideal. Wenn Sie sie zuvor marinieren, verleiht das dem Fleisch mehr Geschmack und macht es zarter.

1 Legen Sie geteiltes und flach gedrücktes Geflügel in einen Glas- oder Stahltopf und geben Sie die Marinade hinzu. Mindestens 1 Stunde, besser über Nacht stehen lassen. Bereiten Sie den Grill vor oder heizen Sie den Ofen vor. Kleiden Sie eine Bratpfanne mit Alufolie aus oder fetten Sie einen Rost ein und legen Sie das Geflügel darauf.

2 10 bis 15 cm von der Hitzequelle entfernt braten oder grillen, circa 20 Minuten für geteiltes und flach gedrücktes Geflügel oder 10 Minuten für Geflügelteile. Einmal wenden und zur Hälfte der Garzeit mit der Marinade begießen. Wenn Sie keine Marinade verwenden, pinseln Sie das Geflügel mit etwas Öl ein und würzen Sie es mit Salz und Pfeffer.

GAREN IM WOK

Geflügel eignet sich für die Zubereitung im Wok. Verwenden Sie zarte Teile und schneiden Sie sie in möglichst gleiche Stücke, damit sie gleichmäßig garen.

1 Erhitzen Sie einen Wok bei hoher Temperatur. 1 bis 2 Esslöffel Öl hinzugeben und den Wok schwenken, damit sich das Öl verteilt. Fügen Sie je nach Rezept alle Würzmittel hinzu (Knoblauch, Ingwer, Schalotten); 30 Sekunden unter Rühren braten.

2 Geben Sie die Geflügelstücke und gegebenenfalls Marinade hinzu. 1 bis 2 Minuten unter Rühren braten, bis sie leicht gebräunt sind.

3 Alle weiteren Zutaten hinzufügen und nach Rezept fortfahren.

HÜHNCHEN BRATEN

Gebratenes Hühnchen ist köstlich. Trocknen Sie das Hühnchen gut ab, da Feuchtigkeit das Öl spritzen lässt. Hühnchenteile können mit Teig umhüllt oder paniert werden.

1 Erhitzen Sie eine Mischung aus Öl und Butter in einer großen Pfanne mit schwerem Boden bei mittlerer Temperatur. Geben Sie die Stücke mit der Hautseite nach unten hinein.

2 Anbraten und auf allen Seiten gut bräunen, bis das Fleisch durchgegart ist. Das dauert mindestens 25 Minuten. Nehmen Sie die Bruststücke vor den Schenkeln und Keulen heraus, denn sie garen schneller. Auf Küchenpapier abtropfen lassen.

FRITTIEREN

1 Wälzen Sie die Stücke in Mehl. Dann in eine Mischung aus verquirltem Ei und Milch tauchen. Dann mit gewürztem Mehl oder Paniermehl bedecken. 20 Minuten kalt stellen. Wenn Sie Teig verwenden, tauchen Sie die Stücke in den Teig und geben Sie sie sofort in das heiße Fett.

2 Füllen Sie eine Fritteuse, einen hohen Kochtopf oder eine Kasserolle 7,5 bis 10 cm hoch mit Öl. Bei mittlerer Hitze auf 185 °C erhitzen; ein kleiner Brotwürfel sollte in weniger als einer Minute in dem heißen Fett bräunen. Mit einer Zange oder einem Pfannenwender die Stücke vorsichtig in das Fett hineingleiten lassen; nicht zu viel auf einmal einfüllen, sonst sinkt die Öltemperatur. 25 bis 30 Minuten frittieren, bis das Gargut tief goldfarben und bei gleichmäßiger Färbung gar ist.

3 Auf Küchenpapier abtropfen lassen. Im Ofen bei geringer Hitze warm halten, bis die übrigen Stücke frittiert sind.

SCHMOREN

Schmoren bedeutet Garen in einer abgedeckten Kasserolle. Das Geflügel wird zunächst angebräunt, dann zusammen mit Gemüse wie Zwiebeln, Kartoffeln und Mohrrüben im eigenen Saft oder in Fond gegart. Das Geflügel kann gefüllt oder ungefüllt sein. Gefülltes Geflügel muss gut dressiert sein, sonst läuft die Füllung aus.

1 Erhitzen Sie 2 bis 3 Esslöffel Pflanzenöl in einer Kasserolle mit schwerem Boden, die groß genug für das Geflügel und das Gemüse ist. Bräunen Sie das Geflügel von allen Seiten an.

2 Ungefähr 1 Tasse (240 ml) Fond und Gewürze – zum Beispiel Lorbeer und ein paar frische Thymianzweige – sowie das Gemüse hinzufügen. Bei mittlerer Hitze zum Kochen bringen, abdecken und in den vorgeheizten Ofen (180 °C) stellen.

3 Rund 1 1/4 Stunden schmoren lassen, bis das Geflügel gar ist. Der Bratensaft sollte klar sein, und die Beine sollten sich leicht in den Gelenken bewegen lassen, wenn Sie daran wackeln.

Legen Sie das Geflügel auf ein Schneidbrett und entfernen Sie die Bindfäden. Löffeln Sie die Füllung auf einen Teller. In der Zwischenzeit den Bratensaft bei hoher Temperatur reduzieren und dabei alle Rückstände vom Boden der Kasserolle kratzen. Seihen Sie die Sauce über das Geflügel oder servieren Sie sie separat.

WILDGEFLÜGEL: Achten Sie darauf, dass das Fleisch nicht austrocknet. Beim Schmoren sollte Wildgeflügel begossen oder mit Speck umwickelt werden.

AUSWAHL UND ZUBEREITUNG VON FLEISCH

Generell ist auf gut zugeschnittenes Fleisch zu achten; kleinere Stücke wie Steaks oder Koteletts sollten akkurat geschnitten sein, damit sie gleichmäßig garen. Das Fleisch sollte hell, aber nicht blass sein, und es darf keine grauen oder gelben Verfärbungen oder trockene Ränder haben. Rindfleisch sollte marmoriert sein – also leicht mit Fettadern durchzogen. Fett auf der Außenseite sollte rahmweiß sein, sich fest anfühlen und eine wachsartige Konsistenz haben. Grundsätzlich sollte Fleisch frisch riechen und saftig aussehen. Gelbes Fett kann ein Anzeichen für altes Fleisch sein.

Wählen Sie die Stücke nach der Garmethode aus. Zarte Stücke aus Lende, Filet und Rücken sind am besten geeignet für Garen bei trockener Hitze wie Grillen. Weniger zarte Stücke aus Flanke oder Brust eignen sich besser zum Schmoren und andere Zubereitungsarten bei feuchter Hitze.

Als Faustregel gilt: Nehmen Sie 170 bis 200 g mageres Fleisch ohne Knochen pro Person. Für Fleisch mit Knochen wie Schmorrippchen benötigen Sie 230 bis 340 g pro Person, und bei sehr stark mit Knochen durchsetztem Fleisch wie etwa Spare Ribs sollten es 450 g pro Person sein.

Bewahren Sie das Fleisch auf einem Teller im Kühlschrank auf. Die Temperatur sollte zwischen 2 und 4,5 °C liegen. Decken Sie vorgeschnittenes Fleisch locker ab; fest eingewickelt können sich leicht Bakterien bilden. Verpacktes Fleisch sollten Sie jedoch in der Packung lagern. Lassen Sie Fleisch nie mit anderen Lebensmitteln in Berührung kommen, egal ob roh oder gekocht. Größere Stücke halten sich länger als kleinere, Rind und Lamm sind ein bisschen länger haltbar als Schwein oder Kalb. Hackfleisch sollte innerhalb von einem Tag verbraucht werden, wenn es offen gekauft wurde, und innerhalb von zwei Tagen, sofern es verpackt ist. Achten Sie dabei auf das Haltbarkeitsdatum. Tiefgekühltes Fleisch sollte über Nacht im Kühlschrank auftauen, nicht bei Zimmertemperatur oder unter fließendem kalten Wasser.

Fleisch enthält grundsätzlich Bakterien. Diese vermehren sich bei Zimmertemperatur sprunghaft und können das Fleisch verderben. Kühlung verlangsamt diesen Prozess, und Tiefkühlen beendet ihn, wenngleich die Bakterien sich wieder zu vermehren beginnen, sobald das Fleisch auftaut. Das Erhitzen bei hohen Temperaturen tötet die Bakterien ab, doch in leicht angegartem Fleisch können sie noch vorhanden sein. Schwangere, Kinder, ältere Menschen und Personen mit ernsthaften gesundheitlichen Problemen sollten rohes oder nur leicht angegartes Fleisch meiden.

Waschen Sie immer Hände, Messer, Schneidbretter und alle anderen Utensilien, die Sie für die Zubereitung von rohem oder gekochtem Fleisch verwendet haben. Im Idealfall sollte Fleisch gründlich gegart werden.

FLEISCH ZUBEREITEN

Beim Schneiden von Fleisch gilt als Faustregel: Entfernen Sie mit einem scharfen Messer so viel äußerliches Fett wie möglich sowie Schwarte, Haut oder dickes Fett von der Oberfläche des Fleisches. Eine dünne Schicht (etwa 0,3 cm) können Sie bei großen Stücken, die gebraten werden sollen, übrig lassen. Lassen Sie auch etwas Fett an Steaks oder Koteletts zum Braten auf dem Rost, aber schneiden Sie die Ränder in Abständen von 1,5 cm ein, damit das Fleisch sich beim Garen nicht wellt. Bei größeren Fleischstücken schneiden Sie das Fett und eventuellen Knorpel von den Knochen und entfernen alle Sehnen oder zähes Bindegewebe, indem Sie mit der Spitze eines scharfen Messers darunter fahren, um es zu lösen und dann wegzuschneiden.

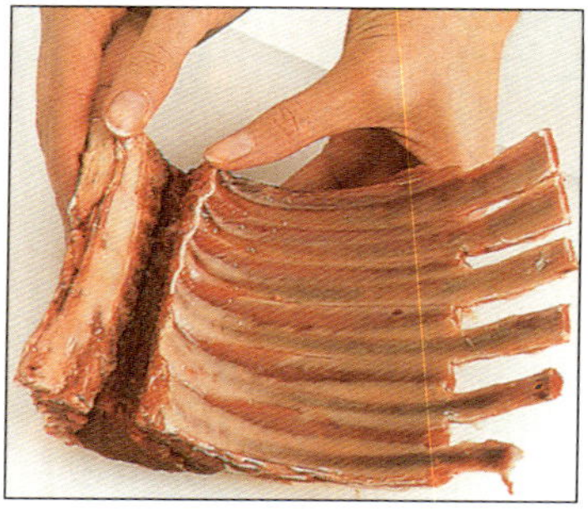

EIN GROSSES RÜCKENSTÜCK ZERTEILEN
Entfernen Sie das Rückgrat, wo es mit den Rippen verbunden ist. Teile wie Schmorrippchen, Schmorlendchen und kleinere Stücke vom Lamm werden mit einer Fleischsäge zerteilt; bitten Sie Ihren Fleischer darum. Die Fleischstücke aus dem Supermarkt werden gewöhnlich auf diese Weise vorbereitet.

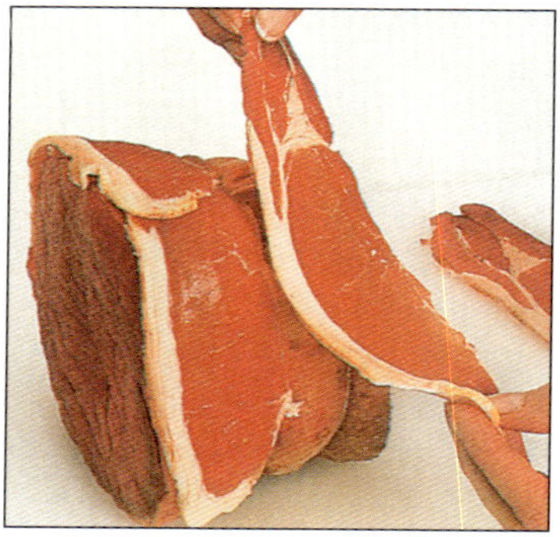

MIT SPECK UMWICKELN
Normalerweise werden größere Fleischstücke, vor dem Schmoren mit Speck umwickelt. Bedecken Sie das Fleisch (auch Wild) mit dünnen Scheiben Schweinespeck und befestigen Sie sie mit Bindfäden. Wenn das Fleisch gart, schmilzt das Fett allmählich, benetzt das Fleisch und hält es saftig. Entfernen Sie den Speck vor dem Servieren; Sie können ihn zusätzlich zum Fleisch servieren.

Achten Sie bei Holzbrettern auf gute Qualität. Bretter aus hartem Holz haben sich bewährt. Schneidbretter aus Kunststoff können in der Spülmaschine gereinigt werden.

ENTBEINTES FLEISCH ZUSAMMENBINDEN

Große Fleischstücke, die man zum Füllen oder leichteren Zerteilen entbeint kaufen kann, müssen vor dem Garen zusammengebunden werden, damit sie in der Form bleiben. Nach dem Füllen oder Würzen formen Sie das Fleisch zu einer Rolle. Vor dem Schmoren das Fleisch in Abständen von 2,5 cm zusammenbinden.

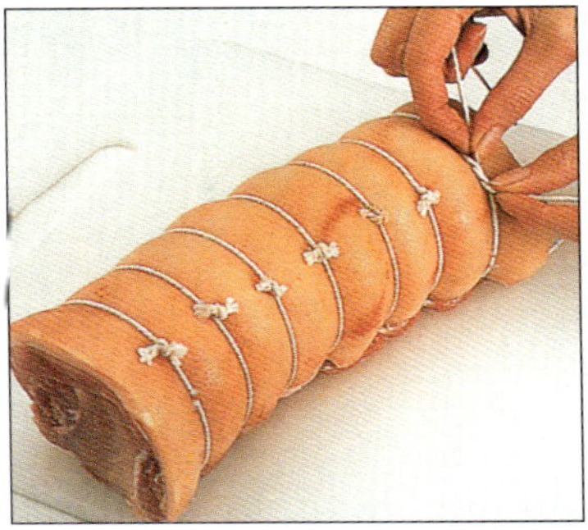

FLEISCH ZARTER MACHEN

Fleisch kann durch Klopfen, Einritzen oder Marinieren zarter gemacht werden. Diese Techniken zerstören die Fleischfasern, dadurch werden die Stücke zarter.

KALBSSCHNITZEL ODER DÜNNE STEAKS

1 Zum Klopfen von dünnen Stücken wie Kalbsschnitzel legen Sie das Fleisch zwischen zwei Schichten Plastikfolie oder Wachspapier. Klopfen Sie es mit einem Fleischklopfer, einem Nudelholz oder dem Boden einer schweren Pfanne.

2 Nehmen Sie ein scharfes Messer, um das Fleisch rautenförmig einzuritzen. Damit durchtrennen Sie viele der zäheren Fasern.

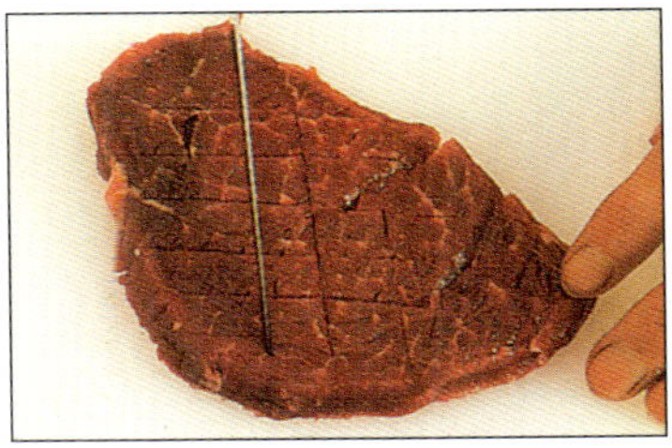

Marinaden können gekocht oder „roh" sein, aber im Allgemeinen bestehen Sie aus einer Mischung aus Öl, einer Säure wie Essig, Zitronen- oder Limonensaft sowie Kräutern und Gewürzen. Die Säure macht das Fleisch zarter, das Öl dient als Gleitmittel und die Kräuter geben Geschmack. Gekochte Marinaden müssen vollständig abgekühlt sein, ehe Sie das Fleisch hineingeben.

FILET SCHNEIDEN: RIND

ZUM SCHMOREN IM GANZEN

Klappen Sie das spitz zulaufende Ende nach unten oder schneiden Sie 10 bis 12,5 cm davon ab, um eine gleichmäßige Form zu erzielen. Verwenden Sie die abgeschnittenen Stücke für Kebab oder Boeuf Stroganoff. Nach Wunsch können Sie das Filetstück mit Speck umwickeln und dann festbinden.

STEAKS SCHNEIDEN

Schneiden Sie das Ende wie oben ab. Am dicken (Hals-) Ende beginnend, schneiden Sie etwa vier 4 cm dicke Scheiben, die so genannten Tournedos oder Filet Mignons. Das Mittelstück in zwei 12,5 cm dicke Stücke Chateaubriand (sie werden bei hoher Temperatur geschmort) und das restliche Fleisch in 2,5 cm dicke Filetsteaks teilen.

1 Schneiden Sie so viel Fett wie möglich ab, dann entfernen Sie den Kettenmuskel, der an der Seite des Hauptmuskels verläuft. Verwenden Sie ihn für Schmor- oder Hackfleischgerichte.

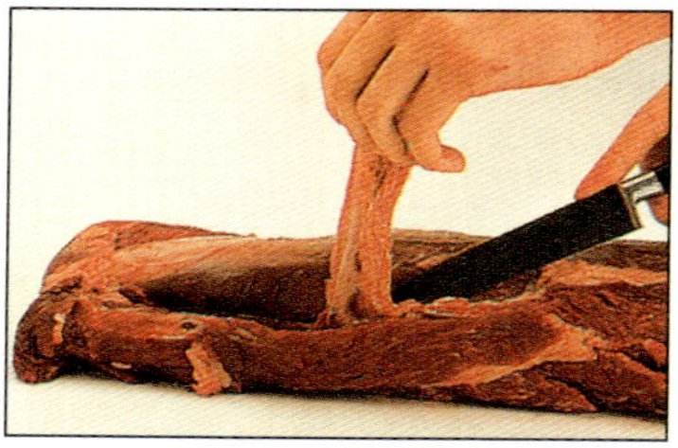

2 Entfernen Sie die Silberhaut, das feste Gewebe, welches das Fleisch umgibt. Schieben Sie die Messerspitze darunter und lösen Sie es vom Fleisch.

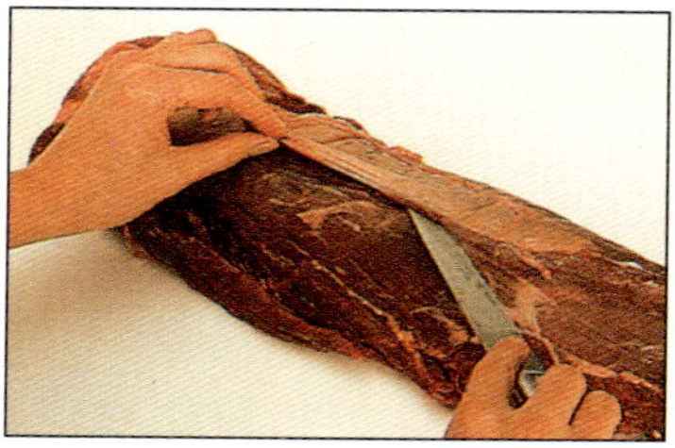

FLEISCH FÜR SCHMORGERICHTE SCHNEIDEN

Um Fleisch für Schmorgerichte in Würfel zu schneiden, beginnen Sie mit einem großen Stück Kurzrippensteak oder Schmorfleisch. Schneiden Sie möglichst viel Fett und Knorpel ab und zerteilen Sie das Fleisch in 5 cm große Würfel.

LAMMSATTEL ENTBEINEN

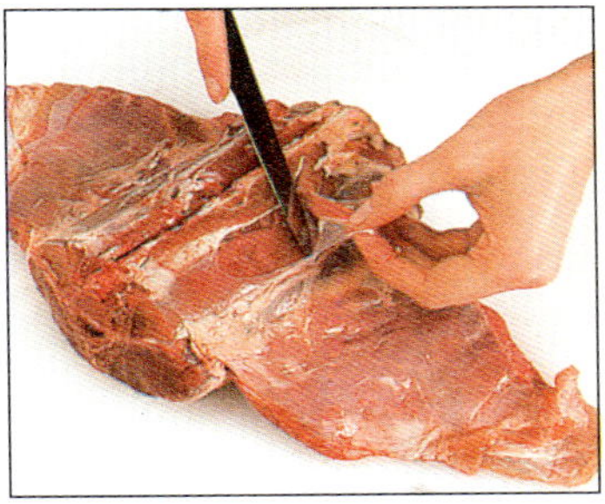

1 Zum Entbeinen eines Lammsattels legen Sie das zugeschnittene Stück auf eine Arbeitsfläche und schneiden die „Haut" (die papierartige Schicht Bindegewebe) ab. Entfernen Sie auch das Fett an der Oberfläche bis auf etwa 0,5 cm.

2 Schneiden Sie möglichst viel Fett von der Unterseite ab.

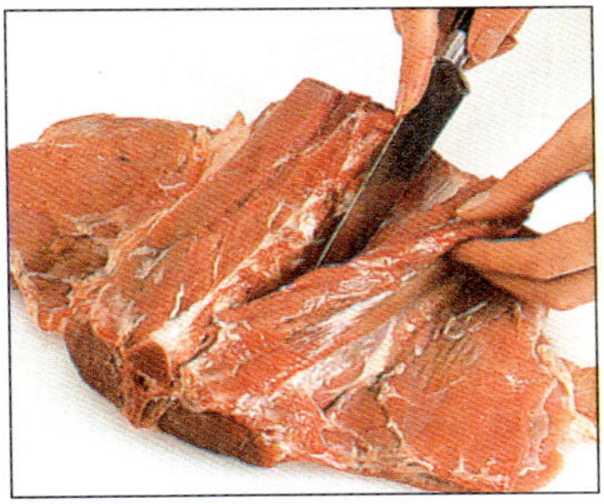

3 Beginnen Sie am Mittelpunkt des Rückgrats. Schieben Sie das Messer zwischen Filet und Rippen und trennen Sie das Fleisch vom Knochen, aber lassen Sie es mit der Flanke verbunden. Fahren Sie fort, bis alle Rippen auf einer Seite freigelegt sind. Wiederholen Sie das Ganze auf der anderen Seite.

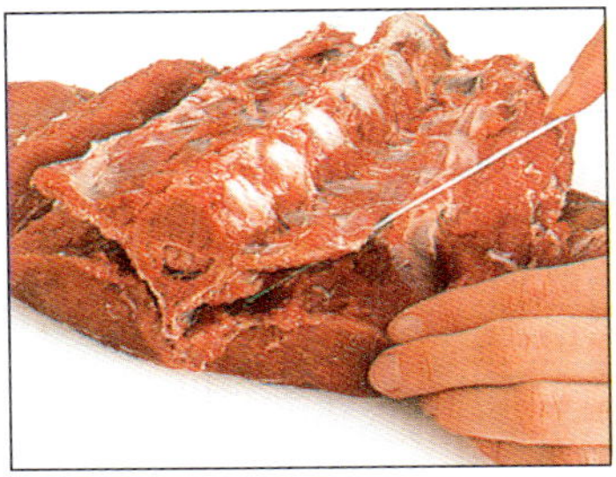

4 Schieben Sie das Messer unter die Rückgrat- und Rippenknochen und lösen Sie das Fleisch ab.

5 Ziehen Sie mit den Händen das Rückgrat aus dem Fleisch heraus; lassen Sie dabei den Sattel intakt.

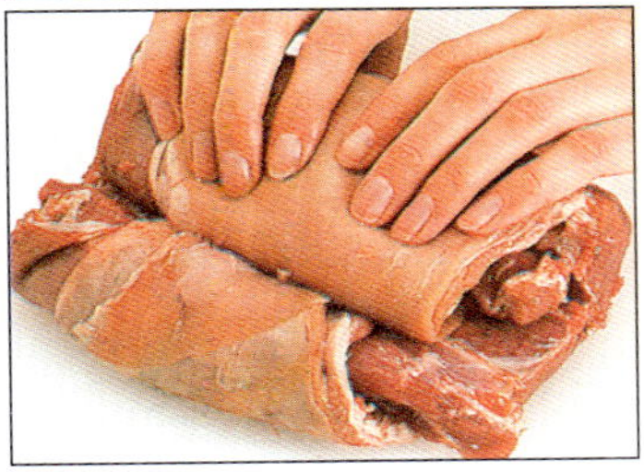

6 Rollen Sie die Flankenlappen von beiden Seiten zum Mittelpunkt und binden Sie den Braten mit Küchenbindfaden in Abständen von 2,5 cm zusammen. Das Fleisch ist jetzt fertig zum Schmoren.

KALBSSCHNITZEL SCHNEIDEN

Kalbsschnitzel sind die beliebtesten Stücke vom Kalb. Die besten Schnitzel werden aus der Keule gewonnen, sie können aber auch aus Hals und Bug geschnitten werden.

1 Schneiden Sie Fett und Sehnen von einem mindestens 12,5 cm langen Filetstück ab. Setzen Sie dann ein langes, scharfes Messer in einem schrägen Winkel an und teilen Sie das Fleisch quer in 0,3 bis 0,6 cm dicke Scheiben.

2 Die Scheiben zwischen zwei Lagen Plastikfolie legen und klopfen, damit sie flach und zart werden. Achten Sie darauf, keine Löcher hineinzuschlagen oder das Fleischstück zu beschädigen.

NÜSSCHEN AUS DEM SATTEL SCHNEIDEN

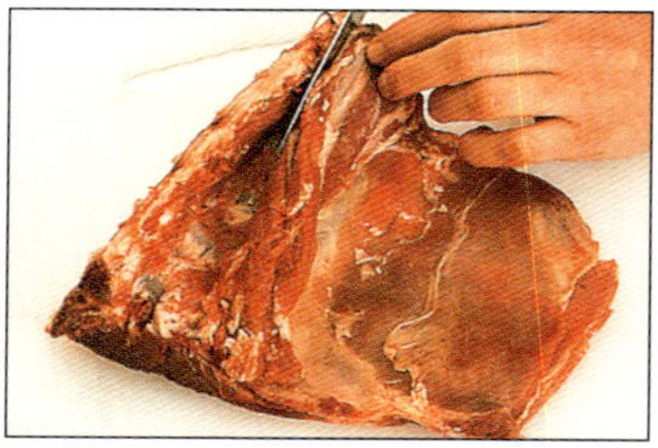

1 Um Lamm- oder Schweinenüsschen aus dem Sattel zu schneiden, lösen Sie das Sattelfleisch aus, indem Sie am Rückgrat und den Rippen entlang schneiden. Den Knochen herausziehen und das Filet in eine ebenmäßige Form mit einer dünnen Fettschicht schneiden.

2 Schneiden Sie das Filet in kleine Nüsschen von 2 bis 2,5 cm Dicke, wobei Sie sich am Bindfaden orientieren.

LAMMKEULE ENTBEINEN UND ROLLEN

Wenn Sie eine Lammkeule teilweise entbeinen, lässt sie sich wesentlich leichter zuschneiden. Komplett entbeint kann sie gefüllt, gerollt oder in Schmetterlingsform flach gedrückt werden – zum Braten auf dem Rost, zum Schmoren oder zum Grillen. Entfernen Sie die Haut und möglichst viel von dem äußeren Fett. Zur Entfernung des Beckenknochens verfahren Sie wie folgt:

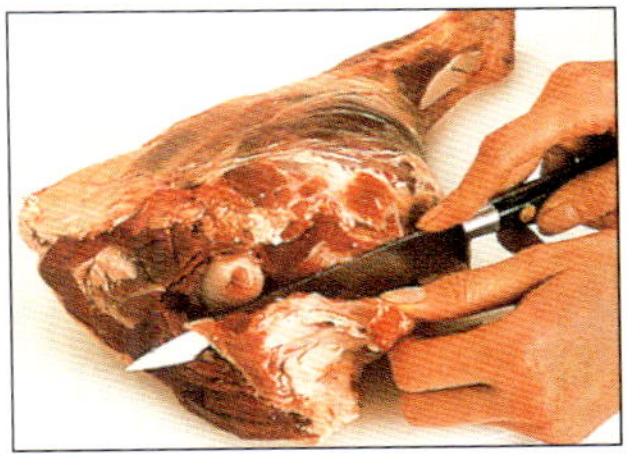

1 Schneiden Sie mit einem scharfen Ausbeinmesser um das Kugelgelenk herum. Lösen Sie es aus dem Fleisch. Schneiden Sie vollständig um den Beckenknochen herum und entfernen Sie ihn.

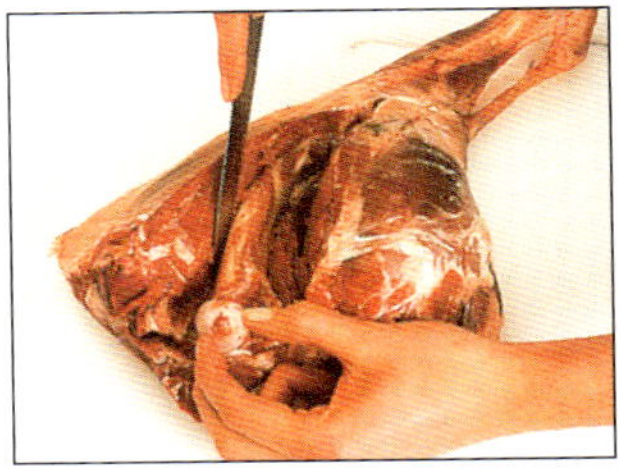

2 Beginnen Sie oben am Beinknochen und schneiden Sie von oben bis zum Kniegelenk den Knochen entlang. Mit raschen, kurzen Bewegungen das Fleisch rundum vom Knochen lösen.

3 Schneiden Sie weiter am Unterschenkelknochen entlang und lösen Sie dabei das Fleisch; der Knochen sollte fast blank liegen. Heben Sie den Beinknochen heraus und schneiden Sie um das Kniegelenk herum. Entfernen Sie möglichst viele Sehnen aus dem Fleischstück.

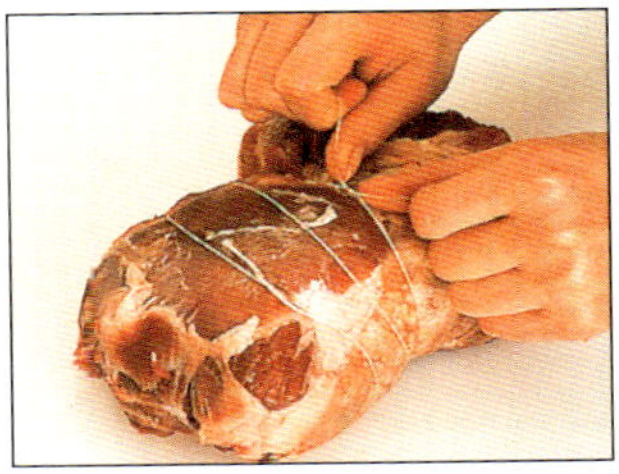

FLEISCH ZUM SCHMOREN ZUSAMMENROLLEN: Würzen und nach Belieben füllen. Zusammenrollen, das kleine Endstück unterstecken. In 2,5 cm großen Abständen zusammenbinden. Die entbeinte Keule kann nun geschmort werden.

IN SCHMETTERLINGSFORM FLACH DRÜCKEN: Legen Sie das Fleisch flach auf eine Arbeitsfläche, mit der entbeinten Seite nach oben. Schlitzen Sie den dicken oberen Teil auf, um eine gleichmäßig dicke Scheibe zu erhalten. Schneiden Sie übrig gebliebenes Fett oder Sehnen ab. Damit das Fleisch beim Garen flach bleibt, stecken Sie 2 oder 3 lange Metallspieße durch die breiteste Stelle. Dadurch lässt sich das Stück auch einfacher wenden.

Garen bei trockener Hitze

Es gibt zwei grundlegende Garmethoden: das Garen bei trockener und bei feuchter Hitze. Garmethoden bei trockener Hitze sind Rösten, Braten auf dem Grill, Grillen, Backen, Dünsten, Braten und Frittieren. Speisen, die bei trockener Hitze gegart werden, haben durch das Bräunen ein intensiveres Aroma, welches entsteht, wenn der natürliche Zucker in Fleisch oder anderen Speisen karamellisiert.

Fleisch braten: Hochrippenbraten vom Rind mit Bratensauce

Das Fleisch sollte vor dem Braten Zimmertemperatur haben, damit es gleichmäßig gart. Garen Sie kleinere Braten bei hohen Temperaturen, um eine schöne Färbung der Oberfläche zu erzielen; größere Stücke besser bei niedriger, konstanter Temperatur braten, dann schrumpfen sie weniger.

Zutaten

- Hochrippe aus 3 Rippen, Rückgrat zerteilt, rund 4,5 kg
- Salz und frisch gemahlener Pfeffer
- 1 große Zwiebel, geviertelt
- 2 Mohrrüben, in 5 cm lange Stücke geschnitten
- 1 Stange Sellerie, in 5 cm lange Stücke geschnitten
- 1 1/2 Tassen (360 ml) Rinderfond

1 Heizen Sie den Backofen auf 175 °C vor. Ein Bratenblech mit Öl einpinseln und die Fleischoberfläche mit dem restlichen Öl einreiben. Mit Salz und Pfeffer würzen.

2 Geschnittenes Gemüse auf das Bratblech mit Fleisch mit der Fettseite nach oben darauflegen. Pro 450 g 20 Minuten rösten, bis ein Speisenthermometer in der dicksten Stelle des Fleisches 60 °C anzeigt (für medium gegartes Rindfleisch).

3 Legen Sie das Rindfleisch auf ein Schneidbrett und decken Sie es mit einem Alufolienzelt ab. 15 bis 20 Minuten ruhen lassen.

BRATENSAUCE ZUBEREITEN

1 Für die Sauce schöpfen Sie bis auf 1 bis 2 Esslöffel das Fett aus dem Bratensaft. Erhitzen Sie den Saft bei mittlerer Hitze. Sobald er zu kochen beginnt, Mehl hinein streuen. Mit einem Holzlöffel rühren, bis sich eine geschmeidige Paste oder Roux bildet.

2 Geben Sie unter Rühren den Fond dazu und kochen Sie die Flüssigkeit ein, bis sich eine geschmeidige Sauce bildet. Aufkochen lassen, dann mit Salz und Pfeffer würzen und etwa 5 Minuten sieden lassen. Die Bratensauce in eine Saucière seihen und warm halten.

GARTEST

Große Braten garen noch bis zu zehn Minuten weiter, nachdem sie aus dem Ofen genommen wurden.

VERWENDUNG EINES SPEISENTHERMOMETERS

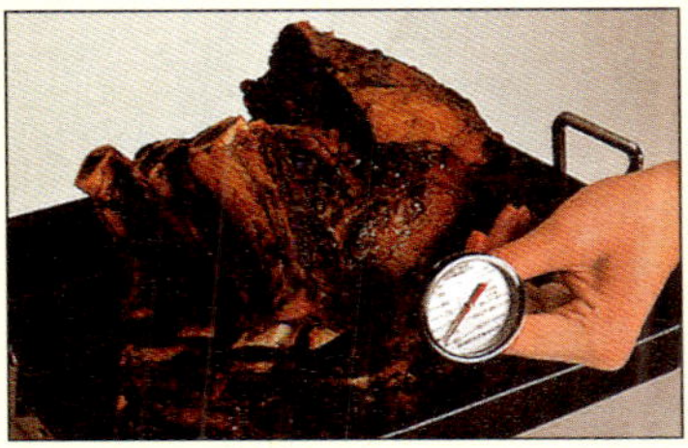

Führen Sie das Speisenthermometer durch die Fettseite des Fleisches ein und achten Sie darauf, dass Sie keinen Knochen berühren. Da Knochen die Wärme schneller leiten, würden Sie ein falsches Messergebnis erhalten.

Bei rotem Fleisch, Braten, Steaks oder Koteletts: Führen Sie das Thermometer in die Mitte des dicksten Teils ein, abseits von Knochen, Fett und Knorpel.

Bei Geflügel: Im inneren Schenkelbereich nahe der Brust messen, aber keinen Knochen berühren.

Bei Hackfleisch und Geflügelhack: Im dicksten Bereich messen. Bei schmalem Gargut wie Hamburger-Bouletten das Thermometer seitlich einstecken.

AUFSCHNEIDEN VON HOCHRIPPENBRATEN

Braten sollte immer abgedeckt mit Folie an einem warmen Ort ruhen, bevor er aufgeschnitten wird. Durch das Ruhen verteilt sich der Saft im Fleisch, der andernfalls beim Aufschneiden verloren ginge. Es gibt verschiedene Schneidmethoden, aber die meisten sollten quer zur Faser geschnitten werden; je zarter das Fleisch ist, desto dicker dürfen die Scheiben sein.

1 Halten Sie das Fleisch mit einer Fleischgabel fest und schneiden Sie es horizontal an den Rippen entlang in Scheiben, um diese komplett zu entfernen.

2 Legen Sie das Fleisch mit der entbeinten Seite nach unten und schneiden Sie es quer Scheiben. Alternativ können Sie es auch zwischen den Rippen hinunter in Scheiben schneiden und an jeder zweiten Scheibe eine Rippe lassen.

GARZEITTABELLE FÜR BRATEN

Die folgenden Werte gelten für Fleisch, das zunächst 15 Minuten bei 230 °C, dann bei 175 °C zu Ende gegart wird. Größere Stücke garen besser bei einer niedrigeren, konstanten Hitze.

Fleischart	Garzustand	Thermometermessung	Minuten pro 450 g
Rind	blutig	51 bis 54 °C	12 bis 15
	rosa	57 bis 60 °C	15 bis 18
	durchgebraten	62 bis 71 °C	18 bis 20
Kalb	durchgebraten	71 °C	18 bis 20
Lamm	blutig	54 bis 57 °C	15
	rosa	60 bis 62 °C	15 bis 18
	durchgebraten	71 °C	18 bis 20
Schwein	durchgebraten	71 bis 74 °C	20 bis 25

AUFSCHNEIDEN EINES RIPPENSTÜCKS VOM LAMM

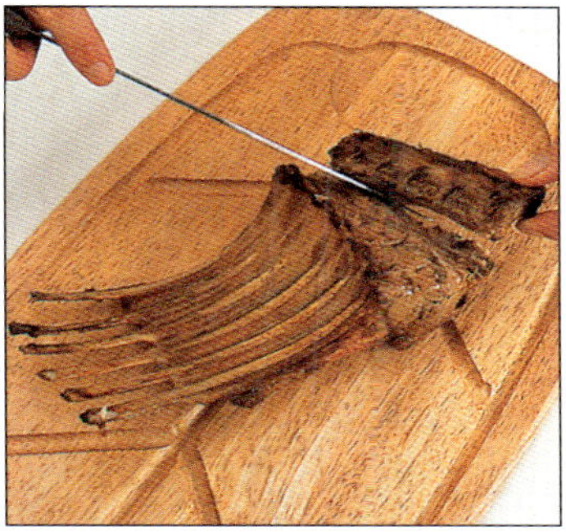

1 Legen Sie das Fleisch auf ein Schneidbrett, den Wirbelsäulenknochen zu Ihrer Linken. Entfernen Sie den eingekerbten Knochen.

2 Halten Sie die Rippen in die Höhe und schneiden Sie mit dem Messer in glatten Schnitten zwischen jeder Rippe nach unten.

AUFSCHNEIDEN VON LAMMKEULE

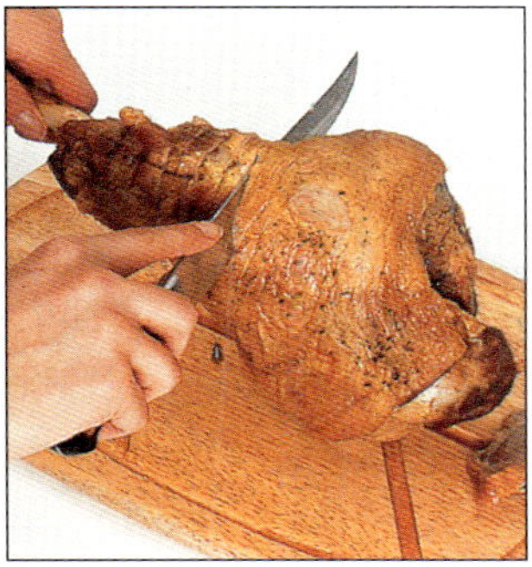

1 Legen Sie das Fleisch mit den Schenkelknochen zu Ihrer Linken. Schneiden Sie ein paar Scheiben von der schmalen Seite ab, dann legen Sie die Keule auf die ebene Oberfläche.

2 Am Schenkelende beginnend Scheiben bis zum Beinknochen einschneiden, bis Sie das andere Ende der Keule erreicht haben. Halten Sie das Messer parallel zum Beinknochen und schneiden Sie unter den Scheiben durch, um sie abzulösen.

BRATEN UND SAUTIEREN IN DER PFANNE

Das Braten und Sautieren sind Garmethoden mit trockener Hitze, bei denen geringe Mengen Fett in einer offenen Bratpfanne verwendet werden. Es eignen sich dafür zarte Fleischstücke wie Steaks, Schnitzel, Leberscheiben und Hamburger. Verwenden Sie eine Pfanne mit dickem Boden und Öl oder geklärte Butter, da normale Butter anbrennen kann. Beim Sautieren ist die Hitze etwas geringer und es wird wenig Öl verwendet. Nach dem Braten die Fleischsäfte in der Pfanne ablöschen und zu einer Sauce weiterverarbeiten.

1 Erhitzen Sie 2 Esslöffel Öl oder halb Öl, halb Butter bei mittlerer Hitze in einer Bratpfanne mit schwerem Boden, die groß genug ist, dass das Fleisch bequem hineinpasst. Würzen Sie das Fleisch und geben Sie es in die Pfanne.

2 Braten, bis es auf einer Seite gut gebräunt ist, dann wenden und die andere Seite bräunen. Bei Schweinekoteletts oder anderen Fleischstücken, die vollständig durchgegart werden müssen, verringern Sie die Hitze nach dem ersten Bräunen, damit das Fleisch nicht anbrennt.

3 Die Garzeit hängt vom Fleisch, seiner Dicke und der Temperatur ab. Einen Hinweis auf den Garzustand bekommen Sie, wenn Sie mit dem Finger auf das Fleisch drücken; je stärker durchgegart es ist, desto mehr Widerstand bietet es.

FLEISCHSAFT ABLÖSCHEN

Beim Braten in der Pfanne sondert Fleisch geschmacksintensiven Saft ab, und am Boden der Pfanne bilden sich braune, harte Stückchen. Das Hinzufügen von Wein, Alkohol, Essig, Rahm, Fond oder Wasser, um diese Stückchen aufzulösen, nennt man Ablöschen.

1 Nehmen Sie das gegarte Fleisch aus der Pfanne und halten Sie es warm. Neigen Sie die Pfanne und schöpfen Sie mit einem Löffel so viel Fett wie möglich ab; das nennt man entfetten. Geben Sie alle im Rezept aufgeführten Zutaten hinzu, zum Beispiel Knoblauch, Schalotten, Zwiebeln oder Pilze, und rühren Sie um.

2 Stellen Sie die Pfanne wieder auf den Herd und gießen Sie die Flüssigkeit nach Rezept hinein. Zum Kochen bringen, dabei umrühren und alle Ablagerungen vom Boden der Pfanne abkratzen.

3 1 bis 2 Minuten kochen lassen oder bis die Flüssigkeit dick und sirupartig geworden ist. Fügen Sie alle übrigen Zutaten hinzu, falls das Rezept dies vorsieht, dann würzen. Zum gebratenen oder sautierten Fleisch servieren.

SCHMORGERICHTE (SAUTÉ)

Bei Sautés handelt es sich um Gerichte, die in Fett angebräunt und dann abgedeckt im eigenen Saft geköchelt werden. Schweine- und Kalbskoteletts, Kalbsschnitzel, Schweinefilets sowie andere Teile von Kalb und Lamm eignen sich zum Schmoren. Das Fleisch muss in gleichmäßige Stücke geschnitten werden, die dann gewürzt und mit Mehl bestäubt werden können, ehe man sie anbräunt. Geben Sie gegen Ende der Garzeit ein wenig Flüssigkeit zum Ablöschen hinzu.

1 Schneiden Sie das Fett und das Bindegewebe von einem Schweinefilet oder einem anderen Stück Fleisch. Teilen Sie das Filet in 4 oder 6 gleich große Schnitzel. Mit Salz und Pfeffer würzen und mit Mehl bestäuben.

2 Erhitzen Sie 2 bis 3 Esslöffel Pflanzenöl oder halb Öl, halb Butter oder geklärte Butter in einer Pfanne bei mittlerer Hitze. Die Fleischstücke hineingeben und leicht anbräunen lassen, bis sie gleichmäßig Farbe bekommen haben. Die Pfanne sollte währenddessen abgedeckt sein.

3 Gießen Sie überschüssiges Fett ab und fügen Sie, wenn das Rezept es erfordert, Gemüse hinzu. Pfanne abdecken und köcheln lassen, bis das Gemüse zart ist, dabei gelegentlich die Pfanne schütteln oder das Gemüse wenden, damit es gleichmäßig bräunt.

4 Wenn das Fleisch gabelzart ist, etwa 1 1/2 Tasse (120 ml) Flüssigkeit wie Wein, Fond oder Rahm zum Ablöschen hinzufügen (Seite 129) oder nach Rezept vorgehen. Vor dem Servieren würzen.

FLEISCH GRILLEN ODER AUF DEM ROST BRATEN

Beim Grillen oder Braten auf dem Rost werden die Speisen direkt der Hitze ausgesetzt, daher sollten Sie nur zartes und gut marmoriertes Fleisch von bester Qualität verwenden. Ein bisschen äußeres Fett ist notwendig, damit das Fleisch saftig bleibt, zu viel davon kann jedoch zum Anbrennen des Fleisches führen. Schneiden Sie möglichst viel Bindegewebe weg, denn es macht das Fleisch zäh. Kalb- oder Schweinefleisch sollten Sie bei einer etwas geringeren Temperatur oder ein bisschen weiter von der Hitzequelle entfernt grillen. Mageres Fleisch bleibt durch Marinieren oder Umwickeln mit Speck saftig. Das Fleisch erst unmittelbar vor dem Garen würzen, denn Salz zieht den Saft heraus. Heizen Sie den Backofen vor oder bereiten Sie den Grill vor. Den Grillrost mit Alufolie auslegen. Wenn das Fleisch mariniert wurde, die überschüssige Flüssigkeit abschütten.

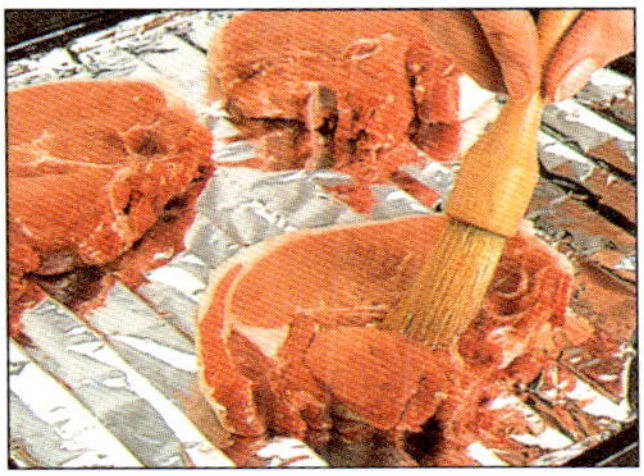

1 Das Fleisch auf den ausgelegten Grillrost legen, mit etwas Öl einpinseln und mit Salz und Pfeffer würzen.

2 Der Rost sollte 7,5 bis 10 cm von der Hitzequelle entfernt sein; beim Grillen den Rost 10 bis 15 cm von der Kohle entfernt einschieben. 3 bis 4 Minuten garen, bis das Fleisch gut gebräunt ist, dann mit Hilfe einer Zange wenden und bis zur gewünschten Garstufe grillen. Mit aromatisierter Butter servieren.

DICKE FLEISCHSTÜCKE: Beim Grillen von Chateaubriand oder schmetterlingsförmig ausgebreiteter Lammkeule die Backofentemperatur niedriger einstellen oder Grillrost auf höhere Positionen verschieben, um das Garen zu beenden, wenn die Außenseite braun ist. Sie können das Fleisch nach dem Bräunen auch in den vorgeheizten Ofen geben, damit es gleichmäßig gart.

KOCHEN MIT DEM WOK

Der Wok ist eine große, abgerundete Pfanne, in der sich das Gargut umrühren und wenden lässt und schnell gart. Zum Umrühren werden ein spezieller Pfannenwender, ein Holzlöffel oder Essstäbchen verwendet. Alle Zutaten müssen im Voraus vorbereitet werden. Fleisch und Gemüse sollten in kleine Würfel oder in gleich große Streifen geschnitten werden und Würzmittel und Saucenzutaten vorbereitet sein.

1 Schneiden Sie das Fleisch in dünne Streifen oder kleine Würfel. Nach Bedarf kurz in einer chinesischen Marinade marinieren.

2 Erhitzen Sie den trockenen Wok bei mittlerer Hitze, bis er sehr heiß ist. Dann geben Sie das Öl hinein und schwenken den Wok, bis er komplett mit Öl bedeckt ist.

3 Wenn das Öl sehr heiß ist, jedoch noch nicht raucht, geben Sie portionsweise die Zutaten hinzu. Nicht überfüllen, sonst dünstet das Gargut eher, als dass es brät. Es ist besser, eine Zutat herauszunehmen, bevor Sie die nächste in den Wok geben.

4 Wenn alle Zutaten gar sind, gießen Sie nach Rezept Sauce oder Flüssigkeit hinein. Beim Aufkochen beginnt sie einzudicken. Geben Sie alle Zutaten hinzu, die Sie zuvor herausgenommen haben, und rühren Sie um, bis alles gut bedeckt ist. Dann servieren.

GAREN BEI FEUCHTER HITZE

Fleisch kann auch mit Feuchtigkeit und Hitze gegart werden. Langsames Köcheln über einen langen Zeitraum macht zähere Fleischstücke zart und unterstreicht das Aroma. Mit der Kochflüssigkeit wird dann eine Sauce hergestellt, wie zum Beispiel bei Schmorfleisch oder Bruststücken. Wenn das Fleisch gesalzen oder geräuchert ist, wie Schinken oder Corned Beef, sollte die Flüssigkeit allerdings weder gesalzen noch für Sauce verwendet werden. Das Garen in Flüssigkeit trägt häufig dazu bei, einen Teil des Salzes aus dem Fleisch zu ziehen. Bei feuchter Hitze wird Fleisch so lange gegart, bis es ganz durch ist. Prüfen Sie es, indem Sie eine Gabel hineinstechen; sie sollte sich leicht herausziehen lassen. Wenn das Fleisch nicht gar genug ist, ist es zäh; hat es zu lange gegart, fällt es auseinander oder wird faserig.

SCHMOREN

Geschmortes Fleisch wird zunächst gebräunt, dann in Flüssigkeit gegart, die als Grundlage für eine Sauce dient. Das lange Garen unter Feuchtigkeit macht das Fleisch zart. Diese Methode wird häufig bei Schweinebraten angewendet.

1 Erhitzen Sie Öl in einem großen Bratentopf oder in einer Kasserolle mit gut schließendem Deckel bei mittlerer Hitze. Das Fleisch hineingeben und von allen Seiten gut anbräunen lassen. Anschließend herausnehmen und auf einen Teller legen. Geben Sie Zwiebeln oder anderes Gemüse in die Kasserolle und rühren Sie um, bis sie Farbe annehmen.

2 Fleisch wieder in den Topf legen und zum Kochen bringen. Dann 1 1/2 bis 2 Stunden köcheln lassen. Sie können den Bratentopf auch für 1 1/2 bis 2 Stunden in einen auf 160 °C vorgeheizten Backofen geben und das Fleisch gelegentlich übergießen. Das Fleisch auf ein Brett legen, die Sauce durchseihen, entfetten, würzen und eindicken lassen. Schneiden Sie das Fleisch quer in Scheiben und reichen Sie die Bratensauce dazu.

STEW: RINDERSTEW IN ROTWEIN

Ein Stew wird ähnlich zubereitet wie ein Schmorbraten, allerdings nimmt man für Stews zumeist mundgerechtes Fleisch. Stews können braun oder weiß sein. Für braune Stews müssen die Fleischstücke angebraten werden, ehe sie in der Flüssigkeit gegart werden. Zu den weißen Stews zählen Frikassees, bei denen das Fleisch in Fett angebraten wird, ohne zu bräunen, ehe die Flüssigkeit hinzugefügt wird, und Blanquettes, bei denen das Fleisch vor dem Garen in Flüssigkeit gebleicht wird. Für Stews werden im Großen und Ganzen dieselben Stücke verwendet wie zum Schmoren; sie sollten gut zugeschnitten sein. Ein guter Fond mit intensivem Aroma ist der Schlüssel zu einem leckeren Stew. Rotes Fleisch wird im Allgemeinen für braune Stews verwendet, während helles Fleisch wie Kalb, Schwein und Hühnchen in Frikassees und Blanquettes zu finden ist.

ZUTATEN

115 g dick geschnittener Speck oder mageres Pökelfleisch, in Würfel geschnitten
1,5 kg mageres Rindfleisch, vorzugsweise Kamm, in 5 cm lange Stücke geschnitten
1 gehackte Zwiebel
1 gehackte Mohrrübe
3 Esslöffel Mehl
3 Tassen (720 ml) kräftiger Rotwein
2 Esslöffel Tomatenmark
großes Bouquet garni (Seite 10)
3 Tassen (720 ml) kräftiger Rinderfond
Salz und Pfeffer
2 Esslöffel Butter
1 1/2 Tassen (350 g) Perlzwiebeln
1 1/2 Tassen (350 g) Champignonköpfe, ggf. halbiert
2 Esslöffel gehackte frische Petersilie

1 Geben Sie den Speck oder das Pökelfleisch in einen großen Bratentopf mit schwerem Boden oder in eine Kasserolle und erwärmen Sie ihn bei mittlerer Hitze. Wenn der Speck oder das Pökelfleisch zu brutzeln beginnt, gelegentlich umrühren. Knusprig und goldbraun braten, dann mit einem Schöpflöffel auf einen Teller geben. Bis auf 2 Esslöffel das Fett herauslöffeln.

2 Geben Sie so viel Fleisch in den Topf, dass es in einer Lage hineinpasst, und bräunen Sie es von allen Seiten, bis es eine schöne Farbe angenommen hat. Sie werden portionsweise vorgehen müssen. Jede Portion auf einen Teller geben, bis das gesamte Fleisch gebräunt ist. Das Fett bis auf 2 Esslöffel abgießen.

3 Fügen Sie die gehackte Zwiebel und die Mohrrübe hinzu. 3 bis 4 Minuten garen, bis sie weich und braun geworden sind, dabei häufig umrühren. Mit Mehl bestäuben und kontinuierlich rühren.

4 Geben Sie allmählich den Wein, das Tomatenmark und den Fond hinzu. Mit Salz und Pfeffer würzen, das Bouquet garni hinzugeben und am Topfgriff festbinden. Gemüse und Fond zum Kochen bringen, dabei den Bratensatz loskratzen.

5 Legen Sie das Fleisch wieder in den Bratentopf zurück. Falls erforderlich, fügen Sie noch etwas Fond hinzu, damit alle Zutaten bedeckt sind. Gut abdecken und bei geringer Hitze rund 3 Stunden köcheln lassen, bis das Fleisch zart ist.

6 Ungefähr 1/2 Stunde vor dem Ende der Garzeit die Butter in einer Pfanne bei mittlerer Hitze erhitzen. Perlzwiebeln hinzufügen und häufig umrühren, bis sie goldgelb sind. Auf einen Teller legen. Nun die Champignons in der Pfanne unter häufigem Rühren in 3 bis 4 Minuten goldbraun braten. Die Zwiebeln und die Pilze zum Stew geben.

7 Garen, bis das Fleisch und das Gemüse zart sind. Nehmen Sie das Bouquet garni heraus, rühren Sie die Petersilie ein, und das Gericht ist fertig zum Servieren.

GEMÜSE

Obwohl nach wie vor nur wenige sich ausschließlich vegetarisch ernähren, gewinnt die Gemüseküche immer mehr Liebhaber. Gemüse wird heutzutage nicht mehr zu Mus verkocht, bis seine Vitamine mit dem Kochwasser davongeschwemmt werden. Techniken wie Dünsten und Schmoren oder das Garen im Wok erhalten sowohl den guten Geschmack als auch die Inhaltsstoffe.

Wurzel- und Knollengemüse

Wurzel- und Knollengemüse gehören zu den kohlenhydratreichen Nahrungsmitteln. Die Bezeichnung bezieht sich auf Pflanzen, deren essbare Teile unterirdische Wurzeln oder Knollen sind. Lange Zeit wurden diese Gemüse von Köchen nicht sehr geschätzt, doch in den letzten Jahren wurden sie wegen ihrer gesunden Inhaltsstoffe immer beliebter.

Zu den Wurzel- und Knollengemüsen gehören Kartoffeln, Süßkartoffeln und Yamswurzeln, Karotten, Rüben, Pastinaken, Sellerie, Rote Bete, Topinambur, Steckrüben, Kohlrabi (botanisch ein Kohlgemüse) und Schwarzwurzel. Radieschen und Rettich zählen ebenfalls zu den Wurzelgemüsen.

Die meisten Wurzelgemüse lassen sich an einem kühlen, dunklen Ort gut lagern, und viele können untereinander ausgetauscht werden. Die meisten müssen gegart werden, bis sie gerade bissfest sind. Die Faustregel lautet, dass man sie mit kaltem Wasser aufsetzt, zum Kochen bringt und köcheln lässt, bis sie so zart sind, dass sie nicht mehr brechen. Wurzel- und Knollengemüse sind außerordentlich vielseitig und können auf viele Weisen zubereitet werden. Ihr hoher Wassergehalt macht sie auch für die Mikrowelle geeignet. Die meisten Wurzel- und Knollengemüse müssen vor dem Kochen geschält werden, obgleich man neue Kartoffeln und Mohrrüben auch lediglich zurechtschneiden und abbürsten kann.

Gemüseschäler

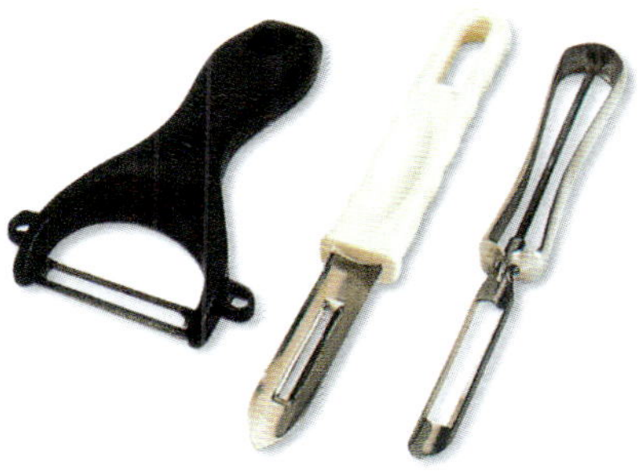

Es gibt verschiedene Arten von Gemüseschälern. Wählen Sie den, mit dem Sie am besten zurechtkommen oder der am besten für die Größe und Form des Gemüses geeignet ist, zum Beispiel eine lange Klinge für größere Gemüsearten wie Kartoffeln und eine feste oder bewegliche Klinge für Mohrrüben und Pastinaken. Für die dickere Schale des Sellerie eignet sich am besten ein scharfes Messer.

KAROTTEN UND RÜBEN

Karotten und Rüben, die wohl süßesten aller Wurzelgemüse, werden auf die gleiche Weise zubereitet. Obwohl sie auch roh gegessen können, werden Rüben im Allgemeinen gekocht.

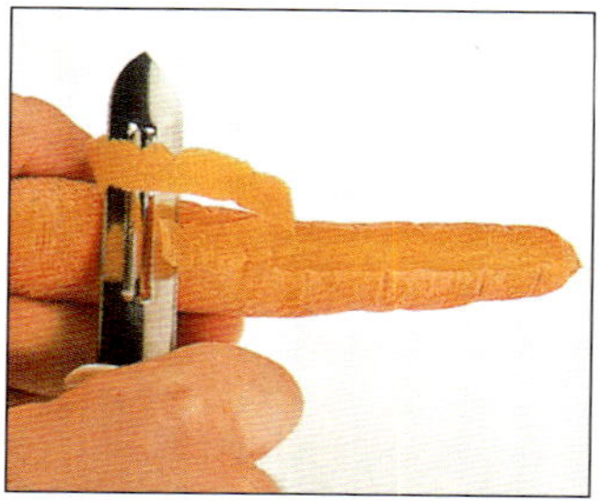

VORBEREITUNG: Zum Vorbereiten von Karotten und Rüben die Enden abschneiden, dann schälen. Wenn Sie Rüben längere Zeit im Voraus vorbereiten, legen Sie sie in Essigwasser. Möhren und Rüben können in Scheiben geschnitten, der Länge nach geteilt, in Julienne-Streifen geschnitten oder gehackt werden.

KOCHEN
In kochendes Salzwasser geben und köcheln lassen, bis sie bissfest sind, 5 bis 6 Minuten für Karotten oder Rüben in Scheiben; 7 bis 9 Minuten für ganze junge Möhrchen. Oder kochen Sie 450 g in Scheiben geschnittene Möhren in einem hochwandigen Topf mit 1/4 Tasse (60 ml) Wasser oder Fond, 1 Esslöffel Butter und 1 Esslöffel Zucker oder Honig. Gut abdecken, etwa 5 Minuten bissfest garen. Nehmen Sie den Deckel ab und lassen Sie überschüssige Flüssigkeit verdampfen, bis die Möhren leicht glasig und weich sind.

BLANCHIEREN
Vor dem Braten oder Rösten können Sie Rüben blanchieren. Dafür das Gemüse mit kaltem Wasser bedekcen, zum Kochen bringen und 1 Minute köcheln lassen; dann abschütten. In Butter braten, bis sie zart und golden sind, 8 bis 10 Minuten. Zum Pürieren sehr weich kochen, dann quetschen.

RÖSTEN: Erhitzen Sie etwa 1/4 Tasse (59 ml) Öl und 1 Esslöffel Butter in einem tiefen Ofenblech. Geben Sie die blanchierten, abgetrockneten Rüben hinein und rösten Sie sie knusprig und zart, 35 bis 40 Minuten im vorgeheizten Ofen bei 200°C, gelegentlich wenden.

KARTOFFELN

Dieses Gemüse kann auf unzählbar viele Arten zubereitet werden.

VORBEREITUNG: Bürsten Sie die Schale ab, wenn Sie die Kartoffeln backen wollen. Schälen Sie die Kartoffeln mit einem Gemüseschäler. In Scheiben oder Würfel schneiden oder nach Rezept vorbereiten.

BACKEN
Zum Backen von Kartoffeln oder Süßkartoffeln stechen Sie jede Kartoffel mit einem Spieß oder einer Messerspitze mehrfach ein, damit sie nicht platzt. Auf ein mit Folie bedecktes Backblech oder direkt auf den Rost legen und bei 200°C etwa 1 1/4 Stunden backen, bis sie weich sind.

SAUTIEREN: Beim Sautieren oder Braten erhitzen Sie bei mittlerer Hitze genug Öl, um den Boden eines Topfes zu bedecken. Geben Sie die Kartoffeln (roh oder vorgekocht) hinein und lassen Sie sie auf einer Seite bräunen, dann wenden. Ungefähr 10 bis 12 Minuten weiter garen, bis sie knusprig, golden und bissfest sind.

1 Wenn Sie Pommes Frites machen wollen, schneiden Sie geschälte Kartoffeln in etwa 0,5 cm dicke Stäbchen. 1/2 Stunde in kaltes Wasser legen, gut abtropfen lassen und auf einem sauberen Handtuch trocknen lassen.

2 Erhitzen Sie das Öl und frittieren Sie die Kartoffeln in kleinen Portionen je nach Größe 4 bis 6 Minuten, bis sie weich und golden sind. Mit einem Schaumlöffel herausnehmen und auf Küchenpapier abtropfen lassen.

3 Wenn alle Kartoffeln gar sind, frittieren Sie sie ein zweites Mal etwa 2 Minuten bei etwas höherer Temperatur, bis sie knusprig und braun sind. Auf Küchenpapier abtropfen lassen, mit Salz bestreuen und heiß servieren.

Hülsenfrüchte und Mais

Bei dieser Gemüsegruppe handelt es sich eigentlich um die Samen von Pflanzen; manchmal wird nur der Same selbst gegessen (zum Beispiel Erbsen), manchmal die gesamte Schote (Zuckererbsen). Obwohl Mais botanisch ein Getreide ist, handelt es sich bei den Körnern, die wir essen, um die Pflanzensamen. Diese Gemüseart ist im Allgemeinen reich an Proteinen und Kohlenhydraten.

Bohnen und Erbsen sind Hülsenfrüchte, das ist Gemüse mit doppelsamigen Schoten, die eine einzelne Reihe Samen enthalten; zu dieser Gruppe zählt eine riesige Auswahl grüner Bohnen aus der ganzen Welt. Trotz regionaler Unterschiede werden die meisten davon auf ähnliche Weise zubereitet. Junge essbare Schoten wie zum Beispiel Zuckererbsen werden mitsamt der Schote verzehrt, solange der Samen noch unreif ist; enthülste Erbsen und Bohnen werden aus der Schote entfernt und frisch verzehrt. Einige werden auch getrocknet (siehe Getreide und Hülsenfrüchte, Seite 160).

Im Gegensatz zum Wurzelgemüse wird grünes Gemüse am besten kurz – 2 bis 10 Minuten – in kochendem Salzwasser gegart, bis es gerade weich, aber noch knackig und bissfest ist und eine helle Farbe hat.

Frische Bohnen

Zu dieser Gruppe gehören grüne Bohnen, Prinzessbohnen, Brechbohnen, Wachsbohnen, Bobbybohnen und chinesische Bohnen. Schneiden Sie die Enden ab, ziehen Sie gegebenenfalls die Fäden ab, indem Sie die Stängelansätze entfernen, und lösen Sie auch jene Fäden, die möglicherweise an der Seite hängen. Junge, zarte Bohnen putzen Sie mit einer Küchenschere oder einem Messer. Essbare Schoten wie Zuckererbsen werden auf dieselbe Weise zubereitet. Bohnen sollten nicht roh verzehrt werden, sondern leicht blanchiert, gedünstet, gedämpft, im Wok oder in der Mikrowelle gegart – am besten sind sie, wenn sie nur behutsam gegart werden.

Schneiden Sie die Brechbohnen diagonal in 2,5 cm lange Stücke.

Lange oder flache Bohnen werden gelegentlich auch längs in mehrere Teile geschnitten; auf diese Weise geschnittene Bohnen garen schneller.

OKRA

Die Okra ist eine ungewöhnliche, fünf- bis achtseitige, lang gezogene Schote. Sie wurde von afrikanischen Sklaven und französischen Siedlern in die Neue Welt eingeführt und wird heutzutage in der kreolischen, der Cajun-, der Südstaaten- und der karibischen Küche verwendet. Wenn die Okra lange gegart wird, entwickelt sie eine gallertartige Konsistenz, mit der man Eintöpfe und Schmorgerichte andicken kann.

Okra erst unmittelbar vor dem Garen waschen. Schneiden Sie mit einem kleinen scharfen Messer das Stängelende gleichmäßig ab; nicht durchstechen. Zur Vermeidung von Verfärbungen in Kochgeschirr aus rostfreiem Stahl garen.

MAIS

Mais gehört wie Getreide zur Familie der Gräser. Genau wie Erbsen enthält er Zucker, der sich unmittelbar nach dem Pflücken in Stärke verwandelt. Traditionell wird er am Kolben gegart und mit Butter serviert. Mais kann gegrillt werden oder als Grundlage für Eintöpfe verwendet werden.

Gekochte Maiskörner können in Salaten verwendet oder mit Reisgerichten gebraten werden, sie passen auch zu Pfannkuchen und Suppen. Wählen Sie Maiskolben mit kleinen, hellen Körnern in regelmäßigen Reihen und mit hellen Hülsen. Beim Enthülsen von Mais ziehen Sie die äußeren Hülsenblätter ab.

FRUCHTGEMÜSE

Botanisch sind Tomaten, Auberginen, Paprikaschoten und Avocados Früchte, doch in der Küche werden sie als Gemüse behandelt. Sie erfordern alle verschiedene Zubereitungs- und Garmethoden. Jedes Fruchtgemüse kann als eigenständiges Gericht zubereitet werden, doch eignet es sich auch als geschmackliche Abrundung anderer Speisen.

Am Strauch gereifte Tomaten besitzen einen intensiven Duft, einen ausgezeichneten Geschmack und eine gute Konsistenz – leider sind sie sehr empfindlich. Sie sind nur im Sommer und Frühherbst erhältlich. Treibhaus- und künstlich kultivierte Tomaten sehen zwar ansprechend aus, doch fehlt ihnen das Aroma. Dafür sind sie das ganze Jahr hindurch erhältlich. Wählen Sie Tomaten aus, die im Hinblick auf Geschmack gezüchtet wurden. Es gibt eine Vielzahl von Tomatensorten, von den riesigen Fleischtomaten bis hin zu den daumennagelgroßen Cherrytomaten, die sehr gern in Salaten verwendet werden.

TOMATEN ZUBEREITEN

In vielen Rezepten werden gehäutete, entkernte und gehackte Tomaten verlangt. Die Zubereitung hört sich vielleicht kompliziert an, aber das Ergebnis lohnt die Mühe, denn es bietet einen frischen, intensiven Tomatengeschmack.

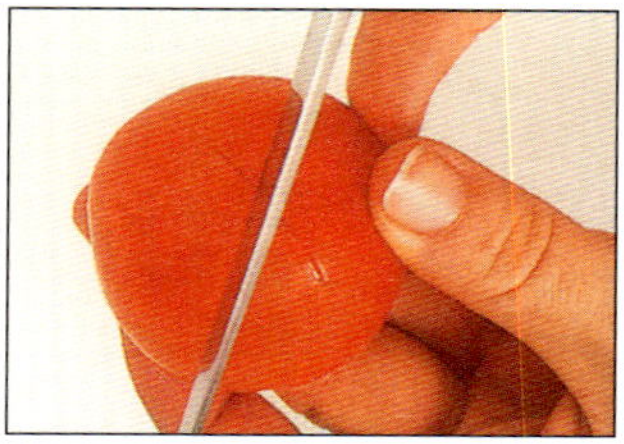

Pflücken Sie den Blütenansatz von den Tomaten und schneiden Sie dann mit einem kleinen scharfen Messer jede Tomate am unteren Ende x-förmig ein; ritzen Sie dabei nur die Haut ein. Geben Sie die Tomaten 10 bis 20 Sekunden in sprudelnd kochendes Wasser. Herausnehmen und in kaltem Wasser abschrecken. Nehmen Sie die Tomaten aus dem Wasser und schälen Sie die Haut ab. Vierteln Sie jede Tomate und kratzen Sie mit einem kleinen scharfen Messer die Kerne heraus, oder halbieren Sie jede Tomate quer und drücken Sie die Kerne heraus; die Reste entfernen Sie mit dem Messer. In Scheiben schneiden oder hacken.

SAUCE AUS FRISCHEN TOMATEN

ZUTATEN

1 bis 2 Esslöffel Olivenöl
1 fein gehackte Zwiebel
1 bis 2 gehackte Knoblauchzehen
450 g Strauch- oder Flaschentomaten, gehäutet, entkernt und gehackt
1/2 Teelöffel getrockneter Thymian
1 Teelöffel Zucker (optional)
1 Esslöffel Tomatenmark
1/4 Tasse (60 ml) Wasser
2 Esslöffel frisch gehackter oder gezupfter Basilikum
Salz und Pfeffer

1 Öl in einer großen Pfanne bei mittlerer Hitze erhitzen. Die Zwiebel hineingeben und unter gelegentlichem Rühren 5 bis 8 Minuten garen. Geben Sie den Knoblauch hinzu und garen Sie ihn 2 Minuten.

2 Tomaten, Thymian, Zucker (nach Geschmack), Tomatenmark und Wasser hinzufügen. Zum Kochen bringen, dann die Temperatur reduzieren und 25 bis 30 Minuten köcheln lassen, dabei gelegentlich umrühren, bis die Masse eine püreeartige Konsistenz hat. Basilikum einrühren und würzen. Noch 5 Minuten garen lassen. Mit Salz und Pfeffer würzen.

AUBERGINEN BACKEN ODER GRILLEN

Dieses große, rundliche, birnenförmige Fruchtgemüse mit seiner glänzenden violettschwarzen Haut ist mit den Tomaten verwandt. Es gibt auch kleine runde oder lang gezogene Arten. Alle haben helles, grün-graues, mildes Fleisch, das durch Würzen und Garen geschmacklich verändert werden kann. Auberginen können quer oder längs geschnitten oder gewürfelt werden. Sie können (paniert oder unpaniert) in Öl gebraten werden, bis sie weich sind, oder in Fond oder Wasser geschmort werden.

PAPRIKASCHOTEN

Es gibt rote, gelbe, grüne, schwarze, violette und orangefarbene Paprikas. Pimientos werden zum Rösten oder für Konserven angebaut: sie sind süß und haben eine helle, orangerote Farbe. Paprikaschoten verleihen vielen Speisen Farbe und Geschmack und sind ein wohlschmeckendes Gemüse. Grüne Schoten haben einen grasartigen, etwas bitteren Geschmack, gelbe und rote sind am reifsten und süßesten. Paprikaschoten können entkernt und in Würfel oder Scheiben geschnitten werden für Salate und Rohkostteller, und man kann sie braten, schmoren, grillen oder füllen.

PAPRIKASCHOTEN ZUBEREITEN

Wenn Sie die Schote zum Füllen ganz lassen wollen, schneiden Sie den Stängelansatz ab und schälen Sie die Samen mit einem Löffel heraus. Schneiden Sie eine ganz dünne Scheibe vom unteren Ende ab, damit die Paprikaschote einen stabilen Stand bekommt. Nach Rezept zubereiten.

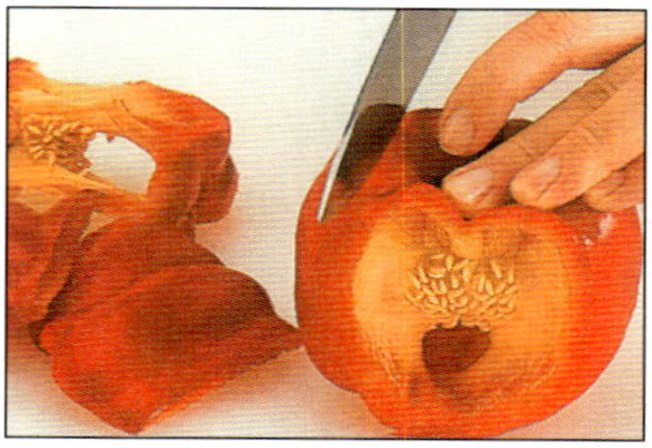

Schneiden Sie das Stängel- und das untere Ende der Paprikaschote ab, dann die 4 „Wangen" aus dem Inneren und alle übrig gebliebenen weißen Rippen entfernen. Sie erhalten nun 4 „gerade" Seiten, die Sie schneiden oder hacken können. Dabei nach Rezept vorgehen.

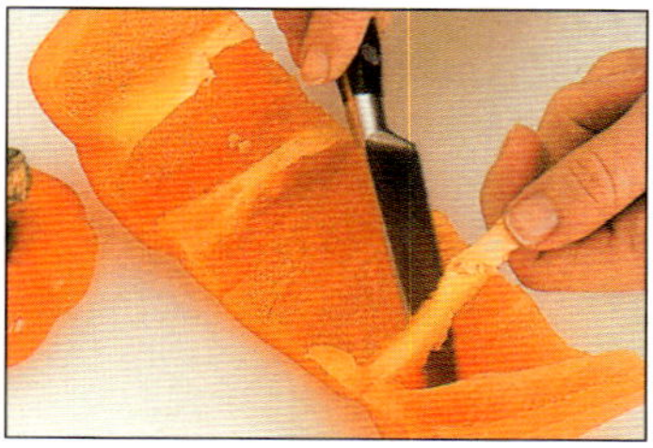

Alternativ können Sie auch das Stängel- und das untere Ende abschneiden, die Schote der Länge nach aufschneiden und zu einem flachen Streifen ausbreiten. Entfernen Sie das Kernhaus, die Rippen und Samen. In Streifen schneiden oder nach Rezept vorgehen.

Flaschen- und Riesenkürbisse

Die Familie der Kürbisse umfasst Hunderte von Arten, die über die ganze Welt verteilt sind. Flaschenkürbisse finden sich vor allem in warmen Regionen wie Afrika und Indien, doch die meisten Kürbisse sind in Amerika heimisch. Es gibt viele verschiedene Sorten in einer großen Bandbreite an Farben, Formen und Größen; der Koch unterscheidet Sommer- und Winterkürbisse.

Sommerkürbis zubereiten

Sommerkürbis hat eine dünne Schale und zartes Fleisch, das ebenso roh verzehrt werden kann wie leicht gekocht, gedünstet oder im Wok gegart.

Enden abschneiden, dann je nach Rezept in Scheiben schneiden oder hacken. Bei mittlerer Hitze in Öl oder Butter anbraten, bis sie bissfest sind, rund 5 Minuten.

Ein Zucchini-Boot erhalten Sie, wenn Sie das Stängelende abschneiden und die Frucht der Länge nach halbieren. Mit einem Messer ritzen Sie 0,5 cm vom Rand umlaufend eine Linie. Danach mit einem Löffel Samen und Fleisch herauskratzen und nach Rezept füllen.

1 Beim Zubereiten von Patissons lassen Sie diese ganz und schneiden nur die Enden ab, oder sie zerteilen die Kürbisse in Hälften oder Viertel.
2 Über kochendem Wasser 4 bis 6 Minuten dünsten, bis sie weich sind. Alternativ 2 bis 4 Minuten mit Butter oder Öl im Wok garen, bis sie knusprig-zart und golden sind.

WINTERKÜRBIS ZUBEREITEN

Winterkürbis wird erst gepflückt, wenn er vollständig ausgereift ist, daher hat er eine dicke, harte Schale sowie festes, kompaktes, oft dunkleres, intensiver schmeckendes Fleisch. Nach dem Entfernen der großen Kerne kann das Fleisch vor oder nach dem Kochen aus der Schale entfernt werden, sollte aber nicht roh verzehrt werden. Sie können es rösten, backen, dünsten, schmoren oder in der Mikrowelle garen. Es eignet sich

Halbieren Sie den Kürbis. Schaben Sie mit einem großen Löffel die Kerne und die Fasern aus dem Inneren heraus.

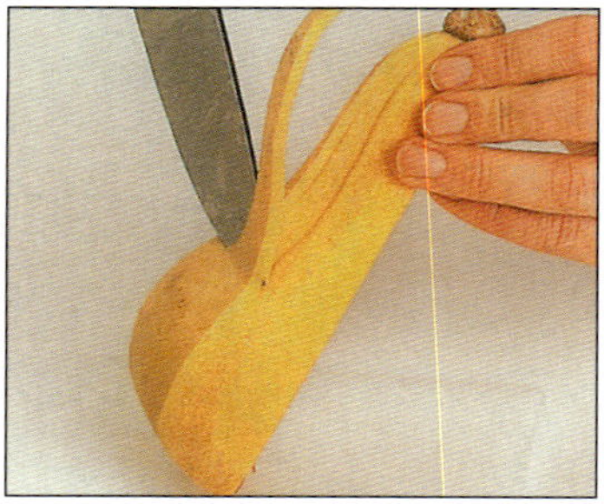

Wenn Sie das Fleisch vor dem Garen herausnehmen wollen, verwenden Sie ein Küchenmesser, um die dicke Schale abzuschälen. Geben Sie den Winterkürbis in Würfeln in kochendes Salzwasser und lassen Sie ihn 8 bis 10 Minuten kochen, bis er weich ist.

Um Winterkürbis zu pürieren, garen Sie ihn 12 bis 15 Minuten in kochendem Wasser, bis er sehr weich ist. Gut abtropfen lassen, dann pürieren oder in eine Küchenmaschine geben, bis die Masse geschmeidig ist. 2 Esslöffel Butter (oder Milch oder Rahm) sowie etwas Muskatnuss hinzufügen.

GURKEN

Gurken zählen ebenfalls zur Kürbisfamilie und können in zwei Kategorien unterteilt werden: Salatgurken und Essiggurken. Obwohl es viele Spielarten gibt, findet sich die gewöhnliche grüne Salatgurke häufiger in Supermärkten. Sie hat im Allgemeinen eine wachsartige Schale, die vor dem Verzehr abgeschält werden sollte. Die europäische Treibhausgurke ist gewöhnlich länger und dünner und hat eine dünnere Schale, deshalb muss sie nicht geschält werden. Sie hat auch weniger Samenkörner. Ihr kühler, erfrischender Geschmack und ihre Knackigkeit machen die Gurke ideal geeignet

GARNIEREN MIT GURKE
Machen Sie der Länge nach tiefe Einschnitte mit einem Garniermesser oder schneiden Sie der Länge nach Streifen mit einem Gemüseschäler von der ganzen Gurke. Quer in dünne Scheiben schneiden.

Schneiden Sie jede Scheibe von der Mitte bis zum Rand ein. Drehen Sie die Schnittkanten in entgegengesetzte Richtungen und stellen Sie die Gurkenscheibe auf.

GURKE SCHNEIDEN
Nach Rezept oder nach Bedarf schälen. Vierteln Sie die Gurke der Länge nach, dann schneiden Sie aus jedem Viertel das innere Samendreieck heraus. In lange Streifen schneiden, dann in Stücke von 5 cm Länge, würfeln oder hacken.

Blattgemüse

Blattgemüse umfasst eine Vielzahl von blättrigen grünen Gemüsesorten, von denen man einige roh essen kann, die jedoch auch oft gegart werden. In fast allen Ländern der Welt wird Blattgemüse gegessen. Einige Sorten wie Senfkohl, Sauerampfer, Spinat, Mangold, Löwenzahn, Rauke, Brunnenkresse und Stielmus haben einen starken, pfeffrigen Geschmack. Andere Blattgemüse wie Kopfsalat und Blattsalate sind milder und werden fast immer roh verzehrt. Blattgemüse kann grob in zwei Kategorien unterteilt werden: Gemüse (meist gekocht) und Salat (meist roh gegessen), obwohl die Grenzen fließend sind. Alle Blattgemüse haben einen sehr hohen Wassergehalt und verlieren beim Garen stark an Volumen; Sie benötigen 250 g pro Person, wenn das Gemüse gekocht werden soll.

Gemüse

Viele der blättrigen Gemüsesorten können roh in Salaten verzehrt werden, wenn sie jung und zart sind. Meist sind nur ältere Gemüse erhältlich, die zäher sind und gekocht werden müssen, damit sie zarter werden und ihr oft kräftiger Geschmack abgemildert wird.

Salat

Der beliebte Salat bei uns ist der Kopfsalat. Auf dem Markt werden jedoch auch eine Reihe anderer Salate wie Eissalat, Eichblattsalat, Frisée, Römischer Salat oder Lollo rosso angeboten. Den Strunk herausschneiden und gut waschen. Machen Sie Salate immer erst in letzter Minute an, damit das Dressing die Blätter nicht zusammenfallen lässt.

Blattgemüse zubereiten

Waschen Sie Blattgemüse immer sorgfältig. Lassen Sie es in einer Schüssel mit kaltem Wasser 3 bis 4 Minuten einweichen und wirbeln Sie die Blätter herum. Heben Sie es dann behutsam aus dem Wasser und geben Sie es in ein Sieb zum Abtropfen. Mehrmals wiederholen, bis am Boden der Schüssel kein Sand mehr zu sehen ist. Abtropfen, gut schütteln und die Blätter in einen Durchschlag geben.

Entfernen Sie alle langen, zähen Stiele von Spinat, Grünkohl und anderen Blattgemüsen, indem Sie das Blatt in einer Hand festhalten und den Stängel hoch- und vom Blatt wegziehen.

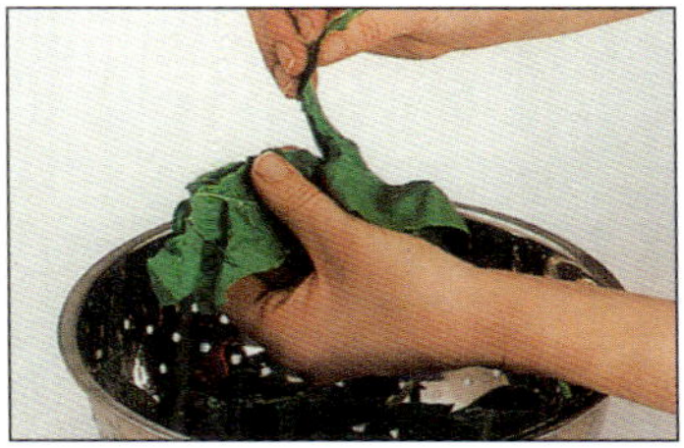

Bei Mangold lösen Sie die Blätter von den Stielen ab, indem Sie V-förmig am Stiel entlangschneiden. Zum Zerkleinern von Mangold- oder Bok-Choy-Blättern stapeln Sie die Blätter aufeinander und rollen sie zusammen. Dann quer in dicke oder dünne Streifen schneiden, je nach Rezeptvorgabe.

Schneiden Sie den Stängel in 2,5 cm lange Stücke und zerkleinern Sie die Blätter; garen Sie beides separat, denn die Blätter garen schneller als die Stängel. Blätter und Stiele von jungem, zarten Bok Choy können zusammenbleiben, denn sie haben eine sehr kurze Garzeit. Gegebenenfalls von der Wurzel trennen und putzen.

BLATTGEMÜSE GAREN

Wenn Sie Spinat kochen wollen, geben Sie die Blätter in einen großen Topf. Bei mittlerer Hitze erwärmen und 2 bis 3 Minuten kochen, bis sie zusammenfallen. Sie können sie auch 1 bis 2 Minuten in ein wenig Butter oder Öl anbraten. Zum Blanchieren 30 Sekunden in kochendes Wasser geben.

Wenn Sie vorgegarten Spinat oder sonstiges Blattgemüse für ein anderes Gericht benötigen, zum Beispiel für Rahmspinat oder ein Schmorgericht, geben Sie ihn in ein Sieb und drücken Sie mit einem Holzlöffel möglichst viel Flüssigkeit heraus. Verwenden Sie die Blätter ganz oder gehackt, je nach Rezeptvorgabe. Garen Sie Bok Choy oder Mangold mit etwas Butter oder Öl 2 bis 6 Minuten im Wok, bis er zusammenzufallen beginnt und zart ist. Ein orientalisches Aroma erhalten Sie, wenn Sie mit etwas Sojasauce und ein, zwei Tropfen Sesamöl würzen.

Kohl

Der Kohl ist eines der ältesten von Menschen kultivierten Gemüse. Es gibt viele Sorten Kohl, die meisten davon haben runde Köpfe mit kompakten Blättern, doch es gibt auch flache, längliche oder losere Arten. Kohl ist im Allgemeinen ein Wintergemüse, preiswert, überall erhältlich und leicht zuzubereiten und zu garen, was vielleicht seine weite Verbreitung in zahlreichen Kulturen erklärt. Er kann roh gegessen werden als Krautsalat, eingelegt als Sauerkraut oder auf unterschiedlichste Weisen gegart. Kochen Sie Kohl nicht zu lange, sonst wird er matschig und entwickelt einen sehr unangenehmen Geruch. Wählen Sie Kohlköpfe aus, die schwer für ihre Größe sind, und entfernen Sie alle zähen äußeren Blätter.

Weißkohl ist die am meisten verbreitete Kohlsorte. Er wird gewöhnlich von seinen dunkleren, zähen äußeren Blättern befreit und hat einen festen, hellgrünen Kopf und einen soliden Kern mit einem kräftigen Geschmack. Man kann ihn zerkleinern und in Krautsalat verwenden, im Wok zubereiten, schmoren, kochen, in Suppen mitköcheln lassen oder füllen. Dieser Kohl wird für die Herstellung von Sauerkraut verwendet. Wirsing hat etwas lockerere Blätter, einen rötlichen Stich und einen zarteren Geschmack. Rotkohl hat eine brillantpurpurne Farbe und einen etwas süßeren Geschmack. Er benötigt eine etwas längere Garzeit als Weißkohl und wird oft, mit Zwiebeln und Äpfeln geschmort, als Beilage zu Ente oder Wild serviert. Meist fügt man Essig hinzu, um die Farbe zu erhalten. Aus diesem Grund wird sowohl dem geschmorten Kohl als auch dem Apfel etwas Essig hinzugegeben. Etwas Zucker kompensiert die Säure und sorgt für einen süßsauren Geschmack.

Chinakohl hat helle, grüngelbe, längliche Blätter. Er schmeckt milder als Weißkohl, kann roh oder gekocht gegessen werden und findet sich in vielen chinesischen Wok-Gerichten.

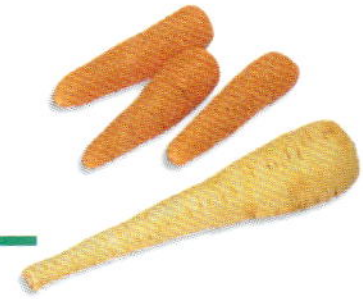

ROSENKOHL

Rosenkohl ist ein Wintergemüse, gehört zur Kohlfamilie und ist eng verwandt mit Blumenkohl, Brokkoli und Grünkohl. Wie der Blumenkohl gedeiht er am besten in kühlem, feuchten Klima. Der essbare Teil dieser Pflanze ist die „Knospe" oder der kleine, kohlartige Kopf, der in den Achsen jeden Blattes wächst. Gelegentlich werden auch die oberen Teile als Gemüse verwendet. Diese Mini-Kohlköpfe stammen ursprünglich aus Belgien, wo sie an dicken Stängeln wachsen. Sie werden selten roh verzehrt und passen gut zu Wild, Ente und anderen kräftigen Gerichten. 7 bis 10 Minuten kochen oder dünsten, bis er weich ist.

ROSENKOHL ZUBEREITEN

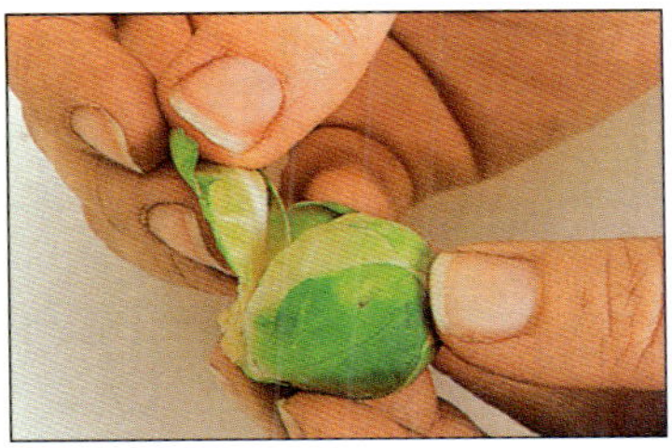

Entfernen Sie alle losen oder gelblichen äußeren Blätter vom Rosenkohl. Ritzen Sie mit einem scharfen Messer ein X in das untere Ende, damit er gleichmäßiger gart.

KOHL ZUBEREITEN

Schneiden Sie den Kohlkopf in zwei Hälften und entfernen Sie den Strunk durch einen V-förmigen Schnitt. Wenn Sie ganze Blätter zum Füllen benötigen, diese auseinanderziehen, unversehrt vom Stängel ablösen und blanchieren.

Zum Zerkleinern der Blätter legen Sie die Kohlhälfte mit der Schnittseite nach unten und schneiden sie quer in dicke oder dünne Scheiben, je nach Rezeptvorgabe.

BROKKOLI UND BLUMENKOHL

Auch Brokkoli und Blumenkohl gehören zur Kohlfamilie. Sie haben eng aneinanderliegende Knospen, die aus einem einzigen Stängel herauswachsen. Man kann sie roh oder gegart verzehren. Blumenkohlröschen 5 bis 10 Minuten kochen oder dünsten, bis sie weich sind.

BLUMENKOHL
Entfernen Sie die äußeren grünen Blätter und das Innere vom Stängelende aus. Teilen Sie den Blumenkohl in Stücke, dann brechen Sie die Röschen heraus.

BROKKOLI: Schneiden Sie den dicken, holzigen Stängel ab und brechen Sie schmale Röschen heraus. Sie können den Stängel auch länger lassen, aber beschneiden. Teilen Sie den Brokkolikopf in Viertel und entfernen Sie die zähe äußere Haut vom unteren Stängel.

BLUMENKOHL MIT KNOBLAUCH

ZUTATEN

1 kleiner Blumenkohl
1 Esslöffel Olivenöl
2 große Knoblauchzehen, gepresst
1 Esslöffel geröstete Sesamsamen
1 Prise Paprikapulver (optional)
Pfeffer nach Geschmack (optional)

1 Bringen Sie 2,5 Liter Wasser in einem großen Topf zum Kochen.
2 Putzen Sie den Blumenkohl und brechen Sie ihn in Röschen. In das kochende Wasser geben und etwa 2 Minuten kochen.
3 In einem Durchschlag abtropfen lassen.
4 Erhitzen Sie das Öl in einer großen, antihaftbeschichteten Pfanne und rösten Sie den Knoblauch. Geben Sie Blumenkohl und Sesamsamen hinzu. 1 Minute sautieren.

Steinpilze und Trüffel

Speisepilze zählen zu den ältesten Nahrungsmitteln des Menschen. Es gibt viele verschiedene Sorten, die sich in Größe, Form, Farbe und Geschmack unterscheiden, doch alle haben einen mittigen Stängel und einen schirmartigen Hut.

Neben wild wachsenden Arten sind vor allem gezüchtete Pilze erhältlich. Weiße Champignons werden seit dem späten 19. Jahrhundert erfolgreich kultiviert. Sehr junge Champignons mit geschlossenen Hüten sind die Champignonköpfchen. Sie sind mild und eignen sich gut zum Braten. Mittlerweile werden auch zahlreiche ursprünglich nur wild wachsende Pilzarten gezüchtet. Shiitake und Austernpilze sind heutzutage fast überall erhältlich.

Wildpilze finden sich auf der ganzen Welt, am häufigsten im Spätsommer und Herbst, in zahlreichen Wäldern und Wiesen, die perfekte Bedingungen bieten. Ihr Geschmack ist intensiv erdig, und sie sollten vor dem Verzehr immer gegart werden. Viele Pilze können giftig sein, also sammeln Sie keine Pilze, sofern Sie nicht von einem Pilzkenner begleitet werden, und kaufen Sie Wildpilze immer von vertrauenswürdigen Händlern. Morcheln, Steinpilze oder Pfifferlinge sind teuer, aber so geschmacksintensiv, dass eine kleine Menge ausreicht. Morcheln, Steinpilze, Shiitake, Matsutake und Judasohr können auch getrocknet gekauft und verwendet werden. Der wohl berühmteste Pilz ist die Trüffel. Dieser würzige, schwarze Schatz ist tatsächlich eine Knolle, die in den Eichenwäldern des französischen Périgord und des italienischen Piemont von Schweinen oder Hunden erschnüffelt wird. In frischer Form sind Trüffel nahezu unerschwinglich, aber man kann sie auch eingemacht in Gläsern kaufen, und obwohl sie dadurch viel von ihrem Aroma verlieren, reicht immer noch eine kleine Menge aus, um Ihren Speisen einen intensiven Geschmack zu verleihen.

Wickeln Sie frische Pilze locker in Küchenpapier. So können Sie sie bis zu 3 Tagen im Kühlschrank aufbewahren. Nicht in Plastiktüten lagern, da sie durch die Feuchtigkeit rasch verderben.

PILZE ZUBEREITEN

Zuchtpilze sollten vor der Verarbeitung nicht gewaschen werden. Putzen Sie mit einer Pilzbürste Erde oder Sand ab. Wenn sie sehr verschmutzt sind, tauchen Sie sie kurz in eine Schüssel mit kaltem Wasser, dann abtropfen lassen und trocknen. Kürzen Sie die Stiele. Wildpilze müssen gewaschen werden. Geben Sie sie mehrmals in frisches kaltes Wasser, herausheben und abtropfen lassen. Schneiden Sie alle holzigen Stiele ab. Morcheln müssen manchmal eingeweicht werden, damit der Sand herausgezogen wird.

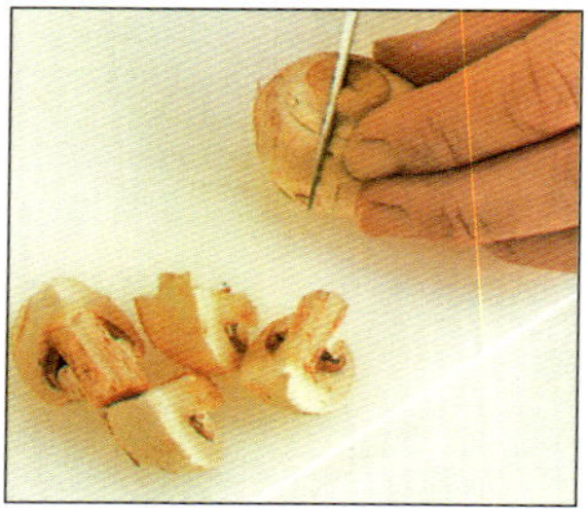

Champignons säubern und die Stiele kürzen. Große Champignons je nach Rezeptangaben vierteln oder in Scheiben schneiden. Verwenden Sie ein Messer aus rostfreiem Stahl, denn andere Materialien können die Champignons verfärben. Wenn Sie die Pilze schon im Voraus vorbereiten, mit Zitronensaft beträufeln, damit sie nicht dunkel werden.

PILZE GAREN

Erhitzen Sie Butter oder Öl bei mittlerer Hitze in einer Pfanne, bis sie sehr heiß ist, aber nicht raucht. Geben Sie die Pilze hinein. 3 bis 4 Minuten dünsten oder braten und dabei umrühren, bis sie goldbraun und weich sind. Weitergaren, bis alle Flüssigkeit verdampft ist.

Pilze mit geöffneter Kappe oder Wiesenchampignons können mit Butter oder Öl eingepinselt und in 10 cm Entfernung von der Hitzequelle auf dem Rost gebacken werden, bis sie gebräunt und weich sind (6 bis 8 Minuten). Gelegentlich übergießen.

DIE FAMILIE DER ZWIEBELN

Dieses kräftig schmeckende, aromatische Gemüse gehört zu den Liliengewächsen. Zwiebeln, Schalotten, Lauch und Knoblauch werden manchmal als Gemüse verzehrt, meist jedoch Gerichten als Geschmacksverbesserer zugegeben wie auch Schnittlauch. Zwiebeln unterscheiden sich in Farbe, Größe, Beschaffenheit und Geschmack und werden in jeder Küche rund um die Welt verwendet.

Zwiebeln und ihre Verwandten können roh oder gekocht verzehrt werden. Ihr Geschmack variiert von mild und süß bis hin zu scharf und intensiv. Die große, milde Spielart der gewöhnlichen gelben Küchenzwiebel, die Gemüsezwiebel, schmeckt besonders gut roh und in Scheiben geschnitten in Salaten oder auf Sandwiches und Hamburgern. Sie eignet sich auch sehr gut zum Füllen oder zum Grillen. Große weiße Zwiebeln sind etwas milder als gelbe. Rote Zwiebeln schmecken süßlich und sollten am besten roh verzehrt werden.

Silberzwiebeln, auch Perlzwiebeln genannt, werden geerntet, wenn sie einen Durchmesser von etwa 2,5 cm haben. Küchenzwiebeln sind etwas größer und Cocktailzwiebeln sind kleine weiße Zwiebeln, die durch enges Pflanzen, das ihr Wachstum verhindert, klein gehalten werden. Babyzwiebeln kann man geschält und tiefgekühlt kaufen, sie werden oft in Eintöpfen und zu geschmortem Fleisch verwendet. Frühlingszwiebeln sind unreife gelbe Zwiebeln, die wegen ihres milderen Geschmacks angebaut werden. Lauch ist der mildeste und süßlichste Vertreter der Zwiebelfamilie und wird häufig verwendet, um Suppen und Fonds mehr Geschmack zu geben.

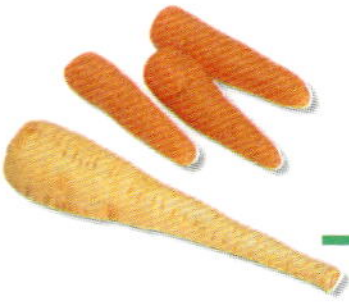

ZWIEBELN ZUBEREITEN

Mit einem kleinen, scharfen Messer das Stielende abschneiden und die papierartige Haut abziehen; lassen Sie das Wurzelende unversehrt, damit die Zwiebel zusammenhält. Bei Schalotten trennen Sie das Wurzelende ab und entfernen welke Blätter.

1 Halbieren Sie die Zwiebel der Länge nach. Legen Sie jede Hälfte mit der Schnittseite nach unten auf ein Schneidbrett. Mit einem scharfen Messer mehrmals vertikal einschneiden; dabei bis zur, aber nicht durch die Wurzel schneiden. Dann die Zwiebel mehrmals horizontal vom Stiel in Richtung Wurzel einschneiden.

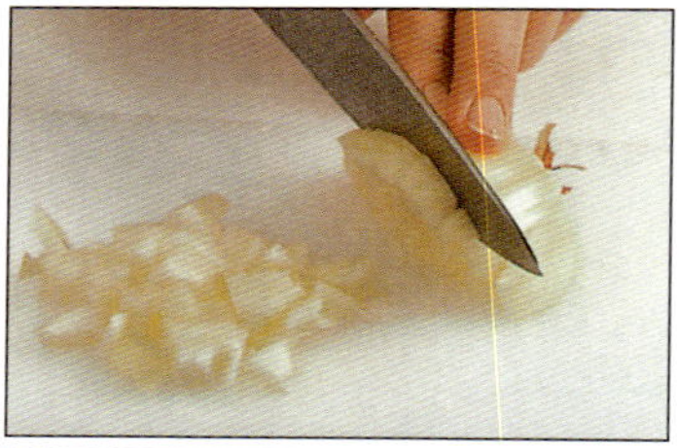

2 Zerteilen Sie die Zwiebel nun quer und lassen Sie sie in Würfel auseinander fallen. Wenn Sie feinere Würfel wünschen, hacken Sie die Zwiebel noch weiter, indem Sie mit dem Messer schaukelnde Bewegungen auf dem Schneidbrett machen.

ZWIEBELRINGE.
Drücken Sie die geschälte Zwiebel gegen das Brett und schneiden sie quer in dicke oder dünne Scheiben. Alternativ können Sie die Zwiebel auch halbieren, auf die Schnittseite legen und dann quer in halbe Ringe zerteilen.

RAHMZWIEBELN

ZUTATEN

12 kleine weiße Zwiebeln, geschält
3 Esslöffel Butter
2 Esslöffel Mehl
1 Prise schwarzer Pfeffer
1 Messerspitze Muskatnuss
1 Tasse (240 ml) Milch

Zwiebeln schälen. In kochendes Wasser geben und 15 bis 20 Minuten kochen, bis sie weich, aber nicht verkocht sind. Abtropfen lassen und beiseite stellen. Butter in einem separaten Topf zerlassen, Mehl, Pfeffer und Muskatnuss hineinrühren. 1 Minute kochen lassen. Milch hinzugeben und kochen, bis die Masse eindickt.

LAUCH ZUBEREITEN

Lauch ist dafür bekannt, dass sich Sand und Schmutz zwischen seinen Blättern verstecken. Er muss daher gründlich gewaschen werden.

Entfernen Sie alle äußeren Blätter und kürzen Sie das Wurzelende. Schneiden Sie je nach Rezept einige der grünen Blätter zurecht und teilen Sie den Lauch von oben bis zu dem weißen Teil in Hälften oder Viertel, es sei denn, Sie wollen ihn im Ganzen verwenden. Geben Sie den Lauch bis zur Wurzel in kaltes Wasser und schütteln Sie ihn, um Verunreinigungen zu lösen.

ZWIEBELN UND LAUCH ZUBEREITEN

Zwiebeln sollten langsam in Butter oder Öl gegart werden, bis sie glasig sind. Diese Methode, Anschwitzen genannt, unterstreicht ihre natürliche Süße. Wenn sie zu schnell gegart und braun werden oder gar anbrennen, werden sie bitter. Lauch kann man für die Verwendung in anderen Gerichten sautieren oder kurz ankochen.

Erhitzen Sie 1 Esslöffel Butter oder Öl in einem Stieltopf oder einer Pfanne bei mittlerer Hitze. Gehackte oder in Scheiben geschnittene Zwiebeln hineingeben und behutsam unter gelegentlichem Rühren anbraten. Dann langsam bei sehr niedriger Hitze abgedeckt 30 Minuten lang schmoren, bis sie goldbraun sind.

Um in Scheiben geschnittenen oder gehackten Lauch zu sautieren, erhitzen Sie 1 bis 2 Esslöffel Butter in einer großen Pfanne bei mittlerer Hitze. Geben Sie den Lauch hinein und braten Sie ihn unter ständigem Rühren 3 bis 4 Minuten lang, bis er hellgrün und gerade weich ist. Kleine ganze Schalotten können auf dieselbe Weise gegart werden.

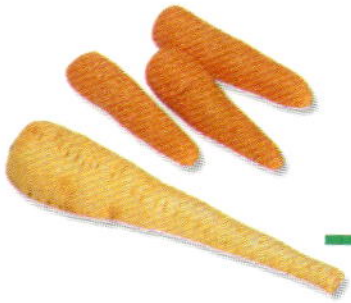

Stangen und Sprossengemüse

Stangen- und Sprossengemüse enthält einen hohen Anteil an Zellulosefasern. Diese Gemüsesorten – Spargel, Stangensellerie und Artischocken (eine essbare Distel) – sind knackig im rohen und äußerst aromatisch im gekochten Zustand. Die meisten davon stehen schon seit Hunderten von Jahren auf dem Speiseplan.

Spargel kann bleistiftdünne bis superdicke Stangen haben. Beliebt ist der grüne Spargel mit seinem frischen Geschmack. Die Franzosen und die Belgier bevorzugen den dicken, weißen Spargel, der milder und etwas weicher ist. Stangensellerie wird zum Würzen von Suppen, Fonds und Schmorgerichten verwendet, kann aber auch roh in Salaten verzehrt, zum Dippen verwendet oder leicht angebraten werden. Fenchel ist eine mediterrane Pflanze von frischer, knackiger Beschaffenheit. Dank seines Anisgeschmacks eignet er sich ideal für Salate und Rohkostplatten oder als Pfannengemüse. Zarte, junge Artischocken können ganz gegart und verzehrt werden und sind in der italienischen Küche sehr beliebt. Bei großen, runden Artischocken muss das so genannte Heu entfernt werden.

Ganze Artischocken zubereiten

Verwenden Sie bei Artischocken immer ein Messer aus rostfreiem Stahl und reiben Sie alle Schnittflächen mit Zitronensaft ein, um Verfärbungen zu vermeiden.

1 Trennen Sie den Stiel nah an der Basis ab und ziehen Sie alle Fasern heraus, die in den Boden hineinreichen, dann flachen Sie die Basis mit einem Messer ab. Schneiden Sie die obere Spitze ab und beschneiden Sie mit einer Küchenschere die Blätter, um Stacheln oder braune Kanten zu entfernen. Halten Sie die Blätter auseinander und spülen Sie sie unter fließendem kalten Wasser ab. Die Artischocke ist nun bereit zum Kochen.

2 Bringen Sie einen großen Topf mit Salzwasser zum Kochen. Den Saft einer Zitrone oder 3 bis 4 Esslöffel Essig hineingeben sowie die Artischocke, mit der Unterseite nach oben. Bedecken Sie sie mit einem hitzefesten Teller oder einem nassen Tuch, damit sie unter Wasser bleibt. Köcheln lassen, bis sie weich ist, das heißt, wenn das Stängelende mit einer Gabel oder einer Messerspitze eingestochen werden kann. Je nach Größe dauert dies 15 bis 25 Minuten.

3 Zum Entfernen des Heus umfassen Sie den mittleren Blattkegel mit den Fingern und drehen und heben ihn hinaus; bewahren Sie den Blattkegel auf. Mit einem Teelöffel die Blätter auseinander drücken und das ungenießbare Heu herauskratzen.

4 Setzen Sie den Blattkegel kopfüber in die Mitte zurück und füllen Sie ihn mit einer Dipsauce Ihrer Wahl.

SPARGEL ZUBEREITEN

Sehr dünner, zarter Spargel muss nur gewaschen und gekürzt werden. Dickerer Spargel sollte geschält werden, um hölzerne Stängel zu entfernen.

Zum Kochen des Spargels füllen Sie eine große, hohe Pfanne 2,5 cm hoch mit Wasser und 1/2 Teelöffel Salz. Bei mittlerer Hitze zum Kochen bringen. Geben Sie den Spargel hinein und lassen Sie ihn 3 bis 4 Minuten köcheln, bis er weich ist.

SELLERIE ZUBEREITEN

Sellerie sollte dünn geschält werden, um die zähesten Fasern von der Außenseite der Stangen zu entfernen. Beschneiden Sie das Ende der Selleriestange, aber trennen Sie es nicht vollständig ab; ziehen Sie es mit den daran hängenden Fasern ab.

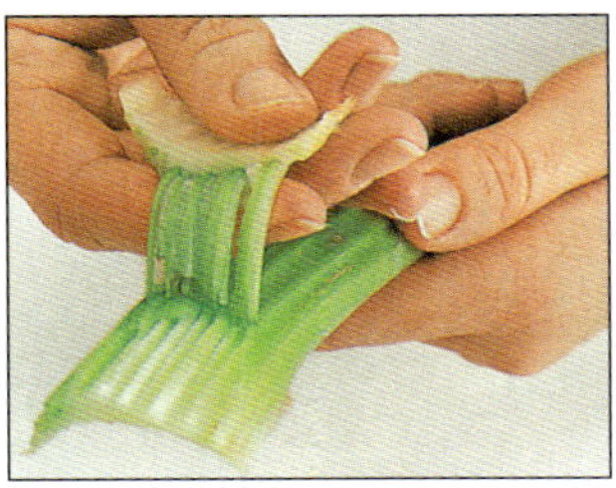

Selleriestücke dünsten Sie mit 1 Esslöffel Butter und 2 bis 3 Esslöffeln Fond oder Wasser 2 bis 3 Minuten, bis sie eben zart sind. Bedecken Sie Sellerieherzen mit ungefähr 1 Tasse (240 ml) Wasser und 1 Esslöffel Butter und lassen Sie sie rund 20 Minuten köcheln.

Getreide und Hülsenfrüchte

Getreide und Hülsenfrüchte sollten so frisch wie möglich verwendet werden. Eine schöne, helle Farbe, ein pralles Aussehen und ein frisches Aroma sind gute Zeichen. Ältere Getreide und Hülsenfrüchte müssen länger gegart werden. Lagern Sie sie kühl und trocken in luftdichten Behältern.

Reis und andere Getreidearten

Beim Erntevorgang wird dem Getreide Wasser entzogen, sodass es in reichlich Flüssigkeit gekocht werden muss, um wieder Feuchtigkeit aufzunehmen und weich zu werden. Wasser ist die einfachste Möglichkeit, aber für herzhafte Gerichte kann auch Fond verwendet werden, während Milch für Müsli und Milchreis geeignet ist. Die Garzeiten sind unterschiedlich, je nach Getreidesorte, ihrem Alter und ihrer Trockenheit. Ganze Körner müssen länger gekocht werden als polierte oder vorbehandelte Sorten. Die meisten Getreidearten sollten al dente gekocht werden: weich, doch im Inneren noch leicht fest. Ganze Körner sind etwas zäher. Manche – wie zum Beispiel Wildreis – platzen auf, wenn sie gar sind, aber die meisten sollten ihre Form behalten. Getreide kann gekocht, gedämpft, gebacken oder wie Risotto beziehungsweise Pilaw zubereitet werden, doch für welche Methode Sie sich auch entscheiden: lassen Sie das Getreide abgedeckt etwa 5 Minuten lang ruhen. Die einzelnen Körner können sich dann zusammenziehen. Um die Körner voneinander zu trennen, rühren Sie sie leicht mit einer Gabel um. Amaranth ist eine hoch wachsende Pflanze mit sehr großen Blättern, die viele winzige Samen produziert. Sowohl Blätter als auch Samen sind essbar. Der Amaranth ist eng verwandt mit Gänsefußgewächsen, Spinat und Roter Bete. Quinoa ist eine Getreideart aus Peru, die ebenfalls eng mit dem Amaranth verwandt ist. Der Quinoa-Samen hat einen Durchmesser von etwa 3 mm und wird wie Weizenmehl zubereitet und verzehrt. Dinkel ist eine Unterart des gewöhnlichen Weizens und eins der ältesten Anbaugetreide. Er erfreut sich neuerdings wieder wachsender Beliebtheit.

Amaranth

Quinoa

Langkornreis

Wildreis

REISLEXIKON

Es gibt hunderte von Reissorten; die meisten unterscheiden sich durch die Größe des Korns, einige durch ihre Herkunft. Sie benötigen unterschiedliche Kochmethoden und verfügen über eine große Bandbreite an Geschmacksrichtungen und Beschaffenheiten. Einige weiße *Langkornreisarten* sind „parboiled", das heißt, die Nährstoffe werden unter hohem Druck von der äußeren Hülse in das Korn hineingepresst, damit sie beim Polieren erhalten bleiben.

Langkornreis kocht trocken und luftig mit zarten, einzelnen Körnern. Er ist 4- bis 5-mal so lang wie breit. Carolina ist eine Langkorn-Sorte aus den Südstaaten der USA. Basmati, ein anderer Langkornreis, wird gelegentlich auch als „Champagner unter den Reissorten" bezeichnet. Wegen seines exotischen Duftes ist er sehr beliebt und gilt als Grundlage der indischen Küche; vor der Verwendung muss er abgespült werden.

Rundkornreis wie Arborio ist etwas runder und nimmt etwas mehr Flüssigkeit als die Langkornsorten auf, wodurch er etwas feuchter und klebriger wird. Er kann jedoch genau wie Langkornreis verwendet werden.

Klebreis ist ein Rundkornreis, der in der chinesischen und japanischen Küche verwendet wird, weil er mit Stäbchen leichter zu essen ist.

Thai-Duftreis hat einen besonderen Duft, und seine jungen, zarten Körner werden von den Thais und den Vietnamesen sehr geschätzt.

Wildreis ist ein Wassergras, das an Flüssen und Seen an der kanadisch-amerikanischen Grenze wächst. Die langen, dünnen, schwarzen Körner haben einen nussigen Geschmack und eine zähe Konsistenz. Er wird oft mit weißem Reis vermischt, um die Kosten überschaubar zu halten, denn er ist sehr teuer. Wildreis benötigt 15 bis 20 Minuten mehr Garzeit als weißer Reis und nimmt etwa das Vierfache seines Volumens an Flüssigkeit auf.

Andere Getreidearten Viele andere Getreidearten können wie Reis zubereitet und gegessen werden; einige absorbieren mehr Wasser als weißer Reis.

Dinkel ist als Hülsengetreide bekannt. Dieses Getreide ist sehr nahrhaft und liefert viel Energie. Das unglaublich rahmige und köstliche Korn gart in 20 bis 30 Minuten und ergibt ein wunderbares Risotto.

REIS UND ANDERES GETREIDE KOCHEN

WASSERREIS: Bringen Sie einen großen Topf Wasser zum Kochen. Geben Sie den Reis allmählich hinzu, sodass das Wasser weiter kocht. Einmal umrühren und weiter kochen lassen, bis der Reis weich ist. In einem Durchschlag abtropfen lassen und mit heißem Wasser abspülen.

QUELLREIS: Bringen Sie Wasser oder Fond (normalerweise 1 1/2 mal mehr als Reis) zum Kochen. Reis hinzufügen und wieder kochen lassen. Umrühren, dann abgedeckt 18 bis 20 Minuten dämpfen, bis die Flüssigkeit vollständig aufgesogen und der Reis weich ist (15 Minuten länger für braunen Reis).

BACKEN: Abgemessene Menge Reis in eine ofenfeste Backform geben. Gießen Sie die 1 1/2fache Menge kochendes Wasser oder Fond hinzu. Umrühren und fest abdecken. Bei 180 °C im Ofen backen, bis das Wasser absorbiert und der Reis weich ist. (Brauner Reis benötigt etwa 15 Minuten mehr.)

DÄMPFEN: Legen Sie einen Dampfkocher mit einem feuchten Passiertuch aus. Verteilen Sie den Reis gleichmäßig über die Oberfläche und stellen Sie den Dampfkocher über einen Topf mit siedendem Wasser. Abdecken und rund 20 Minuten dämpfen, bis der Reis weich ist.

RISOTTO-METHODE: Butter oder Öl in einem Topf bei mittlerer Hitze erhitzen. Reis einrühren und 2 Minuten garen. Geben Sie die 1 1/2fache Menge Wasser oder Fond hinzu. Mit Salz und Pfeffer würzen, einmal umrühren. Zum Kochen bringen und abdecken. Die Hitze verringern und den Reis 18 bis 20 Minuten kochen lassen.

BULGUR ZUBEREITEN: TABBOULEH-SALAT

Bulgur ist zerkleinerter Weizen mit einem nussigen Geschmack, der durch das Kochen eine leichte, luftige Konsistenz bekommt. Er wird aus gedämpften, getrockneten und anschließend in winzige Stücke zerkleinerten Weizenkörnern hergestellt und ist sehr nahrhaft. Dieses im Mittleren Osten sehr beliebte Nahrungsmittel kann man nach der Risotto-Methode sieden oder kochen, aber auch wie Reis dämpfen. Bulgur muss lediglich eingeweicht werden, bevor man ihn in Tabbouleh-Salat verwenden kann, einem Kräutersalat mit Petersilie, Minze und Tomaten.

ZUTATEN

1/2 Tasse (120 g) Bulgur
1 mittlere rote Zwiebel, fein gehackt
1 Tasse (240 g) entkernte, gehackte Tomaten (nach Belieben geschält)
5 Esslöffel gehackte glattblättrige Petersilie
5 Esslöffel gehackte frische Minze
1/2 Tasse (120 ml) Olivenöl
1/4 Tasse (60 ml) frisch gepresster Zitronensaft

1 Einweichen: unter fließendem kalten Wasser abspülen. In eine große Schüssel geben und mit doppelt so viel Wasser wie Bulgur bedecken. 1 Stunde stehen lassen, bis er aufgequollen und weich ist. Geben Sie mehr Wasser hinzu, falls erforderlich. Schütten Sie überschüssiges Wasser ab. Mit einer Gabel auflockern, um die Körner zu trennen.

2 Rühren Sie die Zwiebel, die gehackten Tomaten, die gehackten Kräuter, das Öl und den Zitronensaft oder Essig ein. Mit Salz und schwarzem Pfeffer würzen. Mit Minzeblättern und Zitronenzweigen garnieren und mit schwarzen Oliven servieren. (Der Salat sollte grün, nicht beige aussehen.)

COUSCOUS ZUBEREITEN

Couscous ist eigentlich kein Getreide, sondern eine winzige Pasta. Dieses nordafrikanische Grundnahrungsmittel wird aus Hartweizengrieß hergestellt, der traditionell von Hand zu „Körnern" geformt wurde, die dann angefeuchtet und mit Mehl umhüllt wurden. Es macht die Körner ein bisschen größer und sorgt dafür, dass sie beim Kochen nicht zusammenkleben. Heutzutage wird Couscous meist industriell hergestellt. Schnellkoch-Couscous wird nur in heißes Wasser eingerührt, kurz stehen gelassen und ist dann servierfertig. Couscous ist auch der Name eines berühmten nordafrikanischen Schmorgerichts, das in einem speziellen Dampftopf, einer Couscoussière, gekocht wird. Couscous ist eine köstliche Füllung für Geflügel und kann auch eingeweicht und wie Bulgur für eine Art Tabbouleh-Salat verwendet werden.

1 Geben Sie den Couscous in ein großes Sieb und spülen Sie ihn unter fließendem kalten Wasser ab, bis das Wasser klar wird. Füllen Sie ihn in eine Schüssel und fügen Sie genug kaltes Wasser hinzu, dass er 1 cm hoch bedeckt ist. Etwa 30 Minuten stehen lassen, erneut abschütten. (Wenn der Couscous als Füllung verwendet werden soll, fahren Sie nach Rezept fort.)

2 Um den Couscous als Hauptbeilage zu servieren, legen Sie einen Durchschlag oder einen flachen Dampfkocher mit einem feuchten Passiertuch aus. Zerreiben Sie den abgeschütteten Couscous zwischen den Fingern, um alle Klümpchen aufzulösen, und geben Sie ihn in den Durchschlag. Stellen Sie ihn über einen Topf mit kochendem Wasser und dämpfen Sie ihn unabgedeckt rund 30 Minuten. Mit dem traditionellen Schmorgericht oder anderem Fleisch und Gemüse servieren.

FÜR EILIGE KÖCHE

SCHNELLKOCH-COUSCOUS

Geben Sie 1 Esslöffel Butter oder Öl in einen Topf mit 1 1/2 Tassen (360 ml) Wasser oder Fond. Mit Salz und Pfeffer würzen und alle übrigen erwünschten Gewürze oder Kräuter hinzufügen. Zum Kochen bringen und allmählich 1 Tasse (230 g) Couscous einrühren. Vom Herd nehmen, abdecken und etwa 10 Minuten stehen lassen. Vor dem Servieren mit einer Gabel auflockern.

POLENTA ZUBEREITEN

Polenta ist grob gemahlenes Maismehl, das mit Wasser oder Fond zu einer breiigen Masse gekocht wird. Man rührt Butter, Öl und/oder Käse hinein und serviert sie gelegentlich mit Tomatensauce. Polenta ist in Norditalien eine beliebte Beilage zu gebratenem Fleisch, Würstchen und Schmorgerichten. Polenta muss ständig umgerührt werden, während sie zu einer dicken, cremigen Masse einkocht.

ZUTATEN

4 Tassen (960 ml) Wasser
1 1/2 Teelöffel Salz
1 Tasse (230 g) Polenta
4 Esslöffel ungesalzene Butter
3 bis 4 Esslöffel frisch geriebener Parmesankäse

1 Bringen Sie Wasser und Salz in einem hochwandigen Topf mit schwerem Boden zum Kochen. Fügen Sie unter ständigem Rühren die Polenta allmählich hinzu. Rühren Sie die Hälfte der Butter hinein.

2 Verringern Sie die Wärmezufuhr und rühren Sie ständig mit einem Holzlöffel weiter, bis die Masse nach 15 bis 20 Minuten dick geworden ist und die Mischung sich von den Topfrändern abzulösen beginnt. Nehmen Sie den Topf vom Herd und rühren Sie den Käse und die restliche Butter ein. Sofort als warme Beilage servieren.

3 Wenn Sie die Polenta in Scheiben servieren wollen, gehen Sie wie oben vor. Butter und Käse können Sie auch weglassen. Geben Sie die Polenta in eine eingefettete Kastenform und streichen Sie die Oberfläche glatt. Vollständig abkühlen lassen, dann kalt stellen, bis sie fest ist. In Scheiben schneiden und braten oder grillen.

MAIS UND MAISMEHL

In vielen Teilen der Welt wetteifern Mais und Weizen um den Status der wichtigsten Getreideart. Es gibt zahlreiche Sorten Mais, sogar eine blaue, die von den amerikanischen Ureinwohnern stammt und einen süßen, erdigen Geschmack hat. Mais wird gewöhnlich wie Mehl gemahlen und zu Tortillas und Maisflocken verarbeitet.

Maismehl entsteht aus fein gemahlenem, getrockneten weißen oder gelben Mais. Zumeist wird es aus dem Kern gemahlen, nachdem Hülle und Keim entfernt wurden. In vielen Teilen der Welt zählt es zu den Grundnahrungsmitteln. Man kann es gekocht (4 Teile Wasser auf 1 Teil Maismehl) mit Butter oder Sirup essen oder gekühlt, in Scheiben geschnitten und als Beilage gebraten. Es wird in einer Vielzahl von Puddings, Maisbroten, Muffins und Tortillas verwendet. Zudem ist es eine knusprige Panade für Fisch. An einem kühlen, dunklen Ort aufbewahrt ist Maismehl ein Jahr haltbar. Maisstärke ist eine feine, puderartige Stärke, die aus geriebenen Maiskörnern hergestellt wird. Sie wird zum Andicken von Saucen verwendet, besonders in chinesischen Rezepten. Maisstärke kann „hartes" Mehl weicher machen; ersetzen Sie damit 1 bis 2 Esslöffel pro Tasse (230 g) eines herkömmlichen Mehls, um Pasteten oder Kekse zu backen.

Grits ist feines, weißes Mehl, das in Wasser zu Maisgrütze gekocht wird und als Frühstück oder Beilage verzehrt wird. Im Süden der USA ist er sehr beliebt.

HÜLSENFRÜCHTE

Die Hülsenfrüchte, zu denen Erbsen, Bohnen und Linsen gehören, sind die essbaren Samen von Schotenpflanzen. Sie werden meist getrocknet angeboten und nehmen hinter dem Getreide den zweiten Platz auf der Rangliste der wichtigsten Nahrungsmittel der Welt ein. Mit ihrem hohen Anteil an Eiweiß und Kohlenhydraten sind sie unverzichtbar in der vegetarischen Ernährung. Zusammen mit Getreide liefern sie eine ideale Eiweißkombination.

BOHNENLEXIKON

Es gibt eine verblüffende Vielfalt an getrockneten Bohnen, Erbsen und Linsen, die sich in Größe, Farbe und Form unterscheiden. Die meisten müssen wenigstens 4 Stunden oder besser noch über Nacht eingeweicht werden. Bei Linsen oder Spalterbsen ist das Einweichen nicht erforderlich, doch es verkürzt ihre Garzeit.

Adzuki-Bohnen Eine kleine, süße, rötliche Bohne, die in Asien verwendet wird.

Schwarze Bohnen Diese weichen, glänzenden kleinen schwarzen Bohnen bewahren sehr schön ihre Form und sind beliebt für Suppen und Schmortöpfe.

Schwarzaugenbohnen Die kleinen, ovalen, cremefarbenen Bohnen haben einen schwarzen Punkt auf einer Seite mit einem kleinen cremefarbenen Fleck in der Mitte.

Borlotti-Bohnen Diese mittelgroßen italienischen Bohnen, nierenförmig und von rosaroter Farbe mit dunkleren Streifen, werden oft für Salate verwendet.

Limabohnen Ähnlich wie die Wachsbohnen nehmen diese flachen, ovalen Bohnen beim Kochen eine weiche, zarte Konsistenz an.

Cannellini-Bohnen Sie sind eine wichtige Zutat für Minestrone.

Kichererbsen Rundliche, runzlige, erbsenförmige Samen, die lange eingeweicht und gekocht werden müssen. Sie sind beliebt in der Küche des Nahen Ostens.

Trockenerbsen Diese runden Felderbsen sind im Mittelmeerraum ein Grundnahrungsmittel.

Spalterbsen sind getrocknete, halbierte und enthülste Erbsen. Gelbe Spalterbsen sind milder als grüne; sie sind auch süßer und weniger stärkehaltig als ganze Erbsen.

Adzuki-Bohnen

Kichererbsen

Limabohnen

Schwarzaugenbohnen

Borlotti-Bohnen

BOHNENLEXIKON FORTSETZUNG

Flageoletbohnen Diese milden, hellgrünen Bohnen werden in Frankreich oft zu Lamm serviert.

Weiße Bohnen Eine Bohne mit mildem Geschmack und mehliger Beschaffenheit, die gut ihre Form behält. Sie wird sehr häufig verwendet.

Kidneybohnen Die weichen, glänzenden, nierenförmigen Bohnen können rot, weiß oder schwarz sein. Am häufigsten ist die rote Kidneybohne.

Linsen Diese grünen, roten oder braunen flachen getrockneten Samenkörner müssen wenig oder gar nicht eingeweicht werden. Du-Puy-Linsen behalten ihre Form und eignen sich als warme Beilage oder für Salate. Die rote oder gelbe Linse ist Bestandteil des indischen Dal.

Feldbohnen Hübsche beigefarbene, rosa gesprenkelte, ovale Bohnen. Diese kleinen Bohnen können anstelle von roten Kidneybohnen verwendet werden.

Sojabohnen Die kleinen Bohnen gibt es in Schwarz oder Beige. Sie bilden die Grundlage zahlreicher Produkte, von Mehl über Milch bis zu Sojasauce.

Trockenerbsen

Linsen

Weiße Bohnen

Sojabohnen

Rote Kidneybohnen

EINWEICHEN UND ZUBEREITEN VON HÜLSENFRÜCHTEN

Mit Ausnahme von Linsen und Spalterbsen müssen getrocknete Hülsenfrüchte eingeweicht werden. Kichererbsen und Sojabohnen sind besonders dicht und müssen ein bisschen länger einweichen.

1 Bohnen oder Erbsen verlesen und unter fließendem kalten Wasser abspülen. In eine große Schüssel geben, abdecken und mindestens 2,5 cm hoch mit Wasser bedecken. 6 bis 8 Stunden oder über Nacht einweichen lassen. Abschütten und gut abspülen.

2 Alternativ können Sie die Hülsenfrüchte auch in einen großen Topf legen, mit kaltem Wasser bedecken und zum Kochen bringen. 2 Minuten kochen lassen, vom Herd nehmen, abdecken und 1 Stunde stehen lassen. Abschütten und abspülen.

3 Geben Sie die Bohnen in einen großen Topf oder in einen Bratentopf und bedecken Sie sie mit kaltem Wasser (3 Teile Wasser auf 1 Teil Hülsenfrüchte). Bei mittlerer Hitze zum Kochen bringen. 10 Minuten sprudelnd kochen lassen. Dann 45 Minuten bis 1 Stunde köcheln lassen.

4 Wenn die Bohnen gar sind, sollte das Innere weich, die Hülse jedoch fest sein.

BOHNEN-KNOW-HOW

Die meisten Hülsenfrüchte müssen in den ersten zehn Minuten sprudelnd kochen, um Giftstoffe aus der Schale zu ziehen. Reduzieren Sie dann die Wärmezufuhr und lassen Sie sie köcheln. Linsen und Spalterbsen benötigen diese Behandlung nicht. Einfach zum Kochen bringen, die Hitze verringern und köcheln lassen.

CHILI CON CARNE

Dieses Gericht kann entweder auf dem Herd oder im Ofen zubereitet werden. Der Ofen sollte auf 170 °C vorgeheizt werden.

1 Zerkleinern Sie die Zwiebeln und den Knoblauch im Küchenmixer, bis sie fein gehackt sind. In einen Bratentopf geben und in etwas Olivenöl anbraten, bis sie weich sind. Fügen Sie Chilipulver, frische Chilischote, Kümmel und etwas Gewürz hinzu. Dann das Hackfleisch hinzugeben und unter Umrühren braten, bis es gebräunt ist. Verarbeiten Sie die sonnengetrockneten Tomaten mit reichlich Öl aus der Dose im Küchenmixer zu einer Paste. Mit den Tomaten, der Zimtstange und 1 Tasse (240 ml) Wasser zum Fleisch geben.

ZUTATEN

2 mittlere Zwiebeln
1 Knoblauchzehe
Olivenöl
2 Teelöffel Chilipulver
1 frische rote Chilischote, entkernt und fein gehackt
1 Teelöffel gemahlener Kümmel (oder zerkleinerter Kümmelsamen)
Meersalz und schwarzer Pfeffer
450 g Hackfleisch
1 Tasse (240 g) sonnengetrocknete Tomaten in Olivenöl
2 Dosen à 400 g gehackte Tomaten
1/2 Stange Zimt
2 Dosen à 400 g rote Kidneybohnen, abgetropft

2 Zum Kochen bringen, abdecken, dann entweder bei geringer Hitze 1 1/2 Stunden kochen oder für 1 1/2 Stunden in den Ofen geben. 30 Minuten vor dem Ende der Garzeit die Kidneybohnen zufügen – sie sind bereits vorgekocht und müssen nur erwärmt werden. Auf Reis servieren.

Obst

Die immense Auswahl an Obst bietet auch unerfahrenen Köchen vielfältige Möglichkeiten, gesunde und leckere Gerichte und Snacks zuzubereiten. Leicht zu schälendes Obst kann Ihr Repertoire auf ungewöhnliche und exotische Weise erweitern.

Obst

Obst bietet eine unglaubliche Auswahl an Farben, Geschmack und Beschaffenheit. Am häufigsten wird es als Zwischenmahlzeit aus der Hand gegessen, doch Obst passt auch zu allen Mahlzeiten des Tages, von Bananenscheiben auf dem Frühstücksmüsli bis zum Apfelkuchen als Dessert. Obst wird auch in Vorspeisen, Salaten, Suppen und Hauptgerichten verwendet und passt hervorragend zu Käse. Es bildet die Grundlage für eingelegte Früchte, Würzsaucen, Eingemachtes und natürlich für Desserts. Obst kann roh, gedünstet, gebraten, mit Teig umhüllt, tiefgekühlt, gekocht, gebacken oder püriert serviert.

AUSWAHL UND NACHREIFEN

Wählen Sie Früchte, die schwer für ihre Größe sind. Sie sollten frisch riechen und auf Fingerdruck am Stielende leicht nachgeben. Lassen Sie unreifes Obst bei Zimmertemperatur nachreifen, dann kühlen Sie es. Kaufen Sie nicht zu viel, denn reifes Obst kann nicht sehr lange gelagert werden. Um den Reifungsprozess zu beschleunigen, geben Sie die Früchte in eine dunkle Papiertüte.

FRÜCHTE SÄUBERN

Obst mit essbarer Schale wie Äpfel, Birnen, Pflaumen, Nektarinen und Trauben sollte vor dem Verzehr gewaschen werden. Empfindliche Beeren dagegen sollten nur gewaschen werden, wenn es notwendig ist. Einige Früchte wie Äpfel und Zitronen sind gewachst; sie sollten unter Wasser abgerieben werden, ehe Sie sie reiben, in feine Streifen schneiden oder ungeschält essen.

VERFÄRBUNGEN VERMEIDEN

Früchte wie Äpfel, Birnen, Pfirsiche, Bananen und Avocados werden schnell braun, wenn sie angeschnitten sind. Diese Reaktion der Enzyme auf die Luft kann verlangsamt werden, indem Sie die Schnittflächen mit einer Säure wie Zitronen-, Limonen-, Orangen- oder Grapefruitsaft einreiben.

OBSTSORTEN

Früchte können grob in acht Kategorien unterteilt werden: Kernobst, Zitrusfrüchte, Beerenobst, Steinobst, Melonen, exotische und tropische Früchte. Kernobst sind dünnschalige Baumfrüchte mit festem Fleisch und einem zentralen Kerngehäuse, das Samen enthält. Äpfel, Birnen, Holzäpfel und Quitten sind Kernobst. Steinobst sind dünnschalige Früchte mit einem harten Stein oder Samen in der Mitte wie Aprikosen, Pfirsiche und Pflaumen.

TYPISCHE UND EXOTISCHE FRÜCHTE

Die meisten tropischen Früchte werden roh verzehrt, einige werden auch in gekochten Desserts oder püriert für Sorbets und Eiscreme verwendet.

Bananen werden vor dem Verzehr geschält. Sie können in Scheiben geschnitten und in Obstsalat, Aufläufen oder Pudding verwendet werden. Bananenpüree macht Kuchen, Gebäck und Muffins lecker und saftig.

Ananas ist eine der vielseitigsten Tropenfrüchte. Sie kann in Ringe oder Stücke geschnitten werden, oder die ausgehöhlten Hälften der Frucht werden wie Schiffchen mit anderem Obst gefüllt. Frische Ananas enthält ein Enzym namens Bromelin, das Gelatine zerstört, also verwenden Sie sie nicht in Desserts mit Gelatine. Stattdessen können Sie gekochte Früchte oder Dosenananas nehmen.

Papaya kann wie Melone zubereitet werden: der Länge nach durchschneiden, die schwarzen Kerne und eventuelle Fasern herausschaben und servieren oder in Schnitze schneiden und schälen. Das im Papayasaft enthaltene natürliche Papain macht Fleisch zarter. Papayas sollten ebenfalls nicht in Desserts mit Gelatine verwendet werden.

Kiwi hat hellgrünes Fleisch und kleine schwarze Samenkörner. Auch Kiwis zerstören Gelatine und verhindern das Gelieren.

Passionsfrucht hat orangenartig schmeckendes Fruchtfleisch und schwarze Samenkörner. Mit ihrem intensiven Geschmack ist sie ideal für Vanillecreme, Saucen und Sahnezubereitungen geeignet.

Avocado kann allein verzehrt, für Salate in Scheiben geschnitten, für Dipsaucen püriert, in Suppen und Mousses verwendet oder leicht gebacken werden.

Mango ist sehr saftig und kann auf die verschiedensten Weisen zubereitet werden.

Feigen können leicht gebacken, in Kompott verwendet oder roh gegessen werden.

KOCHEN MIT OBST: DÜNSTEN

Obwohl Obst meist aus der Hand oder in Obstsalaten verzehrt wird, stellt es auch die Grundlage vieler gekochter Desserts dar. Früchte können gedünstet, gebacken, gegrillt und püriert sowie zum Garnieren von Beilagen verwendet werden. Mit Zucker und Zitrone können Sie sowohl ungekochte als auch gekochte Obstzubereitungen geschmacklich verstärken. Gedünstete Früchte können für sich allein oder als Teil eines Kompotts serviert werden. Kochen Sie sie in einem Zuckersirup, aromatisiert mit Vanille, Zitronen- oder Orangenschale, Zimt, Gewürznelken oder Wein, je nach Rezept.

1 Ein einfacher Zuckersirup: 2 Tassen (500 ml) Wasser mit 1 Tasse (225 ml) Zucker bei geringer Hitze in einem Topf erhitzen, bis der Zucker sich auflöst, etwa 1 Minute kochen lassen, bis der Sirup kristallklar ist. Die Früchte schälen und entkernen. Geben Sie sie vorsichtig in den heißen Sirup und decken Sie sie mit einem Stück Backpapier ab.

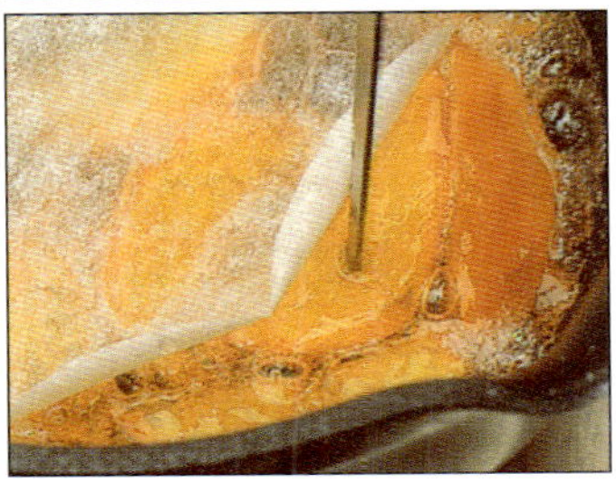

2 Leicht köcheln lassen, bis das Obst sich weich anfühlt, wenn Sie mit einer Messerspitze einstechen. Von der Kochstelle nehmen und in der Dünstflüssigkeit abkühlen lassen.

OBST FRITTIEREN

Manche Obstsorten können frittiert werden, aber die meisten Fruchtstücke werden zuvor in Teig getaucht. Vor dem Servieren werden sie dann mit Puderzucker bestäubt.

Pasta, Nudeln und Klösse

Obwohl Pasta schon seit vielen Jahren in jedem Haushalt zu finden ist, wurde sie erst in den frühen achtziger Jahren richtig trendy. Sie wird in jedem Restaurant serviert und ist in Supermärkten, italienischen Lebensmittelläden und Feinkostgeschäften erhältlich. Klöße sind eine traditionelle, wärmende und sättigende Beilage zu Schmorgerichten und Desserts.

Pasta

Pasta wird aus einer ungesäuerten Mischung aus Mehl und Flüssigkeit (entweder Wasser oder Eier) hergestellt und ergibt ein vielseitiges, preiswertes, nahrhaftes Essen, sie ist seit langem ein bekanntes Grundnahrungsmittel in Italien, dem Mittleren Osten und Asien. Nachdem im 18. Jahrhundert in Neapel die industrielle Produktion von Pasta begann, war ihr weltweiter Siegeszug nicht mehr aufzuhalten.

Es gibt zwei Arten von Pasta: getrocknete und frische. Wenn Sie getrocknete Pasta kaufen, achten Sie auf Bezeichnungen wie „Hartweizen" oder „pasta di semola di grano duro". Getrocknete Pasta ist in unzähligen Formen und Größen und in vielen Geschmacksrichtungen erhältlich, zum Beispiel mit Spinat, Kräutern und Knoblauch; fast immer wird sie unter ihrer italienischen Bezeichnung vertrieben. Getrocknete Pasta hält sich unbegrenzt, wenn Sie sie kühl und trocken aufbewahren.

In den letzten Jahren wurde frische Pasta äußerst beliebt. Sie wird aus Mehl, Eiern und manchmal etwas Öl und Salz hergestellt, von Hand oder mit der Maschine ausgerollt und dann in Streifen, Bogen, Spiralen oder andere Formen geschnitten oder gefüllt. Frische Pasta wird meist mit einem speziellen Pastamehl zubereitet, denn hausgemachte Pasta aus Hartweizenmehl lässt sich nur sehr schwer dünn ausrollen und ist nicht einfach zu handhaben. Sie kann von Hand oder mit einer Küchenmaschine hergestellt werden.

PASTALEXIKON

Lasagne (einfach)

Dreifarbige Fusilli

Pipe rigate

Vollkorn-Spaghetti

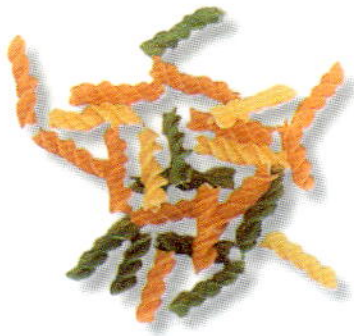

PASTALEXIKON (FORTSETZUNG)

Es gibt Hunderte von Pastaformen, sowohl getrocknete als auch frische.

Lasagne Mindestens 5 cm breite Nudelplatten, getrocknet oder frisch erhältlich. Die gekochten Platten werden mit Fleisch und Tomatensauce, Käse und Gemüse oder Meeresfrüchten in eine Form geschichtet und überbacken.

Dreifarbige Fusilli Korkenzieherförmige Nudeln von etwa 5 cm Länge (sie können auch so lang sein wie Spaghetti).

Farfalle Schmetterlingsförmige Nudeln von ca. 5 cm Länge und 2 cm Breite. In der Mitte sind sie eingedrückt.

Pipe rigate Kleine, kurze, geriffelte Nudelform.

Conchiglie Klein, muschelförmig.

Penne rigate 5 cm lange geriffelte Röhren mit diagonaler Schnittkante.

Campanelle Passen zu einer kräftigen Sauce.

Tagliatelle (paglia e fieno) Bandartige, flache Nudel von etwa 0,6 cm Breite.

Cannelloni 7 bis 10 cm lange Nudelröhren, im Allgemeinen gefüllt, mit Sauce bedeckt und überbacken.

Rotelle Flache Nudeln in Radform.

Makkaroni Kurze, hohle Röhrchen, manchmal gebogen, mit Käsesauce überbacken.

Spaghetti Lange, dünne Nudelstangen aus Weiß- oder Vollkornmehl. Dünne Spaghetti werden Spaghettini genannt.

Ravioli Meist frische, quadratische Pasta, gefüllt mit Fleisch, Käse oder Gemüse.

Tortellini Frische weiße oder Spinatpasta, gefüllt mit Käse, Fleisch oder anderen Füllungen und zu ringförmigen Klößchen geformt.

Capelli d'Angelo Sehr feine, lange Nudeln, auch als Engelshaar-Pasta bezeichnet.

Penne rigate

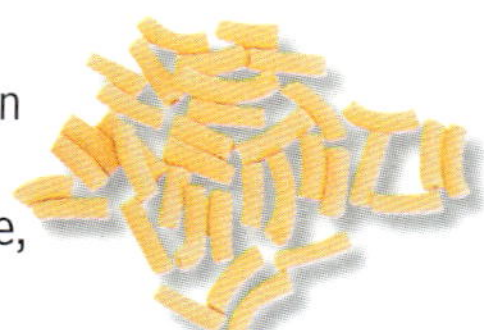

Makkaroni

Tagliatelle paglia e fieno

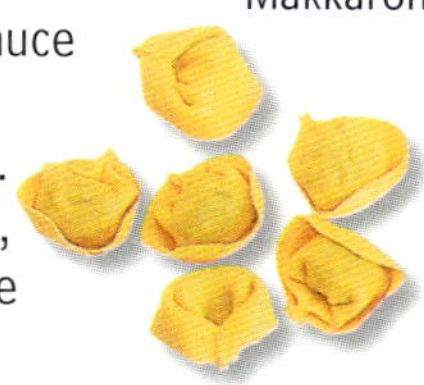

Spinat- und Ricotta-Tortellini (frisch)

Ravioli (frisch)

Engelshaar-Spaghetti (frisch)

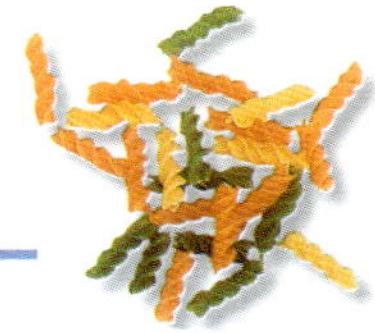

PASTATEIG ZUBEREITEN: EINFACHE EIERNUDELN

Genau wie bei Brot- und Pastetenteig hängt auch beim Pastateig die Flüssigkeitsmenge von der Art des Mehls ab.

ZUTATEN

2 Tassen (450 g) Mehl
1 Teelöffel Salz
1 Esslöffel Öl (optional)
3 mittelgroße Eier, leicht verquirlt

1 Geben Sie Mehl und Salz in eine Schüssel oder auf eine Arbeitsfläche und vermengen Sie die Zutaten. Bilden Sie in der Mitte eine Mulde und geben Sie die Eier und gegebenenfalls das Öl hinein.

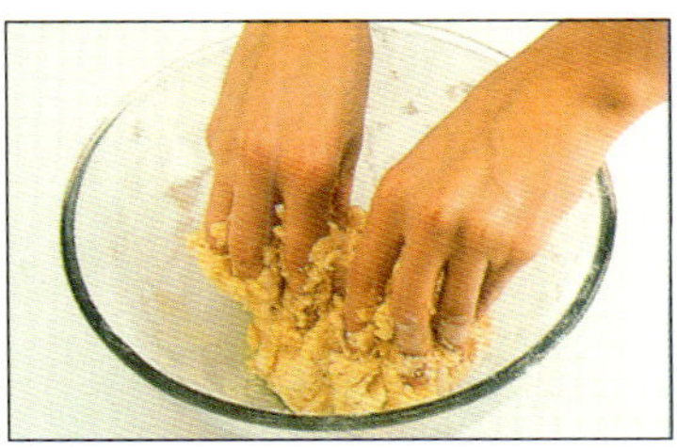

2 Mit einer Gabel oder mit den Fingerspitzen das Mehl nach und nach mit den Eiern vermischen, bis sich ein weicher Teig bildet. Wenn er sehr klebrig ist, arbeiten Sie ein wenig mehr Mehl ein.

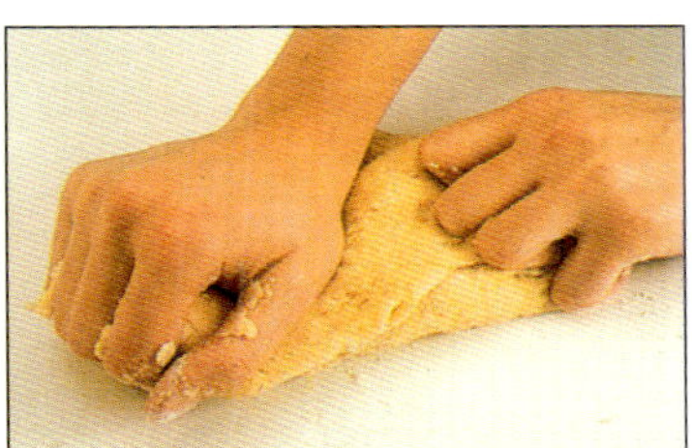

3 Kneten Sie den Teig auf der Arbeitsfläche 8 bis 10 Minuten lang, bis er geschmeidig und elastisch ist.

4 Decken Sie den Teig mit einer umgedrehten Schüssel ab. Lassen Sie ihn 20 Minuten ruhen. Sie können ihn auch abgedeckt bis zum Ausrollen in den Kühlschrank stellen.

BUNTE PASTA

Getrocknete Pasta ist in einer Vielzahl von Farben erhältlich. Wenn Sie Pasta selbst färben wollen, müssen Sie für den Teig etwas mehr Mehl verwenden.

Grüne Pasta 350 g gekochten frischen Spinat oder Mangold hinzugeben, fein mit den Eiern gehackt.

Rote Pasta Zusammen mit den Eiern 1 bis 2 Esslöffel Tomatenmark oder fein gehackte sonnengetrocknete Tomaten hinzugeben; fügen Sie den Eiern 4 Esslöffel Karotten- oder Rote-Paprika-Püree zu.

Rote-Bete-Pasta Zu den Eiern 1 1/2 Esslöffel Rote-Bete-Püree zugeben.

Frische-Kräuter-Pasta Den Eiern 2 Esslöffel fein gehackte Petersilie, Basilikum, Estragon oder Koriander hinzufügen, auf Wunsch zusätzlich 1 bis 2 Zehen fein gehackten Knoblauch.

Zitronen-Pasta Den Eiern 1 1/2 Esslöffel geriebene Schale und 1/2 Teelöffel Zitronensaft zufügen.

Safran- oder gelbe Pasta Dem Mehl 1/2 Teelöffel gemahlenen Safran zufügen oder ein paar Safranfäden in 1 Esslöffel heißem Wasser einweichen und zu den Eiern geben.

Vollkorn-Pasta 1/4 bis 1/2 Tasse (60 bis 120 g) Weißmehl durch die gleiche Menge Vollkornmehl ersetzen.

PASTATEIG AUSROLLEN UND SCHNEIDEN

Teilen Sie den Teig in drei oder vier Stücke. Arbeiten Sie nur mit einem Stück und lassen Sie die anderen abgedeckt, damit sie nicht austrocknen.

1 Mit einem langen Nudelholz den Teig auf einer leicht bemehlten Arbeitsfläche von der Mitte aus etwa 0,3 cm dick auswellen – oder dünner, wenn möglich. Wenn der Teig zu elastisch zum Bearbeiten wird, decken Sie ihn ein paar Minuten mit einem feuchten Geschirrtuch ab und lassen ihn ruhen.

2 Wenn Sie die Nudeln formen wollen, schneiden Sie diese sofort, solange der Teig noch weich ist. Wenn Sie Nudeln von Hand schneiden, bestäuben Sie sie leicht mit Mehl und lassen Sie sie 10 bis 20 Minuten leicht trocknen. (Zum Schneiden mit der Maschine nur 5 bis 10 Minuten trocknen lassen.)

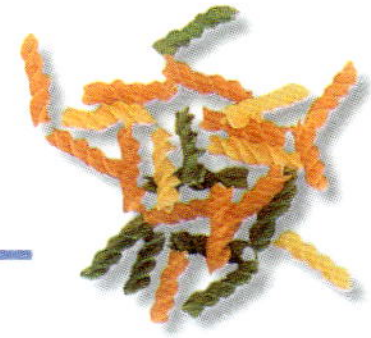

NUDELN VON HAND SCHNEIDEN

1 Rollen Sie den Teig locker auf und schneiden Sie ihn quer: 0,3 cm für Fettucine, 0,6 cm für Tagliatelle, 1,25 cm für Papardelle oder breite Eiernudeln.

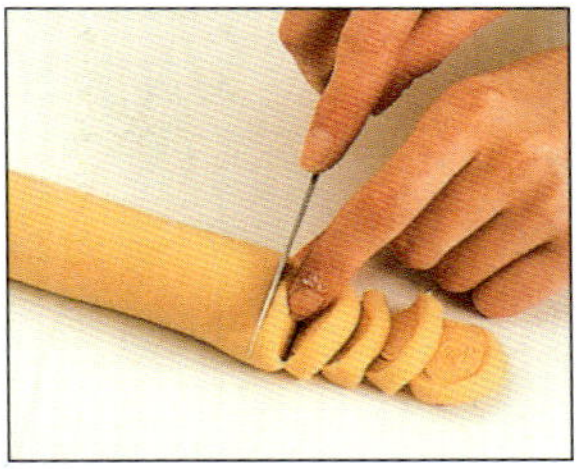

2 Rollen Sie die Nudeln auseinander und breiten Sie sie auf einem sauberen Geschirrhandtuch aus. Mit etwas Mehl bestäuben und schütteln, damit sie nicht zusammenkleben. Sie können die Nudeln auch auf ein spezielles Pasta-Trockengestell hängen, auf eine Handtuchstange oder auf einen Besenstiel, den sie auf zwei Stuhlrücken gelegt haben. Vor dem Kochen 2 bis 3 Stunden trocknen lassen.

PASTATEIG MIT DER MASCHINE AUSROLLEN

Wenn Sie regelmäßig Pasta herstellen wollen, lohnt sich eine Pastamaschine. Sie kann ausrollen, schneiden und den Teig kneten.

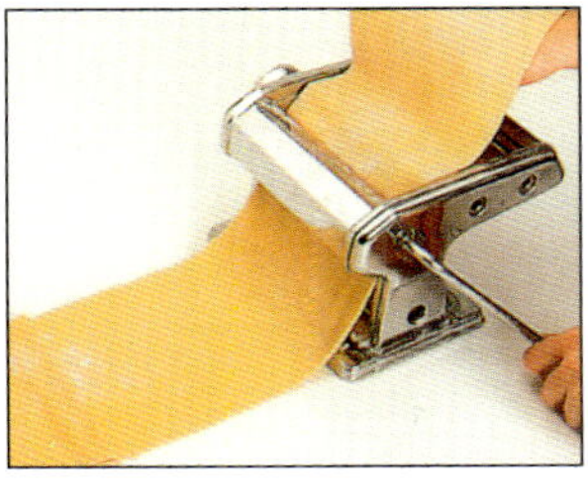

1 Um den Teig zu kneten, stellen Sie die Rollen auf die weiteste Einstellung. Mehlen Sie beide Rollen und den Teig. Klopfen Sie den Teig etwas flach, ehe sie ihn durch die Rollen schieben und dabei den Handgriff drehen.

2 Falten Sie den Teig in drei Teile. Klappen Sie zuerst das obere Drittel um, dann falten Sie das untere Drittel über die anderen.

3 Schieben Sie den Teig noch einmal durch die Rollen, mit der offenen Seite zuerst. Wiederholen Sie das Rollen und Falten 6 bis 8 Mal und mehlen Sie dabei den Teig und die Rollen nach Bedarf.

PASTATEIG MIT DER MASCHINE AUSROLLEN UND SCHNEIDEN (FORTSETZUNG)

4 Um den Teig flach auszurollen, stellen Sie die Rollen eine Stufe enger. Schieben Sie den Teigstreifen hindurch. Falten Sie den Teig diesmal nicht; stellen Sie die Rollen erneut eine Stufe enger und schieben Sie den Teigstreifen noch einmal durch. Wiederholen Sie dies, bis der Teig dünn genug ist, dass er geschnitten werden kann (etwa 0,3 cm oder dünner; der Teig ist jetzt knapp 1 Meter lang.) Breiten Sie den Teig auf einer Arbeitsfläche aus, bestäuben Sie ihn mit Mehl und lassen Sie ihn 10 bis 15 Minuten trocknen. Dadurch klebt er beim Schneiden nicht an den Rollen fest.

5 Um den Teig zu schneiden, bemehlen Sie ein Backblech oder ein Geschirrhandtuch und legen es unter die Maschine. Stellen Sie sie auf „Schneiden" oder setzen Sie nach Anweisung den Schneidroller ein. Den Teigstreifen durchschieben und die geschnittenen Nudeln locker auf die Unterlage fallen lassen. Die Nudeln erneut mit etwas Mehl bestäuben und aufbewahren.

GEFÜLLTE PASTA HERSTELLEN

Bereiten Sie die Füllung vor und rollen Sie die Pasta extradünn aus, mindestens 0,4 cm. Gefüllte Nudeln haben die doppelte Pastadicke, deshalb müssen sie dünn ausgerollt sein. Rund 30 g Füllung reichen für 25 bis 30 Formen.

RAVIOLI:

1 Legen Sie einen Teigstreifen auf eine leicht bemehlte Arbeitsfläche und schneiden Sie ihn quer in zwei Hälften. Auf die eine Hälfte geben Sie 1/2 Teelöffel der Füllung.

2 Tauchen Sie einen Backpinsel oder Ihre Finger leicht in Wasser und feuchten Sie den Pastateig um die Füllung herum an.

3 Legen Sie die andere Hälfte des Teigstreifens auf den gefüllten. Drücken Sie die Teigblätter zwischen den Füllungen aneinander.

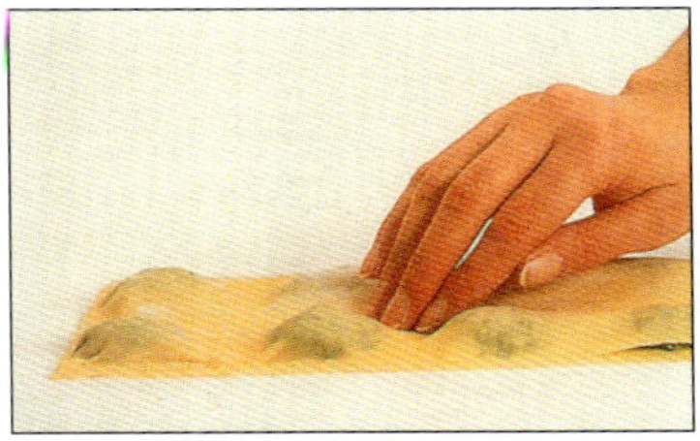

4 Schneiden Sie mit einem Küchenmesser oder einem Pizzaroller zunächst vertikale, dann horizontale Linien zwischen den gefüllten Vierecken. Danach mit einer Gabel die Ränder zusammendrücken. Gegen Aneinanderkleben streuen Sie etwas Grieß darüber.

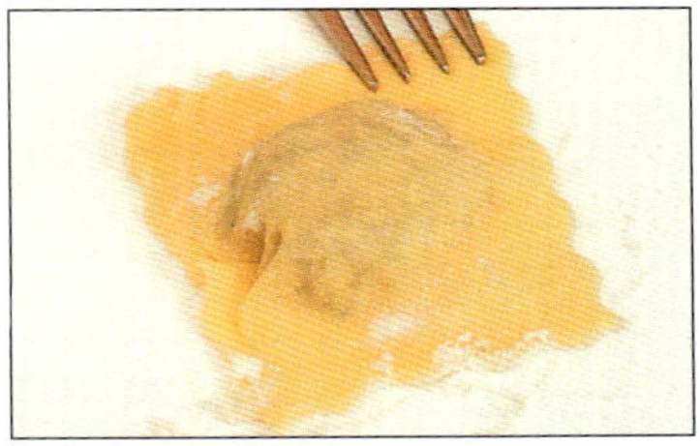

5 Sie können die Ravioli auch rund oder in einer anderen Form zuschneiden und wie in Schritt 4 bestreuen. Vor dem Kochen etwas trocknen lassen oder bis zu einem Tag wie frisch geschnittene Nudeln lagern.

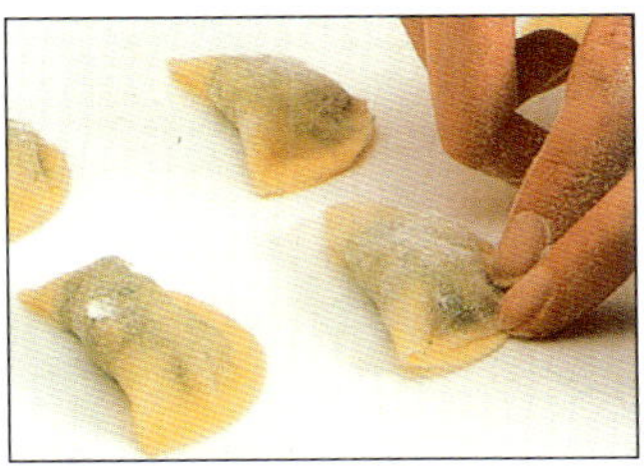

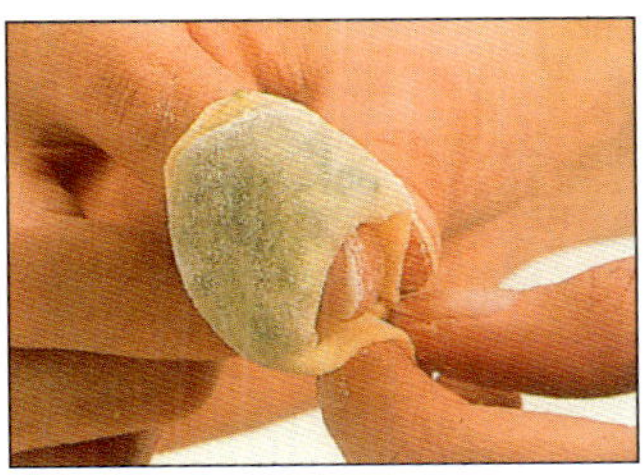

TORTELLINI

1 Mit einem 7,5-cm-Rundschneider schneiden Sie möglichst viele Kreise aus dem ausgerollten Pastateig. Geben Sie in die Mitte jeden Kreises einen Teelöffel Füllung und bepinseln Sie die Teigränder mit Wasser.

2 Klappen Sie eine Seite des Teigs zu einer Halbmondform um, damit die Füllung umschlossen wird. Die Ränder gut zusammendrücken.

3 Feuchten Sie die Enden auf einer Seite des Halbmonds an. Wickeln Sie den Teig um Ihren Zeigefinger. Dann die angefeuchteten spitzen Enden zusammendrücken.

PASTA KOCHEN

Frische und getrocknete Pasta werden auf die gleiche Weise in viel Salzwasser gekocht. Für 500 g Pasta benötigen Sie etwa 2 Liter Wasser. Verwenden Sie 1 Esslöffel Salz pro Pfund Pasta. Sie können 1 Esslöffel Öl in das Wasser geben, wenn es zu kochen beginnt; dies verhindert, dass die Pasta zusammenklebt.

1 Bringen Sie bei starker Hitze einen großen Topf mit Salzwasser zum Kochen. Geben Sie die Pasta hinein, lassen Sie das Wasser aufkochen und rühren Sie gelegentlich um.

2 Wenn Sie Spaghetti kochen, schieben Sie die Spaghetti langsam aus der Hand ins Wasser. Wenn sie weich werden und sich biegen, können Sie die Spaghetti dann nach und nach komplett ins Wasser hineinschieben. Mit einer Gabel umrühren, um sie zu trennen.

3 Wenn das Wasser wieder kocht, die Temperatur leicht herunterschalten und die Pasta köcheln lassen. Bei getrockneter Pasta folgen Sie den Garzeitempfehlungen auf der Verpackung, aber beginnen Sie nach Ablauf der kürzesten angegebenen Kochzeit die Bissfestigkeit zu testen. Dünne Nudeln wie Engelshaar-Spaghetti können innerhalb von 3 Minuten gar sein, während Rigatoni bis zu 12 Minuten brauchen. Verwenden Sie für die Garprobe einen Schöpflöffel, um eine Nudel aus dem Wasser zu heben. Lassen Sie kaltes Wasser darüber laufen und beißen Sie hinein; sie sollte al dente oder „fest im Biss" sein. Sie können Sie auch mit einem kleinen, scharfen Messer entzweischneiden. Die Nudel sollte vollständig gar aussehen und keine undurchsichtige oder rohe Stelle in der Mitte aufweisen.

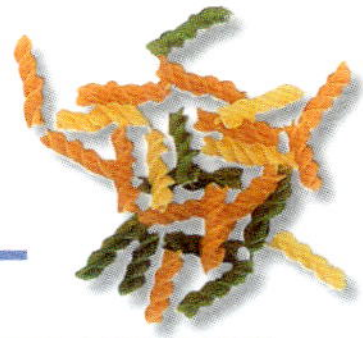

4 Um den Kochvorgang zu beenden, schütten Sie eine Tasse (240 ml) kaltes Wasser in den Pastatopf. Dann gießen Sie die Nudeln sofort in einem Sieb ab.

5 Frische Pasta gart in weniger als einer Minute. Geben Sie sie in kochendes Wasser; sie ist gar, sobald sie an der Oberfläche schwimmt. Gefüllte Sorten benötigen 7 bis 9 Minuten, da sie ja aus zwei Schichten Pasta bestehen.

PASTA AUFBEWAHREN

PASTA TROCKNEN
Wenn frische Pasta nicht innerhalb von ein bis zwei Stunden nach der Herstellung verbraucht wird, sollte sie vollständig getrocknet werden, sonst wird sie matschig. Hängen Sie die Pasta mehrere Stunden auf ein Trockengestell, einen Handtuchhalter oder einen über zwei Stühle gelegten Besenstiel.

NUDELN
Wickeln Sie die Nudeln zu Nestern, solange sie noch weich sind, und legen Sie sie auf ein bemehltes Backblech oder Geschirrhandtuch, um sie trocknen zu lassen. Anschließend in eine Plastikdose schichten und mit Grieß oder Maismehl bestreuen. Mit Backpapier können Sie die einzelnen Schichten voneinander trennen und ein Zusammenkleben verhindern. Bis zu drei Tage im Kühlschrank haltbar.

GEFÜLLTE PASTA
Gefüllte Pasta können auf einem Backblech oder in Schichten, bestreut mit Grieß oder Maismehl, bis zu einem Tag aufbewahrt werden.

Nudeln und Klösse

Auch in Asien und einigen anderen Ländern sind Nudeln beliebt. Sie können frisch oder getrocknet sein, mit oder ohne Eier, aus Weizenmehl, Sojabohnenmehl oder Reismehl. Meist werden sie wie die mediterrane Pasta gekocht, aber manche müssen zum Verzehr auch eingeweicht oder gebraten werden.

Klöße sind kleine runde Teigstücke, manchmal gesäuert, die in einer siedenden Flüssigkeit wie Wasser, Fond oder Milch gedünstet werden. Obwohl sie im Allgemeinen leicht herzustellen sind, ist der Garvorgang mitunter schwierig. Wenn das Rezept vorschreibt, dass sie abgedeckt gekocht werden müssen, nehmen Sie keinesfalls den Deckel ab – denn wenn durch das erneute Abdecken die Temperatur wieder ansteigt, könnten sie zerfallen. Geben Sie Klößen genug Platz zum Aufgehen und lassen Sie sie nur sieden; sprudelndes Kochen kann sie auseinander fallen lassen.

Nudellexikon

Glasnudeln Aus Mungobohnenmehl hergestellt. Werden in der fernöstlichen Küche verwendet. Harusame, die japanischen Glasnudeln, bestehen aus Reismehl. Sie müssen vor dem Kochen eingeweicht werden.

Eiernudeln Frische Eiernudeln bestehen aus Weizenmehl und Eiern. Sie sind die am häufigsten verwendeten Nudeln.

Hokkien-Nudeln Frische, gelbe Eiernudeln für Suppen und Wok-Gerichte.

Reisnudeln Dünne weiße Nudeln, meist getrocknet in Bündeln erhältlich. Sie müssen vor dem Kochen rund 2 Stunden eingeweicht werden.

Reispapier Dünne, getrocknete, durchscheinende Kreise, aus denen thailändische und vietnamesische Frühlingsrollen gemacht werden.

Reisstäbchen Bandförmige Reisnudeln. Sie werden in gebratenen Gerichten verwendet.

Sobanudeln Dünne, flache, meist aus Buchweizen hergestellte Nudeln, die in japanischen Nudelsuppen beliebt sind. Sie können auch kalt mit einem Dip serviert werden.

Somen Feine, glänzende, weiße japanische Weizenmehlnudeln, die in 2 bis 3 Minuten gar sind. Sie werden kalt mit einem Dip serviert.

Udon Lange, dünne, bandförmige japanische Weizenmehlnudeln.

Weizennudeln Chinesische Weizenmehlnudeln ohne Eier.

Wan-Tan-Blätter Waffeldünne Weizenmehlquadrate von etwa 7,5 cm Länge.

Reisnudeln

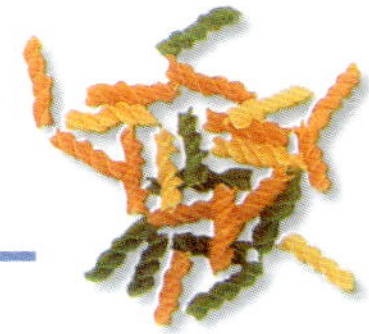

Reispapier

Sobanudeln

Eiernudeln

Hokkien-Nudeln

Wan-Tan-Blätter

MATZENKNÖDEL (KNAIDLACH)

ZUTATEN

4 Eier, leicht verquirlt
5 Esslöffel Margarine oder Pflanzenfett, weich, fast geschmolzen
1/4 Tasse (60 ml) Hühnerfond oder Wasser
1 Teelöffel Salz
1/4 Teelöffel Pfeffer
1 Prise Zimt oder Muskat
1/2 Tasse (120 g) Matzemehl

1 Verrühren Sie die Eier mit der fast geschmolzenen Margarine oder Pflanzenfett, mit Hühnerfond oder Wasser sowie mit Salz, Pfeffer und Zimt.

2 Rühren Sie das Matzenmehl ein, bis es gut vermischt ist. Abdecken und 1 Stunde in den Kühlschrank stellen, damit das Matzenmehl die Flüssigkeit aufnehmen und quellen kann.

3 Mit angefeuchteten Händen den Teig in Knödel von etwa 2 cm Durchmesser formen und in siedende Suppe oder Wasser geben. Abdecken und 20 Minuten sieden lassen. In Suppe servieren.

Gebäck

Mürb-, Blätter- und Brandteig bestehen aus Mehl, Fett und gewöhnlich einer Flüssigkeit, um die beiden Zutaten zu binden. Damit ein lockerer, zarter, luftiger Teig gelingt, muss man wissen, wozu jede einzelne Zutat dient und wie sie reagiert, und einige grundlegende Regeln bei der Teigherstellung beachten.

Teig herstellen

In diesem Kapitel ist von drei Arten Teig die Rede – einfachen Mürbteig, Blätterteig wie für die berühmten Königinnenpastetchen und Brandteig, aus dem zum Beispiel Windbeutel hergestellt werden.

Wenn Sie den Teig zu lange bearbeiten, wird er zu zäh. Ein „entspannter" Teig ist wichtig für alle Teigarten. Gekühlter Teig lässt sich leichter verarbeiten. Achten Sie darauf, dass die Zutaten und der Teig während jedes Zubereitungsschritts gekühlt sind. Sehr fetthaltigen Teig bei Zimmertemperatur 10 bis 15 Minuten weich werden lassen und das Nudelholz und die Arbeitsfläche zum leichteren Ausrollen etwas mit Mehl bestäuben.

ZUTATEN FÜR TEIG

Die Anzahl der Zutaten für einen Teig ist zwar begrenzt, kann aber in der Zusammensetzung enorm variieren und zu unterschiedlichen Ergebnissen führen. Bei der Herstellung von Teig ist exaktes Abmessen wichtig, und die Zutaten sollten lieber gewogen als nach Volumen bemessen werden.

Mehl ist der wichtigste Bestandteil. Ein helles, feines Weizenmehl ist für Blätterteig am besten geeignet. Griffige Mehlsorten ergeben einen festen, härteren Teig. In den meisten Rezepten wird Universalmehl verlangt. Vollkorn- oder Roggenmehl führt zu einem etwas schwereren Teig. Verwenden Sie dazu einen größeren Anteil Weißmehl, um die Handhabung zu erleichtern.

Fett macht den Teig mürbe und sorgt für Reichhaltigkeit und Geschmack. Das normale Verhältnis ist gewöhnlich halb Fett, halb Mehl. Je mehr Fett der Teig enthält, desto schwieriger wird seine Verarbeitung, deshalb sollten Sie ihn nach jedem Schritt kühlen.

Flüssigkeit Teig wird meist mit Wasser gebunden, wenngleich auch Milch oder andere Flüssigkeiten verwendet werden können. Verwenden Sie den minimalen Flüssigkeitsanteil, denn zu viel kann zu einem klebrigen, schwer zu verarbeitenden und zähen Teig führen. Das Wasser sollte eisgekühlt oder sehr kalt sein. Das normale Verhältnis ist etwa 1 Teelöffel Wasser auf 2 Esslöffel Mehl, aber dies hängt auch davon ab, ob ganze Eier, Eigelbe oder andere Flüssigkeiten verwendet werden.

Eier Eier oder Eigelbe werden dem Teig wegen des Geschmacks hinzugefügt und weil sie die Zutaten zu binden helfen. Für manche üppigen Teige werden nur die Eigelbe mit Fett und Mehl verwendet.

Salz und Zucker Wie in vielen anderen Gerichten unterstreicht Salz den Geschmack der übrigen Zutaten. Zucker macht den Teig süßer und knuspriger.

MÜRBTEIG (PÂTÉ BRISÉE)

Pâte brisée, ein einfacher Mürbteig, hat eine feste, luftige Kruste, die das Gebäck zusammenhält und doch sehr zart ist. Brisée ist das französische Wort für „zerbrochen"; bei diesem Teig werden Mehl und Fette ineinander gerieben. Nehmen Sie halb Backfett, halb Butter, wenn Sie mögen, aber denken Sie daran, dass das weiße Fett den Teig mürber und schwieriger zu verarbeiten macht. Wenn der Teig nach der Zugabe von Flüssigkeit klebrig wird, kühlen Sie ihn. Das Mehl muss nicht unbedingt gesiebt werden, aber der Mürbeteig wird dadurch lockerer. Die unten angegebene Teigmenge reicht für eine Kuchenform von 23 bis 25 cm Durchmesser.

ZUTATEN

- 1 1/4 Tassen (280 g) Universalmehl
- 1/2 Teelöffel Salz
- 1 Teelöffel Zucker, optional
- 6 Esslöffel kalte, ungesalzene Butter oder Margarine, in kleine Stücke geschnitten
- 2 Esslöffel kalte Margarine oder Backfett, in kleine Stücke geschnitten
- 2 bis 4 Esslöffel Eiswasser

1 Sieben Sie das Mehl, das Salz und den Zucker in eine große Schüssel. Streuen Sie die Fettstückchen darüber. Kneten Sie das Fett unter, bis die Mischung grobe Krümel bildet. Nicht zu lange kneten und nicht warm werden lassen.

2 Sprengen Sie etwa 2 Esslöffel Wasser über die Mehlkrumen und rühren Sie sie mit einer Gabel vorsichtig um. Die Teigstückchen dürfen nicht verklumpen. Geben Sie mehr Wasser zu den trockenen Krumen und verrühren Sie sie so lange, bis die Mischung feucht genug ist, um zusammenzukleben.

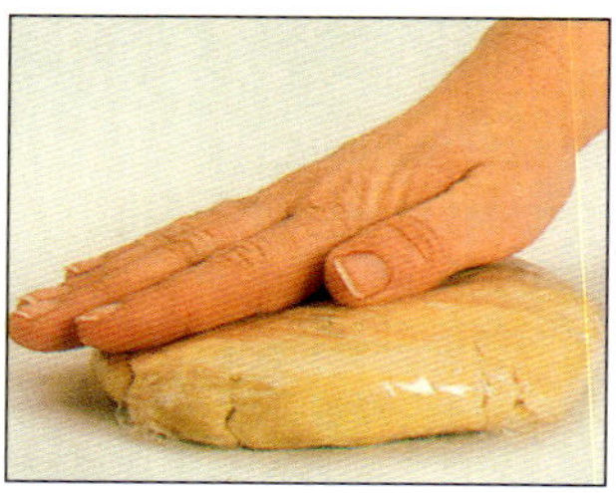

3 Formen Sie den Teig zu einer Kugel, die Sie in Plastikfolie wickeln. Drücken Sie die Teigkugel dann zu einer flachen Scheibe von etwa 2,5 cm Dicke. Fest einwickeln und mindestens 1 Stunde oder über Nacht in den Kühlschrank stellen.

MÜRBTEIG-VARIATIONEN

ZUTATEN

1 1/4 Tassen (280 g) Universalmehl
1/2 Teelöffel Salz
1 bis 2 Teelöffel Puderzucker, optional
1/2 Tasse (120 g) kalte, ungesalzene Butter, in kleine Stücke geschnitten

VARIATIONEN
Leichter Vollkornteig 3/4 Tasse (170 g) Universalmehl, 1/2 Tasse (120 g) Vollkornmehl, 1/2 Teelöffel Salz, 3 Esslöffel kalte Butter, 1 Esslöffel Backfett oder Margarine und mit 2 Esslöffeln Eiswasser verquirltes Eigelb verkneten.
Leichter Nussteig Fügen Sie dem Mehl 2 bis 3 Esslöffel gehackte Nüsse hinzu.
Extrasüßer Teig Diesen nahrhaften, zart schmelzenden Teig sollten Sie kühlen, wenn er zu klebrig wird. Wenn er zu schwer auszurollen ist, drücken Sie ihn mit bemehlten Fingern in eine Backform. Verwenden Sie 1 Tasse (230 g) Universalmehl, 1/2 Teelöffel Salz, 4 bis 5 Esslöffel Puderzucker, 1/2 Tasse (120 g) kalte Butter, in kleine Stücke geschnitten, 3 Eigelbe, verquirlt mit 1 Esslöffel Eiswasser, und 1/2 Teelöffel Vanilleextrakt.
Gehaltvoller Nussteig Dieser Teig kann ohne Ausrollen direkt in die Backform gedrückt werden und eignet sich daher ideal für Füllungen. Geben Sie 1 Tasse (230 g) zimmerwarme Butter, 1 leicht verquirltes Ei, 1 Teelöffel Vanille- oder Mandelextrakt (optional), 1 Tasse (230 g) Universalmehl, 1/2 Teelöffel Salz, 1 bis 2 Esslöffel Zucker und 1 Tasse (230 g) fein gehackte Walnüsse, Pekannüsse, Mandeln oder Haselnüsse in eine Küchenmaschine mit Knethaken. Verarbeiten Sie die Zutaten, bis sie gut vermischt und geschmeidig sind. Sie können sie auch in einer großen Schüssel mit einem Handrührgerät kneten.
Krümelteig Dieser Teig ist leicht herzustellen und beliebt für Käsekuchen und mit Creme gefüllte Küchlein. Geben Sie 1 1/2 Tassen (340 g) zerkleinerte Vollkornkräcker, Zwieback oder andere Kekse in die Schüssel einer Küchenmaschine und verarbeiten Sie sie, bis sich feine Krümel formen. Mit 6 Esslöffel geschmolzene Butter und 1 bis 2 Esslöffel Zucker (optional) vermengen, in eine Springform drücken und kühlen.

TEIG AUSROLLEN: EINEN KREIS FORMEN

Lassen Sie den Teig bei Zimmertemperatur 10 bis 15 Minuten weich werden. Bestäuben Sie die Arbeitsfläche und das Nudelholz leicht mit Mehl.

1 Bestäuben Sie die Arbeitsfläche mit Mehl und legen Sie den Teig darauf. Drücken Sie mit einem leicht bemehlten Nudelholz parallel hinein. Drehen Sie den Teig um 45 ° und drücken Sie eine weitere Reihe paralleler Vertiefungen hinein. Weiter so, bis der Teig etwa 1,25 cm dick ist.

2 Von der Mitte aus rollen Sie den Teig behutsam zum äußeren Rand hin aus, aber rollen Sie nicht darüber hinaus. Zum Mittelpunkt zurückkehren und zum nächstgelegenen Randabschnitt ausrollen. Drehen Sie den Teig um 45 ° und rollen Sie weiter, bis er etwa 0,3 cm dick ist und einen Kreis von rund 30 cm bildet. Bemehlen Sie leicht die Arbeitsfläche und das Nudelholz, falls erforderlich.

3 Mit einem kleinen Backpinsel überschüssiges Mehl vom Teig entfernen. Flicken Sie Risse mit einem kleinen Stück angefeuchteten Teigs.

4 Wenn der Teig größer wird, falten Sie ihn zum Drehen in Hälften oder Viertel oder rollen ihn über das Nudelholz, um die Arbeitsfläche mit Mehl zu bestäuben; so vermeiden Sie, dass der empfindliche Teig einreißt.

5 Verwenden Sie eine Springform als Schablone und schneiden Sie mit einem Messer den Teig mit 5 cm Zugabe aus.

RECHTECK-FORMEN

Gehen Sie vor wie bei dem kreisförmigen Teig, aber drehen Sie den Teig um 90 ° statt um 45 °, wenn Sie die Vertiefungen hineindrücken. Dadurch wird der Teig länglich und passt so in eine rechteckige Form.

AUSGEROLLTEN TEIG EINFRIEREN

1 Vorsichtig auf ein Backblech gleiten lassen und in das Tiefkühlfach legen, bis der Teig sehr fest ist. Die gefrorene Teigform auf Gefrierpapier schieben, fest einwickeln und tiefkühlen.

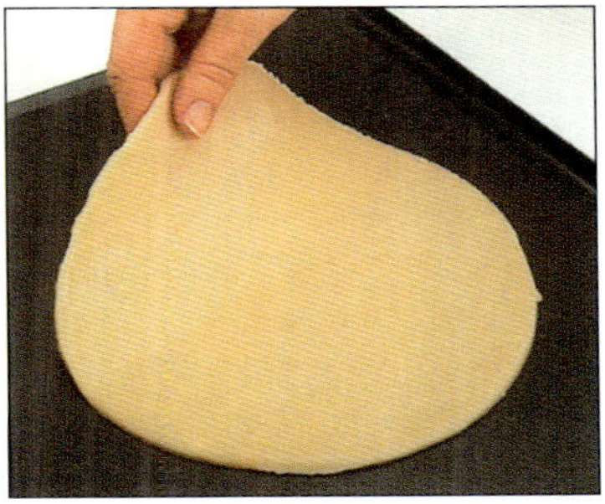

2 Sie können auch mehrere Schichten einfrieren und Gefrierpapier dazwischen legen. Vor Verwendung über Nacht im Kühlschrank oder mehrere Stunden lang bei Zimmertemperatur auftauen lassen.

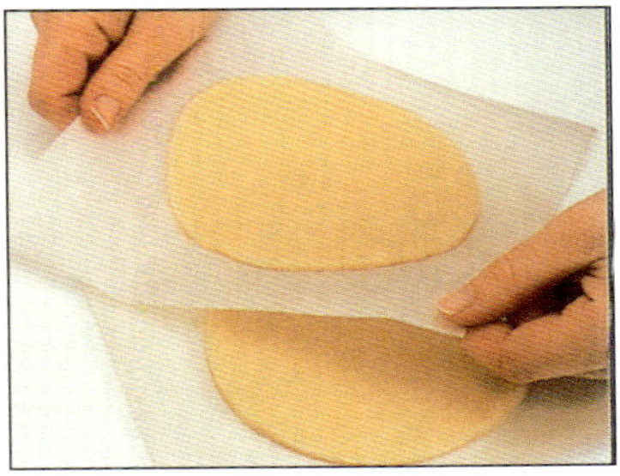

FÜR EILIGE KÖCHE

Die Küchenmaschine kann ein nützlicher Helfer sein – achten Sie nur darauf, dass Sie den Teig nicht zu lange verarbeiten.

1 Geben Sie Mehl, Salz und Zucker in die Schüssel einer Küchenmaschine mit Knethaken. 5 Minuten zum Vermischen einschalten. Das Backfett über die Mehlmischung geben und kneten lassen, bis die Mischung grobe Krumen bildet.

2 Den Deckel abnehmen und 2 Esslöffel Wasser über die Mehlmischung geben. 10 bis 15 Sekunden verarbeiten, bis die Mischung gerade anfängt, sich zu verbinden – nicht zu lange eingeschaltet lassen. Testen Sie den Teig, indem Sie ihn zwischen den Fingern zerdrücken. Wenn er zu krümelig ist, geben Sie in kleinen Mengen noch etwas Wasser dazu. Der Teig darf keine Kugel bilden, und Sie dürfen auch nicht zu viel Wasser hineingeben, sonst wird er zäh.

BLÄTTERTEIG

ZUTATEN

1 Tasse (230 g) ungesalzene Butter
2 Tassen weniger 1 Esslöffel (460 g) Universalmehl
1 Esslöffel Maisstärke
1 Teelöffel Salz
1/2 bis 3/4 Tasse (120 bis 180 ml) sehr kalte Schlagsahne oder halb Sahne, halb Eiswasser

1 Schneiden Sie die Butter in kleine Stückchen. Gleichmäßig auf einem Teller verteilen und 30 Minuten in das Gefrierfach stellen. Währenddessen kühlen Sie die Arbeitsfläche mit einer mit Eiswürfeln gefüllten Bratpfanne oder einem Backblech.

2 Geben Sie Mehl, Maisstärke und Salz in die Schüssel einer Küchenmaschine mit Knethaken. 5 bis 7 Sekunden kneten. Streuen Sie die gefrorene Butter darüber und verarbeiten Sie die Mischung 3 bis 4 Mal; die Butter ist immer noch klumpig.

3 Nehmen Sie den Deckel ab und gießen Sie in gleichmäßigem Strahl 1/2 Tasse (120 ml) Sahne, Wasser oder eine Mischung aus beidem hinein. 5 Sekunden verarbeiten; die Mischung sollte klumpig aussehen und zusammenkleben, wenn Sie sie zwischen Daumen und Zeigefinger zerdrücken. Wenn der Teig trocken oder krümelig ist, geben Sie mehr Flüssigkeit hinein und vermischen alles.

4 Auf ein Stück Plastikfolie geben und zur Kugel formen. Zur Scheibe flach drücken und in Folie wickeln. 20 Minuten kalt stellen.

5 Bestäuben Sie die Arbeitsfläche mit Mehl und rollen Sie den Teig zu einem länglichen Rechteck aus, mindestens dreimal so lang wie breit (etwa 15 × 46 cm). Pinseln Sie überschüssiges Mehl weg.

6 Klappen Sie das untere Drittel des Rechtecks hoch und das obere Drittel herunter über das unten liegende Drittel, als wenn Sie einen Brief zusammenfalten. Pinseln Sie alles überschüssige Mehl weg.

7 Drücken Sie die Ränder mit dem Nudelholz zusammen. Drehen Sie den Teig, sodass eine offene Seite zu Ihnen zeigt und die andere von Ihnen weg. Rollen Sie den Teig wieder zu demselben länglichen Rechteck aus und falten Sie es erneut in Drittel.

8 Drücken Sie die Ränder mit dem Nudelholz zusammen. Drücken Sie Zeige- und Mittelfinger in die Oberfläche als Markierung für zwei Drehungen. Wickeln Sie den Teig fest ein und stellen Sie ihn 30 Minuten kalt.

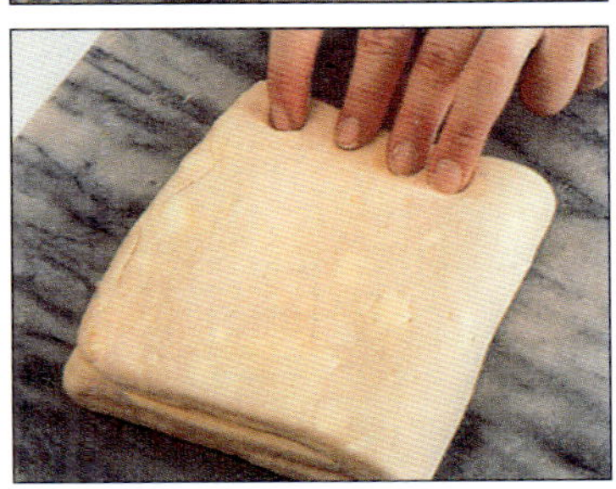

9 Aus dem Kühlschrank nehmen, ausrollen und zwei weitere Male zusammenfalten. Hinterlassen Sie vier Abdrücke, um vier Drehungen zu markieren. Vor der Verwendung erneut für 1/2 Stunde fest einwickeln oder bis zu 3 Tagen kalt stellen.

WINDBEUTEL (BRANDTEIG)

ZUTATEN

1 Tasse (230 g) Universalmehl, gesiebt
1 Tasse (240 ml) Wasser
1 Teelöffel Zucker
1/2 Teelöffel Salz
1/2 Tasse (120 g) ungesalzene Butter, in kleine Stücke geschnitten
3 bis 4 Eier

1 Heizen Sie den Ofen auf 220 °C vor und fetten Sie ein großes Backblech leicht ein. Wasser, Zucker, Salz und Butter in einen mittelgroßen Topf geben und alles bei mittlerer Hitze zum Kochen bringen; die Butter sollte vollständig geschmolzen sein, sobald das Wasser zu kochen beginnt. (Dies ist sehr wichtig; das Wasser darf nicht weiterkochen, um die Butter zu schmelzen, sonst verändert sich das Mengenverhältnis der Zutaten.)

2 Sobald das Wasser kocht und die Butter geschmolzen ist, nehmen Sie den Topf vom Herd. Geben Sie die Mehlmischung auf einmal hinein und schlagen Sie sie kräftig mit einem Holzlöffel; der Teig muss eine Kugel bilden und sich von den Topfrändern ablösen.

3 Den Topf wieder auf den Herd stellen und etwa 1 Minute weiter rühren, um den Teig zu trocknen, ohne dass er anbrennt. Vom Herd nehmen und abkühlen lassen.

4 Schlagen Sie drei Eier hinein und verrühren alles gründlich. Die Mischung nimmt die Eier nur langsam auf. Das vierte Ei ein wenig mit einer Gabel verquirlen und nach und nach hinzugeben, bis der Teig geschmeidig vom Löffel fällt.

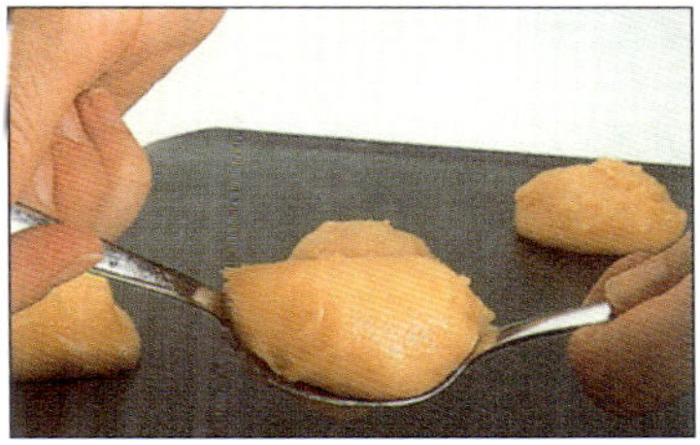

5 Verwenden Sie zwei Löffel, um die runden Windbeutel zu formen. In mindestens 5 cm Abstand auf das vorbereitete Backblech setzen.

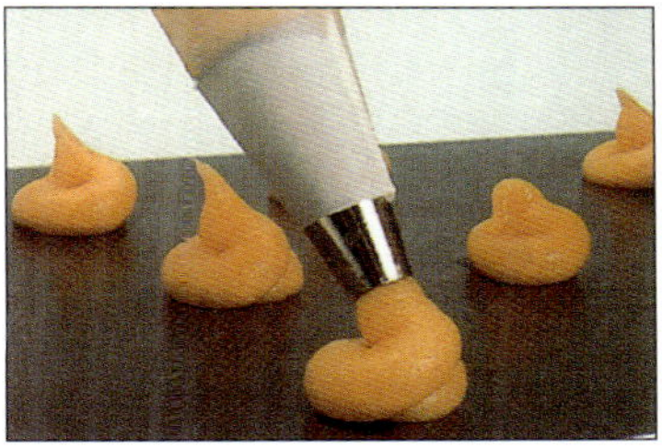

6 Sie können den Brandteig auch in einen großen Spritzbeutel mit einer 2 cm breiten einfachen Spritztülle geben. Drücken Sie gleichmäßig und spritzen Sie den Teig in kleine Hügel oder Eclairs, je nach Rezept.

7 Bepinseln Sie die Windbeutel mit der verquirlten Ei-Milch-Mischung. 15 Minuten backen, dann die Temperatur auf 200 °C verringern. Weitere 15 bis 20 Minuten bei leicht geöffneter Ofentür backen, bis das Gebäck goldbraun ist.

8 Stellen Sie das Backblech auf einen Bratrost. Vorsichtig eine Öffnung seitlich in jeden Windbeutel drücken, damit der Dampf entweichen kann. Zum Austrocknen noch einmal 5 bis 10 Minuten in den Ofen schieben und zum Abkühlen auf den Bratrost legen.

9 Um die Windbeutel zu füllen, schneiden Sie sie horizontal durch. Entfernen Sie rohen oder matschigen Teig aus dem Inneren. Mit einem Löffel Schlagsahne oder Creme in die untere Hälfte jeden Windbeutels füllen und mit der oberen Hälfte abdecken. Mit Puderzucker bestäuben oder mit Schokoladensauce übergießen.

Brot und Kuchen

Wenn Sie erst einmal wissen, wie Sie Mehl und Hefe verarbeiten können, werden knusprige Brotlaibe bald zu Ihrem Standard-Back-Repertoire gehören. Auch Kuchen sind auf der ganzen Welt beliebt und bilden oft den Höhepunkt besonderer Anlässe oder Feiertage, vom Geburtstag über die Hochzeit bis zur Taufe.

Brot zubereiten

Die einfachsten Brote werden aus Mehl, Wasser, Hefe und Salz gemacht. Durch die Zugabe von Eiern, Zucker, Milch, Butter, Nüssen, Rosinen oder anderen Zutaten erhalten Sie gehaltvollere, mehr kuchenartige Brote. Wenn Sie andere Mehlsorten verwenden, zum Beispiel Vollkorn-, Roggen-, Mais- oder Hafermehl, erhält der Teig eine besondere Konsistenz

Der Glutengehalt und die Beschaffenheit des Mehls hängen ab von der Region, von der Jahreszeit und sogar von der Charge. Aus diesem Grund kann Mehl unterschiedlich viel Flüssigkeit aufnehmen. Gluten, eine Art Protein, absorbiert Flüssigkeit und bildet elastische Stränge im Teig.

Hefe wird bei der Herstellung der meisten Brote als Triebmittel verwendet. Das Überprüfen der Hefe – der erste Schritt beim Brotbacken – stellt sicher, dass die Hefe aktiv ist und die Fermentierung auslöst. Durch das Kneten, den wichtigsten Schritt, wird die Hefe gleichmäßig im Teig verteilt. Gekneteter Teig muss mindestens einmal aufgehen, manchmal auch zweimal, je nach Teig und Hefeart.

Salz verlangsamt die Fermentierung der Hefe. Es bringt das Aufgehen des Teiges unter Kontrolle und unterstreicht seinen Geschmack. Im Allgemeinen reicht ein knapper Esslöffel pro Pfund Mehl.

Flüssigkeit bindet den Teig und löst die Fermentierung der Hefe aus. Am häufigsten wird Wasser verwendet, doch Milch führt oft zu einer weicheren Beschaffenheit.

Die Verwendung von Hefe

Hefe ist sehr temperaturempfindlich, am besten geht sie bei knapp 30 °C auf. Bei niedrigeren Temperaturen arbeitet sie langsamer oder wird träge; bei einer Temperatur über 60 °C stirbt sie ab. Sie ist in zwei Formen erhältlich: als frische oder Backhefe und als Trockenhefe. Frische Hefe ist leichter verderblich. Sie sollte von einem rahmigen Beige sein und eine süßen, frischen, starken Geruch haben. Wenn sie dunkel ist, Flecken hat oder säuerlich riecht, werfen Sie sie weg. Frische Hefe ist in 42-g-Würfeln erhältlich. Sie kann im Kühlschrank gut verpackt bis zu zwei Wochen aufbewahrt und bis zu einem Monat lang eingefroren werden. Trockenhefe hält sich an einem kühlen, trockenen Ort, am besten im Kühlschrank, monatelang.

EINFACHES WEISSBROT

1 Hefe in eine kleine Schüssel warmes Wasser hineinrühren, ein wenig Zucker hinzugeben und umrühren, bis sich alles auflöst.

2 Beiseite stellen, bis der Rand der Flüssigkeit durch die Fermentierung der Hefe zu blähen und zu schäumen beginnt. Wenn dies nicht geschieht, Masse wegwerfen und noch mal von vorne anfangen.

3 In der Zwischenzeit Milch auf 45 °C erwärmen. Butter einrühren, bis sie vollständig geschmolzen ist. Beiseite, bis sie dieselbe Temperatur hat wie die Hefemischung.

ZUTATEN

1 Tüte (knapp 1 Esslöffel) Trockenhefe
4 Esslöffel warmes Wasser (43 ° bis 46 °C)
1 bis 2 Esslöffel Zucker
1 Tasse (250 ml) warme Milch (etwa 45 °C)
3 Esslöffel Butter, in Würfeln
3 3/4 Tassen (450 g) Universalmehl plus zusätzlich
1 Esslöffel Salz
1 Ei, mit 1 Esslöffel Wasser verquirlt, für die Glasur

4 Mehl, Salz und restlichen Zucker in eine große Schüssel sieben und gut vermengen. Mit einem großen Löffel eine Vertiefung in die Mitte drücken und die Hefemischung hineingeben.

5 Gießen Sie die Milch-Butter-Mischung in die Schüssel.

6 Rühren Sie mit einem hölzernen Löffel nach und nach das Mehl von den Rändern der Vertiefung in die Flüssigkeit ein.

7 Fahren Sie fort, bis sich ein weicher Teig geformt hat, der sich von den Rändern der Schüssel ablöst. Wenn der Teig zu feucht und klebrig ist, esslöffelweise ein bisschen mehr Mehl darüber streuen. Wenn er zu trocken ist, fügen Sie ein wenig warmes Wasser hinzu.

8 Legen Sie den Teig auf eine leicht bemehlte Arbeitsfläche. Kneten Sie ihn. Falten Sie den Teig zusammen, ziehen Sie ihn zu sich heran, dann drücken Sie ihn mit den Handballen von sich weg.

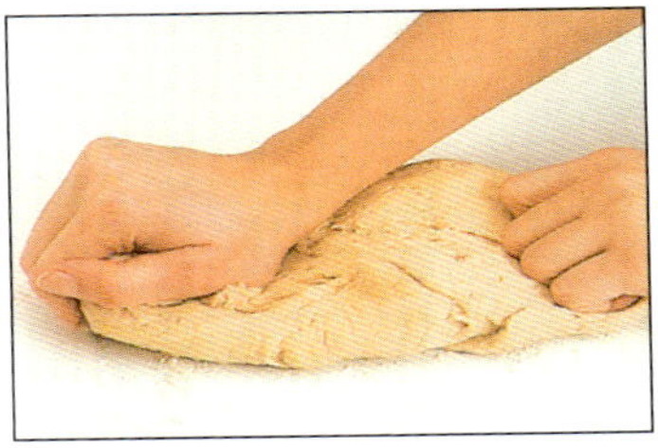

9 Teig eine Vierteldrehung geben und Vorgang wiederholen 10 Minuten lang. Geben Sie ab und zu etwas Mehl hinzu, bis der Teig geschmeidig und elastisch ist und sich auf der Oberfläche Luftbläschen bilden.

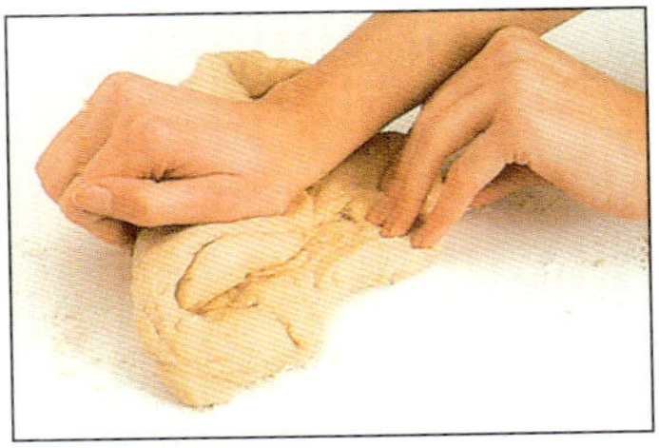

10 Formen Sie den Teig zu einer Kugel, legen Sie ihn in eine große, geölte Schüssel und decken Sie ihn ab. Stellen Sie die Schüssel 1 bis 1 1/2 Stunden bei 24 ° bis 27 °C an einen warmen, vor Zugluft geschützten Ort, bis sich das Volumen des Teigs verdoppelt hat.

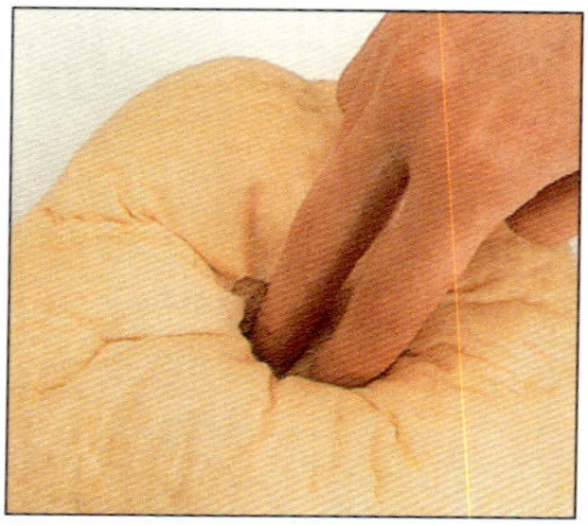

11 Um zu prüfen, ob der Teig genügend aufgegangen ist, zwei Finger ungefähr 2,5 cm tief hineindrücken. Wenn der Teig nicht zurückfedert, ist er fertig.

12 Stoßen Sie mit der Faust in die Mitte des Teiges, um die Luft herauszulassen. Auf bemehlte Arbeitsfläche legen, 1 bis 2 Minuten kneten und zu einer Kugel formen. 5 Minuten ruhen lassen. In der Zwischenzeit zwei Brotformen einfetten.

13 Mit einem scharfen Messer Teig halbieren. Jedes Teigstück zu zwei 20 cm langen Rechtecken formen. Ränder behutsam dehnen und abrunden. Jeden Laib in eine Form legen, mit einem trockenen Geschirrhandtuch abdecken oder die Form in eine große Plastiktüte stecken und verschließen.

14 45 Minuten bis 1 Stunde an einem warmen Ort gehen lassen, bis sich das Volumen verdoppelt hat. Ofen auf 230 °C vorheizen.

15 Oberfläche mit der Eiglasur einpinseln. Brot auf mittlerer Schiene 15 Minuten lang backen. Reduzieren Sie dann die Temperatur auf 190 °C und lassen Sie es weitere 20 bis 25 Minuten backen, bis die Oberfläche gut gebräunt ist.

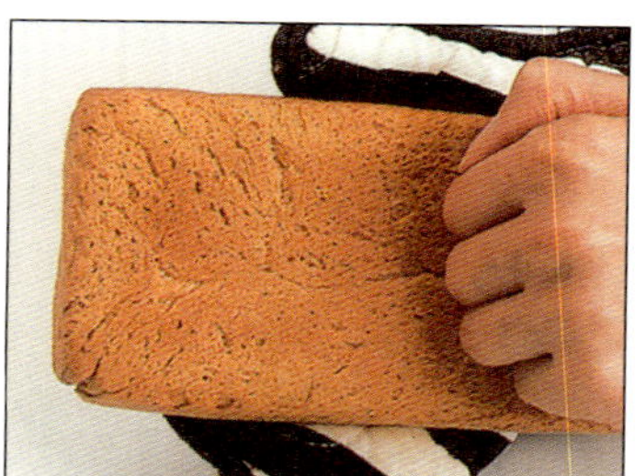

16 Um zu prüfen, ob das Brot gar ist, einen Laib herausnehmen und mit den Knöcheln gegen die Unterseite klopfen: es sollte sich hohl anhören. Wenn es knuspriger werden soll, Laibe aus den Formen nehmen und noch 5 bis 10 Minuten auf dem Grillrost backen.

ANDERE LAIBE FORMEN

Die meisten klassischen Brotteige lassen sich auch in anderen Formen backen. Achten Sie immer darauf, dass die Backformen eingefettet sind.

RUNDE FORM

1 Für einen großen Laib: Formen Sie den gekneteten Teig zu einer Kugel, ziehen Sie die Seiten behutsam unter die Mitte, damit die Kugel fester wird.

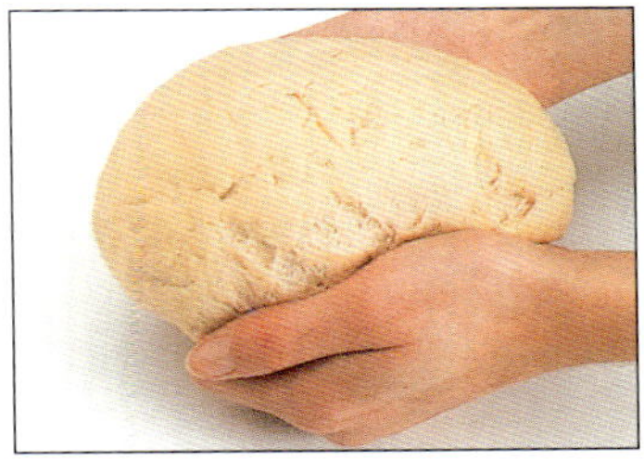

2 Legen Sie die Kugel auf ein vorbereitetes Backblech, Saum nach unten. Mit einem scharfen Messer ritzen Sie ein X in die Oberfläche.

ZOPF

1 Teig in drei gleiche Stücke schneiden. Jedes Stück zu einem langen Strang mit spitzen Enden rollen. Die Stränge nebeneinander legen und von der Mitte beginnend zu einem Ende hin zusammenflechten.

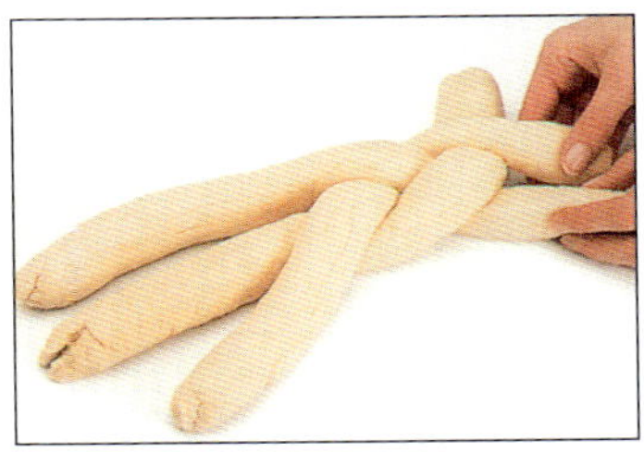

2 Drücken Sie die Enden zusammen und stecken Sie sie unter den Zopf. Den Teig drehen und die andere Seite flechten. Die Enden wieder zusammendrücken und unter den Zopf legen. Auf ein Backblech geben und darauf achten, dass die Enden untergesteckt bleiben.

PIZZATEIG

Pizzateig hat im Allgemeinen einen höheren Hefeanteil und geht daher schneller auf. Dieser Teig ergibt eine große runde Pizza oder kann auf einem Backblech von 39 x 27 cm gebacken werden.

ZUTATEN

1 Tüte (knapp 1 Esslöffel) Trockenhefe
1 Tasse (240 ml) warmes Wasser (43 °C)
3 Esslöffel Butter, gewürfelt
2 1/2 Tassen (560 g) Brot- oder Universalmehl
1 1/2 Teelöffel Salz
3 Esslöffel Olivenöl

1 Gießen Sie etwa 4 Esslöffel warmes Wasser in eine kleine Schüssel, streuen Sie die Hefe darüber und rühren Sie mit einer Gabel um, bis sie sich aufgelöst hat.

2 Sieben Sie das Mehl und das Salz gemeinsam in eine große Schüssel. Eine Vertiefung in die Mitte drücken und die Hefe, Olivenöl und das restliche Wasser hineingeben.

3 Mit einem Holzlöffel oder mit den Fingern nach und nach Mehl von den Rändern in die Vertiefung hineinziehen und gut umrühren, bis ein weicher Teig entsteht und das gesamte Mehl eingearbeitet ist. Lassen Sie den Teig 2 Minuten ruhen.

4 Legen Sie den Teig auf eine leicht bemehlte Arbeitsfläche. Kneten Sie ihn etwa 5 Minuten lang, bis er weich und elastisch ist. Zu einer Kugel formen und in eine große, geölte Schüssel legen. Fest abdecken und an einem warmen Ort (26 °C) rund 1 Stunde gehen lassen.

5 Schlagen Sie den Teig, um ihn zu entlüften, und legen Sie ihn auf eine leicht bemehlte Arbeitsfläche. Etwa 1 Minute lang leicht kneten.

6 Teig zu einem großen Kreis von etwa 0,6 cm Dicke oder zu einer rechteckigen Form ausrollen, die auf das Backblech passt. Auf das eingeölte Blech legen und mit den gewünschten Belägen bis 2 cm an den Rand bedecken. Etwa 10 Minuten aufgehen lassen, dann nach Anleitung backen. Der Rand der Pizza sollte aufgebläht und braun sein.

Rührteig

Rührteig ist schnell vorbereitet und schnell gebacken. Er ist weich und krümelig und geht ohne Hefe auf. Sie benötigen nur Backpulver, Backnatron oder manchmal eine Kombination von beidem. Die verwendeten chemischen Treibmittel reagieren rasch auf Feuchtigkeit und Wärme und lassen den Teig aufgehen. Die beliebtesten Rührkuchen sind brotlaibförmige Varianten wie Bananenbrot, Zucchinibrot und Nussbrot. Auch Kleie- und Heidelbeermuffins zählen zu den Favoriten. Zu Rührteig gehören auch Biskuits, Scones, Kaffeekuchen, Maisbrötchen und flüssige Teige, aus denen Pfannkuchen, Waffeln oder Crêpes gemacht werden.

Backnatron, Backpulver und Weinstein

Die Mischung von Säure und Base, um Teig aufgehen zu lassen, wurde während der industriellen Revolution entwickelt. Kommerzielle Säuerungsmittel wurden in den fünfziger Jahren des 19. Jahrhunderts erstmals verkauft.

Backnatron verbindet sich mit anderen säurehaltigen Zutaten wie Buttermilch, Sauerrahm, Zitronensaft, Honig oder Melasse und bildet Kohlensäurebläschen, die den Teig aufgehen lassen. Dieser Vorgang setzt fast sofort ein. Im Ofen wird das Gas freigesetzt, und der Teig verdoppelt sein Volumen, bevor er gart und sich wieder setzt. Backnatron kann auch durch die Kombination mit Weinstein (einer Säure in Pulverform) und die anschließende Zugabe von Flüssigkeit aktiviert werden.

Backpulver ist eine Mischung aus Backnatron und einem säurehaltigen Salz, meist Weinstein. (Weinstein, ein saures Salz aus Weinsäure, ist ein Nebenprodukt der Weinherstellung.) Zumeist wirkt Backpulver doppelt: das Pulver beginnt zu reagieren, sobald es mit Flüssigkeit in Verbindung kommt, und dann noch einmal beim Erhitzen. Aus diesem Grund müssen Teige sofort angerührt und in den Ofen gegeben werden.

Chemische Treibmittel sollten kühl, dunkel und trocken gelagert werden. Backpulver sollte alle drei bis vier Monate erneuert werden.

BANANENBROT

1 Heizen Sie den Ofen auf 160 °C vor. Fetten und bestäuben Sie eine Kastenform von 22 x 11 cm mit Mehl. Sieben Sie die Mehle, Backnatron, Zimt, Ingwer und Salz zusammen. Beiseite stellen.

ZUTATEN

3/4 Tasse (170 g) Universalmehl
3/4 Tasse (170 g) Vollkornmehl
1 Teelöffel Backnatron
1/2 Teelöffel gemahlener Zimt
1/2 Teelöffel gemahlener Ingwer
1/2 Teelöffel Salz
1/2 Tasse (120 g) weiche Butter (Zimmertemperatur)
3/4 Tasse (170 g) Puderzucker
3 reife Bananen, zerdrückt
2 Eier, leicht verquirlt
5 Esslöffel heißes Wasser
1/2 Tasse (120 g) Pekannüsse, gehackt

2 Mit einem Handrührgerät die Butter schlagen, bis sie weich ist. Allmählich den Zucker unterrühren, bis die Mischung leicht und luftig ist. Langsam die Bananen und die Eier einrühren. Wenn die Mischung geronnen aussieht, fügen Sie etwas Mehlmischung hinzu.

3 Geben Sie abwechselnd in 4 bis 5 Portionen die Mehlmischung und heißes Wasser hinzu. Rühren, bis der Teig geschmeidig ist. Die Nüsse zugeben.

4 Füllen Sie die Mischung in die vorbereitete Kastenform und glätten Sie die Oberfläche.

5 1 Stunde backen. Das Brot ist fertig, wenn an einem in die Mitte gestochenen Schaschlikspieß nichts haften bleibt. 10 Minuten in der Form abkühlen lassen, dann zum weiteren Abkühlen auf einen Grillrost stellen.

KUCHEN BACKEN

Die Grundlagen für einen perfekten Kuchen sind gute Zutaten, die geeigneten Utensilien, sorgfältiges Abmessen, richtige Temperaturen und ein exaktes Timing.

Die meisten Kuchen bestehen aus Mehl, Fett, Zucker, Eiern, Flüssigkeit und Aromen. Luft oder Gas, durch das Treibmittel hinzugefügt, lässt die Mischung beim Backen aufgehen und die Glutenstränge im Mehl sich dehnen, bis der Kuchen fest wird. Gleichmäßiges Aufgehen sorgt für die lockere Struktur, die wir so sehr schätzen.

Es gibt fünf grundlegende Methoden des Kuchenbackens. Manchmal werden zwei davon für die Herstellung eines Kuchens kombiniert. Für welche Art der Zubereitung Sie sich auch entscheiden, die Auswahl und Vorbereitung der Backform ist sehr wichtig. Sie hat sowohl Einfluss auf die Backzeit als auch auf das Aussehen des fertigen Kuchens. Eine dunkle Metallform verringert die Garzeit leicht und ergibt eine dunklere Kruste, eine Springform ermöglicht das Herausnehmen zerbrechlicher oder empfindlicher Kuchen und ist unerlässlich für Käsekuchen, Torten und Kuchen, die nicht anders aus der Form gelöst werden können. Eine Kuchenform mit dickem Boden verhindert das Anbrennen von Früchtekuchen mit langer Garzeit an der Unterseite. Halten Sie sich an die im Rezept angegebene Größe der Kuchenform.

HAUSHALTSZUCKER VERSUS PUDERZUCKER

Viele Kuchen und feine Backwaren verlangen nach Haushaltszucker. Puderzucker kann teurer sein, aber er löst sich schneller und leichter in heiklen Mischungen und in flüssigen Teigen auf, zum Beispiel für Schichttorten oder Buttercreme. Puderzucker können Sie leicht selbst herstellen, indem sie Haushaltszucker in einem elektrischen Mixer oder Blitzhacker 20 Minuten zerkleinern.

EIER FÜR KUCHEN

Eier für Kuchen und andere Backwaren sollten immer Zimmertemperatur haben. Kalte Eier könnten die Butter-Zucker-Mischung gerinnen lassen. Der Teig kann dann zwar verwendet werden, aber die Textur des Kuchens wird nicht so gut sein. Wenn die Eier-Zucker-Mischung beim Rühren gerinnt, streuen Sie etwa einen Esslöffel des abgemessenen Mehls darüber, um sie zu binden.

ZITRONENKUCHEN

Für diesen Kuchen werden die Butter – oder Margarine – und der Zucker verrührt, bis sie eine leichte, fast mousseartige Konsistenz bekommen. Achten Sie darauf, dass Butter, Eier und Flüssigkeit Zimmertemperatur haben. Auch wenn ein Treibmittel beigefügt wird, damit der Kuchen aufgeht, wird Luft durch das Schlagen der Eier eingeschlossen und sorgt für einen leichten, aber saftigen Kuchen.

1 Bereiten Sie eine Kastenform von 20 x 10 x 5 cm nach Anweisung vor und heizen Sie den Ofen auf 170 °C vor. Sieben Sie Mehl, Backpulver und Salz zusammen. Beiseite stellen.

ZUTATEN

- 1 2/3 Tasse (400 g) Universalmehl
- 2 Teelöffel Backpulver
- 1/4 Teelöffel Salz
- 1 Tasse (230 g) ungesalzene Butter, weich
- 3/4 Tasse (170 g) Puderzucker
- 1 Teelöffel geriebener Zitronenextrakt
- 4 Eier, leicht verquirlt
- 1/2 Teelöffel Vanilleextrakt
- 1 Esslöffel geriebene Zitronenschale (optional)

2 Schlagen Sie die Butter in einer großen Schüssel mit einem Holzlöffel oder einem Handrührgerät bei höchster Geschwindigkeit, bis sie weich ist. Nach und nach den Zucker einstreuen und bei hoher Geschwindigkeit weiterrühren, bis die Mischung sehr leicht, mousseartig und von heller Farbe ist. Schaben Sie gelegentlich auch den Teig von den Seiten der Schüssel ab.

3 Fügen Sie nach und nach die verquirlten Eier hinzu, rühren Sie danach jedes Mal gut um und schaben Sie gelegentlich die Seiten der Schüssel ab. Wenn die Mischung zu gerinnen beginnt, ein wenig von dem abgemessenen Mehl darüber streuen.

4 Fügen Sie die trockenen Zutaten in drei Portionen hinzu. Heben Sie sie behutsam von Hand unter, bis sie sich gerade eben vermischt haben. (Sie können auch den Handmixer verwenden, aber Sie sollten nicht zu lange rühren.) Jetzt können Sie die erforderliche Flüssigkeit hinzugeben. Behutsam im Wechsel mit den trockenen Zutaten einrühren.

5 Füllen Sie die Mischung mit einem Löffel oder einem Teigschaber in die vorbereitete Form. Die Oberfläche glätten und in der Mitte leicht eindrücken. (Dadurch geht der Kuchen gleichmäßiger auf, da die Mitte im Allgemeinen stärker hochsteigt als die Ränder.)

6 50 bis 60 Minuten backen, bis der mittlere Bereich auf Berührung zurückfedert. 10 Minuten abkühlen lassen, dann aus der Form lösen.

7 Vor dem Servieren mit Puderzucker bestreuen.

EINFACHER SCHICHTKUCHEN

Dieses Rezept ist eine Abwandlung der vorherigen Methode, aber hier werden die Zutaten zugleich vermischt und verrührt. Ein einfacher, gefüllter Schichtkuchen kann gebacken werden.

ZUTATEN

1 1/4 Tassen (290 g) Backmehl
1 Teelöffel Backpulver
1/4 Teelöffel Salz
3/4 Tasse (170 g) Puderzucker
3/4 Tasse (170 g) ungesalzene, weiche Butter
3 Eier
1 Teelöffel Vanilleextrakt

1 Bereiten Sie zwei Kuchenformen von 18 cm Durchmesser vor und heizen Sie den Backofen auf 175 °C vor. Sieben Sie Mehl, Backpulver und Salz in eine große Schüssel.

2 Fügen Sie Zucker, Butter, Eier und Vanilleextrakt hinzu. Mit einem Handmixer rühren, bis die Masse geschmeidig und gut vermischt ist.

3 In die vorbereiteten Formen füllen und circa 20 Minuten backen. Nach Anweisung abkühlen lassen und aus der Form lösen. Zwischen die beiden Kuchenstücke frisch geschlagene Sahne und Erdbeermarmelade füllen. Vor dem Servieren mit Puderzucker bestäuben.

SCHMELZ-METHODE: DUNKLER LEBKUCHEN

So hergestellte Kuchen haben einen hohen Zucker- oder Sirupgehalt und eine saftige Beschaffenheit. Das Fett wird mit Zucker, Sirup und anderen Flüssigkeiten geschmolzen und abgekühlt, ehe die trockenen Zutaten und die Eier hineingerührt werden. Meist wird Backnatron als Treibmittel verwendet. Früchtebrot und Lebkuchen werden so gebacken.

ZUTATEN

- 1 2/3 Tassen (400 g) Universalmehl
- 1/4 Teelöffel Salz
- 1 Teelöffel Backnatron
- 1 Esslöffel gemahlener Ingwer
- 1/2 Tasse (120 g) Butter
- 1/2 Tasse (120 ml) Maissirup
- 1/2 Tasse (120 ml) Melasse
- 1/2 Tasse (120 g) konservierter Ingwer, fein gehackt, oder 1 Teelöffel gemahlener Ingwer
- 1/4 Tasse (60 g) dunkler brauner Zucker
- 2 Eier, leicht verquirlt
- 3/4 Tasse (180 ml) Milch

1 Legen Sie eine 20-cm-Kuchenform mit Backpapier aus und heizen Sie den Backofen auf 160 °C vor. Sieben Sie Mehl, Salz, Backnatron und Ingwer in eine Schüssel.

2 Verrühren Sie Butter, Maissirup, Melasse, braunen Zucker und Ingwer.

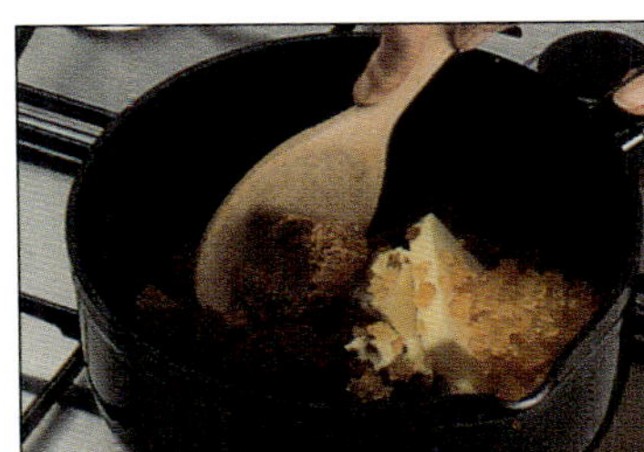

3 Bei mittlerer Temperatur erhitzen, bis alles geschmolzen ist, dabei gelegentlich umrühren. Vom Herd nehmen und abkühlen lassen. Rühren Sie Eier und Milch in die abgekühlte Mischung.

4 Drücken Sie eine Vertiefung in die Mitte der Mehlmischung und gießen Sie die flüssige Mischung hinein. Rühren, bis alles geschmeidig und gut vermischt ist

5 Etwa 1 Stunde backen, bis an einem Schaschlikstäbchen oder Spieß, in die Mitte des Kuchens gestochen, nichts mehr haften bleibt. 10 Minuten in der Form abkühlen lassen, dann herauslösen.

MARMELADENKUCHEN

Dies ist eine altmodische Methode, die einen gehaltvollen, saftigen Kuchen ergibt, ähnlich wie ein Rührkuchen. Die Butter wird wie beim Pastetenteig in das Mehl eingearbeitet, und als Treibmittel wird Backnatron verwendet.

ZUTATEN

1 2/3 Tassen (400 g) Mehl
1/2 Teelöffel Salz
1/2 Tasse (120 g) kalte Butter, in Würfeln
1/4 Tasse (60 g) Puderzucker
2 Eier, leicht verquirlt
3 Esslöffel Orangenmarmelade

1 Legen Sie den Boden einer Kastenform von 20 x 10 x 5 cm mit Backpapier aus und heizen Sie den Ofen auf 175 °C vor. Sieben Sie Mehl und Salz in eine große Schüssel.

2 Geben Sie die gewürfelte Butter in das Mehl und bedecken Sie sie mit Mehl. Mit einem Pastetenteigmischer oder mit den Fingerspitzen die Butter einarbeiten, bis die Mischung mittelfeinen Brotkrumen ähnelt.

3 Rühren Sie Zucker, Eier, Marmelade und Milch ein, bis alles gut vermischt ist. In die Form füllen und circa 50 Minuten backen, bis ein hineingestochener Spieß sauber wieder herauskommt. 10 Minuten abkühlen lassen, dann aus der Form lösen.

DIE RÜHR-METHODE

Diese Backmethode verwendet kein Treibmittel; die leichte Beschaffenheit beruht nur auf der Luft, die in die Eier hineingeschlagen wird. Wenn sich diese beim Erhitzen im Ofen ausdehnt, geht der Kuchen auf. Das berühmteste Beispiel für diese Kuchen ist der Biskuitteig. Ursprünglich ganz ohne Fett hergestellt, wird meist am Schluss ein wenig geschmolzene Butter unter den Teig gehoben, um ihn gehaltvoller zu machen und ihm zusätzliche Feuchtigkeit zu verleihen. Er ist die Grundlage für viele berühmte Kuchen und Desserts aber da er zu Trockenheit neigt, wird er nach Möglichkeit am Tag der Herstellung verzehrt. Er bildet auch die Basis für eine gehaltvolle Buttercreme-Glasur. Sie können diesen Kuchen machen, indem Sie ganze Eier schlagen oder die Eier trennen und die Eigelbe mit dem Zucker als Basis schlagen und dann die geschlagenen Eiweiße unter das Mehl heben. Diese so genannte „Biskuit"-Mischung hat eine etwas trockenere und festere Struktur

DER „BAND"-TEST

Egal welche Methode Sie anwenden, die ganzen Eier oder Eigelb und Zucker werden mit dem Schneebesen geschlagen, manchmal unter Hitzeeinwirkung, um das Volumen zu vergrößern. Wenn der Schneebesen aus der Schüssel gehoben wird, sollte die Mischung herabfallen und auf der Oberfläche eine bandartige Spur hinterlassen. Wenn Sie nur die Eigelbe verwenden, wird die Eimischung dicker und dichter.

Eier oder Eigelbe von Hand mit dem Zucker in einer rostfreien Edelstahl- oder anderen hitzebeständigen Schüssel mit einem großen, runden Schneebesen schlagen. Schüssel (ohne direkte Berührung) über einen Topf mit siedendem Wasser stellen. Mischung mit einem elektrischen Handmixer bei mittlerer Geschwindigkeit schlagen, bis sie sehr hell und dick ist und eine bandartige Spur hinterlässt, wenn sie über die Schüssel gehalten wird. Das dauert ca. 10 Minuten. Vom Herd nehmen und bis zum Abkühlen weiterschlagen.

DIE BUTTER HINZUFÜGEN

In einigen Rezepten wird Butter verlangt. Wenn diese nicht sorgfältig hinzugefügt wird, kann die Mischung zusammenfallen, und der Kuchen wird pappig. Einige Köche sind der Meinung, dass der Teig gießfähig, aber noch cremig sein sollte, sodass die Butter geschmolzen sein muss. In diesem Fall sollte sie vollständig abgekühlt sein, bevor sie mit der letzten Partie Mehl unter den Teig gehoben wird.

1 Ehe die letzte Partie Mehl zugegeben wird, rühren Sie ein wenig Teig in die geschmolzene Butter, um sie leichter zu machen. Heben Sie die Buttermischung behutsam unter den Teig.

2 Alternativ schlagen Sie die Butter schaumig, bis sie fast flüssig ist und ungefähr die Konsistenz von Sahne besitzt, ohne jedoch klar oder geschmolzen zu sein. Tröpfeln Sie sie rund um den Rand der Schüssel und heben Sie sie behutsam unter den Teig.

KLASSISCHER SCHICHTKUCHEN

ZUTATEN

3/4 Tasse (170 g) Universalmehl
1/4 Teelöffel Salz
4 Eier
1/2 Tasse (120 g) Puderzucker
1/2 Teelöffel Vanille- oder Zitronenextrakt
1/4 Tasse (60 g) zerlassene Butter (optional)

1 Boden einer 23-cm-Kuchenform mit Backpapier ausschlagen. Sieben Sie das Mehl mit dem Salz, dann erneut sieben. (Am besten über einem großen Blatt Wachspapier oder über einer großen Schüssel.)

2 Eier und Zucker bis zum „Band"-Test schlagen. Vanilleextrakt hinzufügen und bis zum Abkühlen weiter schlagen. Mehl in 2 oder 3 Partien über die Mischung sieben und vorsichtig unterheben.

3 Wenn Sie zerlassene Butter verwenden, tröpfeln Sie diese rund um den Rand der Schüssel und heben Sie sie mit der letzten Partie Mehl unter. In die Form gießen und etwa 25 Minuten backen, bis der mittlere Bereich auf leichten Fingerdruck zurückfedert. 10 Minuten abkühlen lassen, dann aus der Form lösen.

KÄSEKUCHEN NACH NEW YORKER ART

Technisch gesehen ist dies kein Kuchen, sondern eine Süßspeise aus Quark, Frischkäse oder Ricotta. Sie wird in einer Springform gebacken, die mit Paniermehl oder Zwiebackbröseln ausgekleidet wurde, und ist weich und feucht. Wenn Sie dem Teig aus Käse, Zucker und Aromastoffen Eier hinzufügen, wird er sich eher verfestigen als aufgehen. Einige Käsekuchen werden nicht gebacken, sondern gekühlt.

ZUTATEN

Springform, 23 cm Durchmesser, mit Paniermehl oder Zwiebackbröseln ausgekleidet
450 g Frischkäse
1 1/4 Tassen (290 g) Zucker
2 Tassen (480 ml) Sauerrahm
3 Eier
1 Esslöffel Vanilleextrakt

1 Frischkäse mit Handrührgerät bei geringer Geschwindigkeit schlagen, bis er weich und cremig ist. Nach und nach die Hälfte des Zuckers unterrühren, bis die Mischung geschmeidig und gut vermischt ist. Danach 1/2 Tasse des Sauerrahms sowie die Eier einarbeiten. Gelegentlich den Rand der Schüssel abschaben. 2 Teelöffel des Vanilleextrakts einrühren.

2 Im vorgeheizten Ofen bei 160 °C etwa 45 Minuten backen. Temperatur verringern, wenn der Kuchen zu schnell bräunt. 5 Minuten abkühlen lassen. Verrühren Sie den restlichen Sauerrahm, Zucker und Vanilleextrakt. Über den Käsekuchen gießen und noch mal 5 bis 7 Minuten backen. Abkühlen lassen, über Nacht in den Kühlschrank stellen.

DER PERFEKTE KÄSEKUCHEN

Risse im Käsekuchen sind häufig auf zu hohe Backtemperatur zurückzuführen. Dabei werden die äußeren Ränder fest, ehe der innere Bereich sich ausdehnen und absinken kann. Sie können dies vermeiden, indem Sie die Form in ein Wasserbad oder eine Schüssel mit Wasser auf den Boden des Ofens stellen. Zu langes Rühren kann ebenfalls Risse verursachen, ebenso wie der plötzliche Temperaturwechsel vom heißen Ofen auf Zimmertemperatur. Daher sollten Sie den Kuchen 5 Minuten weniger lang backen, dann den Ofen ausschalten, die Tür einen Spalt breit öffnen und den Käsekuchen eine Stunde lang abkühlen lassen, ehe Sie ihn herausnehmen.

Schokolade

Schokolade ist weltweit die wohl beliebteste Süßigkeit und wird als Füllung ebenso verwendet wie für Trüffel, Fondants und Saucen. Auch als Dekoration in Form von Streuseln, Blättern oder Bändern übt Schokolade eine unwiderstehliche Anziehungskraft aus.

Schokoladearten

Schokolade gibt es in vielen beliebten Formen; von fest bis vorgeschmolzen, dunkel bis weiß, tiefbraun und bitter bis milchig und süß; sogar in pulverisierter Form als Kakao. Die verschiedenen Geschmacksrichtungen der Schokolade hängen von der Qualität und Röstung der Bohnen ab, der Herstellungsart und dem Geschmack der Käufer des Landes, in dem die Schokolade hergestellt wird. Markenschokolade wird aus Rohkakaomasse hergestellt, vermischt mit zusätzlicher Kakaobutter, Zucker und Aromastoffen. Je mehr Rohkakaomasse und Kakaobutter die Schokolade enthält, desto besser ist ihre Qualität. Jedes produzierende Land setzt eigene Maßstäbe. Obwohl einige Sorten Schokolade sich besonders für bestimmte Zubereitungen eignen, unterliegt auch dies sehr stark dem persönlichen Geschmack.

Blockschokolade, zartbittere und halbbittere Schokolade Diese dunkle Schokolade reicht von der zartbitteren bis zu der leicht süßen Block- und der halbbitteren Schokolade. Sie enthält nur Kakaomasse, Kakaobutter sowie manchmal Lecithin (einen Emulgator) und Zucker in verschiedenen Anteilen.

Weiße Schokolade Genau genommen ist weiße Schokolade überhaupt keine Schokolade, denn sie enthält keinerlei Rohkakaomasse. Sie erfreut sich dennoch wachsender Beliebtheit und wird für die Herstellung von Kuchen, Mousses, Saucen und Desserts verwendet oder als Abwechslung zu anderen Schokoladensorten willkommen geheißen.

Milchschokolade Sie hat einen geringeren Gehalt an Kakaomasse, etwa 15 Prozent, dafür wird ihr Milchpulver hinzugefügt. Aus diesem Grund und wegen ihres milden Geschmacks kann sie in Back- und Dessertrezepten nicht anstelle von zartbitterer, dunkler oder halbbitterer Schokolade verwendet werden.

SCHOKOLADE SCHMELZEN

Es gibt verschiedene Methoden, Schokolade zu schmelzen, doch das Schmelzen sollte immer langsam vonstatten gehen. Schokolade kann allein in einem doppelwandigen Topf, in der Mikrowelle oder bei sehr geringer Hitze im Backofen geschmolzen werden.

Wenn Sie eine Flüssigkeit hinzufügen, verhindert das ein Anbrennen der Schokolade, aber es muss genug sein, um ein Klumpen zu vermeiden. Beim Klumpen wird die Schokolade körnig und verfestigt sich. Schokolade verbindet sich gut mit Butter, Rahm, Milch, Wasser, Kaffee oder Likör, und im Allgemeinen ist 1 Esslöffel Flüssigkeit ausreichend für 50 g Schokolade.

SCHMELZEN AUF OFFENER FLAMME: Um Schokolade auf offener Flamme zu schmelzen, geben Sie sie in den oberen Teil eines Doppelkochers oder in eine Schüssel, die über siedendem Wasser platziert ist. Die Unterseite sollte das Wasser nicht berühren. Lassen Sie die Schokolade ein paar Minuten stehen, damit sie weich wird, dann beginnen Sie gelegentlich zu rühren, bis sie zu schmelzen anfängt.

SCHMELZEN MIT FLÜSSIGKEIT BEI DIREKTER HITZEEINWIRKUNG: Geben Sie gehackte oder zerbrochene Schokoladenstücke in einen Topf mit schwerem Boden. Fügen Sie den abgemessenen Anteil Flüssigkeit oder Butter hinzu. Bei geringer Hitze häufig umrühren, bis die Schokolade geschmolzen und geschmeidig ist.

GERONNENE SCHOKOLADE „RETTEN": Rühren Sie 1 Teelöffel weißes Pflanzenfett oder Öl pro 25 g Schokolade ein. Nehmen Sie aber keine Butter oder Margarine. Wenn das nicht funktioniert, fangen Sie noch mal von vorne an. Werfen Sie die geronnene Schokolade aber trotzdem nicht weg; Sie können Sie für Rezepte verwenden, in denen Schokolade in einer anderen Flüssigkeit geschmolzen wird.

SCHOKOLADE TEMPERIEREN

Das Temperieren ist ein langsames Erwärmen, um die emulgierte Kakaomasse und das Kakaofett zu stabilisieren. Es wird im Allgemeinen durchgeführt für Rezepte mit Kuvertüre, eine spezielle Art von Schokolade, die sich rasch zusammenzieht und leicht aus Formen lösen lässt und die wochenlang bei Zimmertemperatur aufbewahrt werden kann, ohne ihre Knackigkeit einzubüßen. Nicht temperierte Schokolade sollte sofort gekühlt werden, damit die Kakaobutter sich verfestigt und nicht an die Oberfläche steigt, denn dadurch wird die Schokolade grau.

Feste Schokolade wird grundsätzlich bei der Produktion temperiert, doch wenn sie einmal geschmolzen wurde, muss sie erneut temperiert werden.

1 Schmelzen Sie die Kuvertüre mit Hilfe einer der oben erklärten Methoden. Die Temperatur sollte ungefähr 42 °C betragen; überprüfen Sie das mit einem Speisenthermometer. Rühren Sie um, damit die Schokolade komplett geschmolzen und geschmeidig ist.

2 Gießen Sie etwa drei Viertel der Schokolade auf eine Marmor-Arbeitsplatte. Mit einem metallenen Palettmesser oder einem Gummispachtel schieben Sie alle Schokolade in der Mitte zusammen, dann verstreichen Sie sie wieder nach außen. Bearbeiten Sie die Schokolade auf diese

3 Füllen Sie die Schokolade wieder in die Schüssel und rühren Sie sie in die restliche Schokolade, bis alles gut vermischt ist. Die Temperatur sollte nun bei 32 °C liegen. Die Schokolade ist temperiert und gebrauchsfertig.

SCHOKOLADENÜBERZÜGE

Bonbons und kleine Obststücke können mit Schokolade überzogen werden. Im Idealfall nehmen Sie dafür temperierte Schokolade, aber Blockschokolade eignet sich ebenso, wenn sie nach der Zubereitung in den Kühlschrank gestellt wird.

1 Schmelzen Sie die Schokolade und geben Sie sie in eine tiefe Schüssel. Die Temperatur sollte zwischen 44,5 und 47 °C liegen. Verwenden Sie eine spezielle Schokoladentauchgabel, einen Spieß oder eine Fonduegabel, um die Bonbons oder Früchte in die Schokolade zu tunken.

2 Zum vollständigen Bedecken drehen, dann aus der geschmolzenen Schokolade herausheben. Sanft abklopfen und am Rand der Schüssel abschaben, um die überschüssige Schokolade zu entfernen.

3 Auf ein mit Backpapier ausgelegtes Backblech legen. Ziehen Sie die Zinken der Gabel über die Oberseite und heben Sie sie dabei leicht an, um zwei erhöhte Kanten zu formen.

SCHOKOLADENBLÄTTER

Verwenden Sie ungiftige Blätter mit deutlich hervortretenden Blattadern. Tragen Sie die geschmolzene Schokolade gleichmäßig und vollständig auf die geäderte Blattseite auf. Auf ein mit Backpapier belegtes Backblech legen und in den Kühlschrank stellen. Am Stängelende beginnend ziehen Sie dann das Blatt vorsichtig ab.

EINFACHE SCHOKOLADENTRÜFFEL

Schokoladentrüffel sind überraschend leicht herzustellen. Kakao oder gehackte Nüsse in ihre Mitte geben und mit temperierter Schokolade nach Geschmack verzieren.

ZUTATEN

1 Tasse (225 g) hochwertige Blockschokolade, gehackt
1/3 Tasse (90 ml) Schlagsahne
1 bis 2 Esslöffel Brandy oder Rum
Kakaopulver zum Wälzen

1 Schokolade in Doppelkocher oder Schüssel über heißem Wasser schmelzen.

2 Nehmen Sie die geschmolzene Schokolade vom Herd und rühren Sie die Sahne hinein, bis sie sich gut vermischt hat. Auf Zimmertemperatur abkühlen lassen, Brandy oder Rum hineinrühren. Kalt stellen, bis die Mischung fest genug ist zum Formen – etwa 30 Minuten.

3 Kakaopulver in eine kleine Schüssel oder auf einen flachen Teller geben. Je einen Teelöffel voll Trüffelmischung zu einem kleinen Ball formen, behutsam zwischen den Fingern oder zwischen den Handflächen rollen.

4 Wälzen Sie die Kugeln im Kakao, bis sie vollständig bedeckt sind. Mit einer Gabel oder einem Schaumlöffel herausnehmen und den Überschuss abklopfen. Auf ein Backblech legen und mit der restlichen Mischung ebenso verfahren. Bis zum Verzehr in den Kühlschrank stellen.

Index